Für Julia und Michi

„Es darf nicht sein, daß unsere Gesellschaft dauernd in zwei Gruppen mit mehr und mit weniger Rechten zerfällt: in die Klasse der Einheimischen und in die Klasse der Fremden. In der Diskriminierung der Minderheiten lebt der Faschismus fort. Der Rassismus ist der Faschismus unserer Tage."
Christian Broda
Rede vor der Parlamentarischen Versammlung
des Europarats
Straßburg, 28. Jänner 1987

„Die Partei hat in früheren Zeiten die Methode der individuellen Bedrohung einzelner Behörden mit sehr großem Erfolg angewendet. Es wurden von der Partei immer wieder einzelne Organe der Regierung individuell bloßgestellt und bedroht. Die ,Gleichheit', die Vorläuferin der ,Arbeiter-Zeitung', hatte eine eigene Rubrik zu diesem Zweck, die hieß: ,Wie man uns behandelt'. In dieser Rubrik wurden Erkenntnisse von Bezirkshauptleuten und anderen an den Pranger gestellt, unter Anführung von Namen und unter Verantwortlichmachung nicht des Systems, sondern des Individuums. Dies war eine immer gehandhabte Methode der Partei."
Fritz Adler
Rede vor dem Ausnahmegericht
18./19. Mai 1917

Inhalt

kritik & utopie ist die politische Edition
im mandelbaum *verlag*. Darin finden
sich theoretische Entwürfe ebenso wie
Reflexionen aktueller sozialer Bewegungen,
Originalausgaben und auch Übersetzungen
fremdsprachiger Texte, populäre Sachbücher
sowie akademische und außeruniversitäre
wissenschaftliche Arbeiten.

Nähere Informationen zu Beirat,
Neuerscheinungen und Terminen unter
www.kritikundutopie.net

Am schlimmsten

Am schlimmsten ist es, keinen Rat zu wissen. Wenn ein Mensch voll Vertrauen zu dir kommt und deinen Schutz erhofft. „Meinem Bruder haben Sie geholfen, erinnern Sie sich nicht? Er hat mir nur Gutes von Ihnen erzählt." Ja, sicher. Ich weiß genau. Damals war noch ein anderes Gesetz. Das hat man geändert seither. Aber da darfst du nicht aufgeben. Darfst nicht schwach sein. Manche glauben, du kannst Wunder wirken. Was die Sache gar nicht leichter macht. Manchen „hoffnungslosen Fall" hast du gewonnen. Vielleicht findest du auch diesmal einen Weg. Aber du darfst auch keine falsche Hoffnung wecken in dem Menschen, der vor dir sitzt. Du musst ehrlich sein zu ihm. Offen sagen, wie seine Chancen stehen: nicht sehr gut, bei diesen Behörden und diesen Gesetzen. Und ihm trotzdem zeigen, dass du hinter ihm stehst, deine ganze Kunst aufwenden wirst. Es ist den Versuch wert.

Am schlimmsten war es unter Liese Prokop. Als mit einem Schlag alles anders wurde, am 1. Jänner 2006.[1] Als „gemischte" Familien auseinander gerissen wurden, weil ein Partner plötzlich „illegal" war. Als die Schubhaft am Beginn des Asylverfahrens zur Regel wurde. Als die Schutzklausel für Traumatisierte und Folteropfer nicht mehr galt und auch die Schutzbedürftigsten, die am stärksten verfolgt worden waren und gelitten hatten, Flüchtlinge also im wahrsten Sinne der Genfer Konvention, ohne Gnade hinter Gitter kamen.

„Wollen Sie wirklich nach Traiskirchen[2] gehen? Das ist keine gute Idee. Man wird an Ihren Fingerabdrücken sehen, dass Sie schon in einem anderen EU-Staat waren, in Polen oder in der Slowakei, einem ‚Dublin-Staat'[3]. Die Behördencomputer sind in der ganzen EU vernetzt. Man wird Sie sofort verhaften. Bleiben Sie doch bei Ihrem Bruder in Sankt Pöl-

---

1   Am 1. Jänner 2006 trat das von Innenministerin Liese Prokop in Auftrag gegebene „Fremdenrechtspaket 2005" in Kraft. Es brachte massive Verschärfungen mit sich.

2   Flüchtlingslager Traiskirchen, seit 2004 „Erstaufnahmestelle Ost".

3   Die „Dublin II-Verordnung" sieht vor, dass der Asylantrag im ersten EU-Staat, den der Flüchtling betritt, gestellt werden muss, egal wie schrecklich die Zustände dort sind.

ten bis bessere Zeiten kommen, bei Ihnen zu Hause oder hier in Österreich."

„Aber das geht nicht. Meine Kinder sind krank, meine Frau ist schwanger. Wir müssen ins Lager. Bitte helfen Sie uns."

„Dann gehen Sie vorher wenigstens zum Psychologen. Ich mache einen Termin aus für Sie."

In den Befundberichten standen schreckliche Dinge. Wie Menschen gefoltert worden waren. Mit Gewehrkolben und Elektroschocks. Und welche Albträume sie jetzt hatten. Hier in diesem Buch werden wir noch viel darüber lesen. Und auch darüber, warum sie nicht zurück wollten in einen anderen, ach so sicheren Dublin-Staat …

Mit diesen Befunden und mit meiner Vollmacht, die sie manchmal wie eine Ikone mit sich trugen, in der Hoffnung, sie würde sie schützen, gingen Asylsuchende nach Traiskirchen. Wie die Lämmer zur Schlachtbank. Und wurden vor den Augen ihrer schreienden, weinenden Frauen und Kinder in Handschellen abgeführt. *In der Fremdenpolizei* Traiskirchen gab es immer auch solche, die das Prokop-Gesetz als Freibrief ansahen, um ihren sadistischen Neigungen zu folgen. Wir haben mit allen unseren politischen und rechtlichen Mitteln dagegen gekämpft. Am Ende sogar mit Erfolg: Der Verwaltungsgerichtshof stellte fest, dass Schubhaft am Beginn des Verfahrens nur wegen eines „Dublin-Treffers" rechtswidrig ist.

Zu dieser Zeit war Liese Prokop schon tot, ihr Gesetz galt bereits seit anderthalb Jahren, viele Menschen waren ihm zum Opfer gefallen. Danach ist es besser geworden, wenigstens für einige Zeit.

Schlimm genug war es aber auch schon vorher, Anfang der Neunzigerjahre. Unter dem „roten" Polizeiminister Franz Löschnak und Manfred Matzka, seinem „furchtbaren Juristen", wie wir ihn nannten.[4] Unter diesen beiden galt die Parole: „Gastarbeiter räumen". Viele tausend tüchtige Arbeiter fielen ihren Gesetzen zum Opfer. Weil auf einmal die Wohnung zu klein war. Oder der Antrag auf ein neues Visum zu spät gestellt worden war.

Aber auch der Flüchtlingsschutz war abgeschafft, im Asylamt stand ein Gitterkäfig zum Empfang der Schutzsuchenden bereit.

---

4 Unter Löschnak und Matzka traten das Asylgesetz 1991 und das Aufenthaltsgesetz 1993 in Kraft.

Manche konnten wir retten, wenn wir rechtzeitig von ihnen erfuhren; die Zahl der Opfer, die spurlos verschwanden, kennen wir nicht. Jörg Haider, Neugründer des ultrarechten Lagers, hat Löschnak seinen „besten Mann in der Regierung" genannt.

Aber so einfach, wie Haider glaubte, war es nicht. Denn im Grunde dachten Löschnak und Matzka selber genauso. Sie benutzten Haider als Werkzeug: Er erzeugte den öffentlichen Druck, den sie brauchten, um ihre rassistischen Gesetze durchzuziehen. Am schlimmsten sind die Überläufer. Manfred Matzka war vorher ein Wortführer der Linken gewesen in der SPÖ. Von ihm und Seinesgleichen wird hier noch öfters die Rede sein. Und von vielen beamteten Tätern, die nur ihre „Pflicht" taten im Dienst eines unmenschlichen Systems.

Von Prügelpädagogen in den Heimen und Fremdenpolizisten bei der Menschenjagd. Von Nazirichtern, die noch stolz waren auf ihre Vergangenheit und denen jedes freie Wort als „Aufstand" galt. Von Psycho-Pseudogutachtern, deren Tätigkeit damals darin bestand, unbequeme Jugendliche zu „asozialen Psychopathen" zu stempeln, sodass sie ins Heim kamen, und deren Auftrag heute lautet, schwer traumatisierte Folteropfer zu „Simulanten" zu erklären, damit man sie leichter abschieben kann.

Aber auch: von unserem Widerstand gegen dieses System. Und unseren geschichtlichen Wurzeln. Von legalen und illegalen Aktionen einst und jetzt. Von Menschen, die wir retten konnten, und Ministern, denen wir zum Sturz verhalfen. Vom mühseligen, scheinbar aussichtslosen und doch immer wieder siegreichen Kampf für das Menschenrecht. So spannt sich der Bogen: von den Erziehungsheimen der Siebzigerjahre zur Schubhaft unserer Zeit.

Denn das Fundament all des Schreckens, über den wir hier berichten, war und ist der tiefe Staat, der allen Reformen unzugänglich war, dessen antidemokratischer Ungeist all die Jahre und Jahrhunderte, von der Gegenreformation über Metternich und die Nazizeit bis in die Gegenwart, ungebrochen blieb.

Gegen ihn richtet sich der „Aufstand der Anständigen"[5], oft im Keim erstickt, doch stets von Neuem versucht …

5   Der Standard, 2. 7. 2010, anlässlich der Demonstration für Arigona Zogaj auf dem Heldenplatz in Wien.

Trotz alledem

Ich war vierzehn, als mein Vater starb. Laurenz Genner[6] war Widerstandskämpfer gegen Austrofaschisten und Nazis gewesen; einer der Gründer der Zweiten Republik. Am Ende seines Lebens waren alle seine Hoffnungen auf eine bessere Welt enttäuscht.

Vor 1934 Nationalratsabgeordneter der Sozialdemokratischen Partei, hatte er in seiner tiefschwarzen Waldviertler Heimat „rote Bauerngruppen" gegründet, die ihre Produkte direkt, ohne Zwischenhandel, ins Rote Wien lieferten. Er hatte gehofft, die Kluft zwischen roter Stadt und schwarzem Land zu überwinden. Viele Saalschlachten gegen Nazis und Heimwehrler hatte er gewonnen, man hatte ihn den „ungekrönten König des Waldviertels" genannt. Bis dann alles zugrunde ging, weil die Führung der Sozialdemokratie im entscheidenden Augenblick, im März 1933, als Dollfuß das Parlament ausschaltete, zum Aufstand zu feige war.

Nach dem Sieg des Faschismus arbeitete mein Vater – schwer krank, meist arbeits- und obdachlos – für die Revolutionären Sozialisten, organisierte Schmuggelwege aus der Tschechoslowakei, um Waffen und die illegale *Arbeiterzeitung* nach Österreich zu transportieren; bis im März 1938 die Partei zum zweiten Mal den Kampf und den Geist aufgab.

Karl Renner, Gründervater der Ersten wie auch der Zweiten Republik, stimmte „freudig mit Ja"[7]. Laurenz Genner hingegen wurde 1938 Kommunist. Er gehörte nach dem „Anschluss" der ersten, von der Gestapo rasch zerschlagenen Leitung der illegalen KPÖ an und versuchte möglichst viele Revolutionäre Sozialisten mitzunehmen. Wegen „Beihilfe zum Hochverrat" verhaftet, überstand er elf Tage Gestapo-Verhör, ohne zu gestehen.

1940 aus der Haft entlassen, nahm er seine illegale Arbeit wieder auf. 1942 gab er die Zeitung *Rote Front* heraus, die die illegalen Betriebsgruppen in Wien-Nord und die Sabotage der Rüstungsproduktion koordinierte. Die Betriebsgruppen waren von der Gestapo infiltriert; eine seiner Aufgaben war es, diese Spitzel

---

6   1894–1962. Biografie: Michael Genner, „Mein Vater Laurenz Genner. Ein Sozialist im Dorf", Veröffentlichung des Ludwig Boltzmann Instituts für Geschichte der Arbeiterbewegung, Europaverlag, Wien 1979.

7   Siehe Interview Renners im Neuen Wiener Tagblatt vom 3. 4. 1938.

auszuforschen und unschädlich zu machen. Ein alter Mitkämpfer sagte zu mir: „Der Vater hat einen harten Griff gehabt."

Nach dem Krieg, als kommunistischer Landesrat, kämpfte er weiter für sein großes Ziel: die Bodenreform. Er nahm Gutsbesitzern das Land weg (1947 in Straßhof, 1949 in Sommerein) und gab es den Armen. Die „Befreiung", für die er gekämpft hatte, blieb trotzdem nur ein schöner Traum. Er geriet in Konflikt mit den Bonzen in der eigenen Partei, den Stalinisten, die in Moskau im Hotel Lux gesessen waren, während er in Wien im Untergrund kämpfte, und die nun seine Aktionen sabotierten. „Keine Abenteuer, Genossen!" Das war die Linie der Partei. Europa war aufgeteilt worden, 1945 in Jalta[8], Österreich lag in der falschen Hälfte, revolutionäre Aktionen waren den Russen unbequem.

Da mein Vater weitermachte, hatte er zwei Autounfälle, und als er dann immer noch lebte, wurde er bei der nächsten Wahl (1954) nur mehr an nichtwählbarer Stelle aufgestellt und schließlich in Pension geschickt.

8   Konferenz von Jalta, 1945.

Was wäre gewesen, wenn ...

1956 marschierten die Russen in Ungarn ein. Imre Nagy, der kommunistische Ministerpräsident, wurde gehenkt. Er hatte 1945 als Landwirtschaftsminister genau die Bodenreform gemacht, die mein Vater für Österreich wollte. Er durfte das, weil Ungarn östlich der Jalta-Linie lag.

Aber schon nach wenigen Jahren, bei der „Kollektivierung der Landwirtschaft", nahm man den Bauern das Land, das Nagy ihnen gegeben hatte, wieder weg. Auch dagegen richtete sich der Aufstand, den die Russen im Blut erstickten. Anfang 1957 trat mein Vater aus der KPÖ aus. In seinen letzten Jahren schrieb er viel. Und war viel mit mir zusammen. Der alte Mann, er hätte mein Großvater sein können. Vierundfünfzig war er, als ich zur Welt kam. Da stand er noch mitten im Kampf. Nun war er im Ruhestand. In jeder Hinsicht gescheitert. Aber er hatte Zeit für mich.

Er lernte mit mir für die Schule, bereitete mich auf Prüfungen vor. Er war ehrgeizig für meine Belange. Und hatte auch für sich selber noch große Pläne. „Jetzt mache ich die Matura mit ihm", sagte er zu meiner Mutter, „und dann studiere ich mit ihm Medizin." Denn er selber wäre so gerne Arzt geworden, als er jung war. *Der Landdoktor.* So hieß ein Roman, den er in den Dreißigerjahren schrieb.

Am Abend, um sieben, durfte ich für ihn Nachrichten hören, im Radio, während er in der Küche kochte. Denn meine Mutter, die Zahnärztin war, würde bald heimkommen aus der Ordination. Ich schrieb mit, was ich in den Nachrichten hörte, und berichtete ihm dann. Da war ich stolz ... Mein erster politischer Unterricht. Von Lumumba war im Radio viel die Rede, dem Führer der Schwarzen im Kongo, der sein Volk von den weißen Kolonialherren zu befreien versuchte und der von den Verrätern Mobutu und Tschombe im Dienst des „freien Westens" gestürzt und ermordet wurde.

Er war ein Postbeamter gewesen, ein einfacher Mann aus dem Volk, der sich selbst gebildet hatte. In den Zeitungen sah ich oft sein Bild: ein mageres Gesicht mit Brille und einem schütteren Bart. Mein Vater, der viel von ihm erhofft hatte, war bleich vor Ohnmacht und Zorn, als wir im Radio hörten, Lumumba sei tot.

Als mein Vater starb, war ich vierzehn. „Versprich mir", sagte meine Mutter, „dass du nie Politiker wirst." Auch er hatte sich ja gewünscht, dass ich Arzt werde. Aber ich antwortete: „Nein. Sollen wir denen die Politik überlassen? Ich will weitermachen wie er." Nichts „denen" überlassen. Aber wer waren „die"? „Man muss die Bourgeoisie hassen", hatte mein Vater öfters gesagt. Und: „die Scheiß-Partei".

Wer die „Bourgeoisie" war, lernte ich als Kind erst nach und nach. Die „Scheiß-Partei" sagte mir schon mehr. Ich verband damit ein frühes Erlebnis, einen Besuch, den mein Vater erhielt, Anfang 1957, bald nach dem Einmarsch in Ungarn, ich war damals knapp über acht Jahre alt: Otto Tropper, meines Vaters engster Kampfgenosse in der Illegalität, und Friedl Fürnberg, der Parteisekretär, saßen bei uns im Wohnzimmer, sie waren gekommen, um meinen Vater vom Austritt abzuhalten. Vergebens … Ich wurde hinausgeschickt, aber ich hörte durch die Tür meinen Vater schreien. Fürnberg[9] war von allen seinen Exgenossen derjenige, den er am meisten hasste.

Wäre Ostösterreich (was freilich in Jalta nicht vorgesehen war) durch einen Zufall der Geschichte doch kommunistisch geworden (1950 zum Beispiel, beim Oktoberstreik), wäre hier das Gleiche wie in Ungarn geschehen: Mein Vater wäre Landwirtschaftsminister geworden wie in Ungarn Imre Nagy, hätte die Gutsbesitzer enteignet und das Land den Bauern gegeben. Nach ein paar Jahren hätte man es ihnen wieder weggenommen. Dagegen hätte er einen Aufstand organisiert. Also hätte man ihn gehenkt.

Das ist nicht nur meine fixe Idee; er selber hat es so gesehen und oft gesagt. Mit allen Konsequenzen, mit denen damals zu rechnen war: Meine Mutter hätte als Ärztin Berufsverbot bekommen. Vielleicht wäre sie putzen gegangen in einen Bonzenhaushalt. Oder schlimmer noch, in ein Arbeitslager gekommen (Halbjüdin war sie ja auch noch dazu). Ich hätte nicht studieren dürfen als Sohn eines „Konterrevolutionärs". (Na ja, viel studiert habe ich auch so nicht, offen gesagt). Ich wäre Hilfsarbeiter geworden in einer Kolchose, oder Straßenkehrer. Aber ich hätte viel gelesen und immer in mir die Sehnsucht nach Rache gehegt und gepflegt.

---

9   1945 von den Russen eingeflogen, um die KPÖ auf Linie zu bringen.

1989 hätte ich dann teilgenommen an einer richtigen Revolution. Wir hätten das stalinistische System hinweggefegt … Und glaubt mir: Ich hätte mich nicht zufrieden gegeben mit diesem Erfolg, hätte mich nicht abgefunden damit, dass an die Stelle der gestürzten Bürokraten die reichen Spekulanten aus dem Westen treten. Unsere schöne, siegreiche Revolution hätte ich nicht „denen" überlassen. Ich wäre niemals so geworden wie „die" … Gegen diese Machthaber wäre ich von neuem in den Untergrund gegangen. Und gegen die Nazis und Rassisten, die heute wieder aus ihren Löchern kriechen. Und für all die verratenen Hoffnungen von damals und jetzt. Ich stünde genau dort, wo ich heute stehe …

Österreich im Vor-Mai: Nicht werden wie „die" …

Österreich war vor 1968 ein zutiefst rückständiges Land. Es herrschte der geistige Moder, die biedere Verlogenheit der Nachkriegszeit – der Konsens, Österreich sei das „erste Opfer" gewesen. Der faule, feige Kompromiss. Oder mit anderen Worten: die große Koalition. Die Sozialpartnerschaft. Die heilige Eintracht der Dummen und Faulen.

Den Großteil der Intelligenz hatten die Nazis vertrieben oder umgebracht. Nazis hatten Unterschlupf gefunden in beiden Großparteien. Die Widerstandskämpfer (soweit sie überlebt hatten) spielten bestenfalls Nebenrollen im neuen „demokratischen" Staat. Berühmte Ausnahmen (wie Bruno Kreisky und Christian Broda) bestätigen die Regel; sich durchzusetzen, fiel ihnen schwer genug. Alte Nazis und Austrofaschisten saßen in Schlüsselpositionen. In der Polizei, im Heer und in der Justiz. An den Universitäten ebenso: Die „Schwarzen" hatten fast 60, der „Ring Freiheitlicher Studenten" (RFS) 30 Prozent der Stimmen in der Hochschülerschaft. Der Rest waren wir – Arbeiter- und Bauernkinder studierten fast nie.

Die Burschenschaften („Kaderschmiede zweier Lager"[10]: nämlich der offenen Neonazis – und einer Parlamentspartei, der FPÖ), aber ebenso der schwarze Cartellverband (CV) verfügten

---

10 Hans-Henning Scharsach, „Strache im braunen Sumpf", Wien 2012, S. 77

über Netzwerke, die ihnen und ihresgleichen die besten Posten zuschoben in der Wirtschaft und der Politik.

Und nicht zuletzt saß im BSA („Bund sozialistischer Akademiker") ein Nazi neben dem anderen und machte Karriere in der neuen staatstragenden, stramm antikommunistischen Sozialdemokratie. Manche Wirtschaftsnazis in den Vorstandsetagen der Verstaatlichten Industrie waren, wie Peter Kreisky sich erinnerte, „in Doppelmitgliedschaft beim BSA und als ‚Alte Herren' bei schlagenden Burschenschaften".[11] Eine französische Praktikantin, angewidert von den Plakaten der FPÖ im Wahlkampf 2010, fragte mich erstaunt: „Hat es denn bei euch in Österreich 1945 keine Säuberung gegeben?" Ich musste ihr sagen: „Leider nein." In Frankreich, wo es eine starke „Résistance" (Widerstandsbewegung) gegeben hatte, war der Begriff „Épuration" („Säuberung") nämlich positiv besetzt.

Im Gymnasium lernte ich, wer „die" waren. Ich ging nicht in die Stubenbastei, in die fortschrittliche Eliteschule, wie viele andere Kommunistenkinder (denn mein Vater war durch seinen Austritt zur „Unperson" geworden und vermied mit „denen" jeden Kontakt). Ich ging in die Fichtnergasse, in ein humanistisches Gymnasium. Eine „schwarze" Schule – dort waren die Fronten wenigstens klar. Vor dem Fenster war einmal ein Baugerüst. Arbeiter besserten die Fassade aus. „Schaut's die Proleten an", sagte der Lateinlehrer, ein blonder Mann mit Narbe im Gesicht. „Die können nicht einmal richtig Deutsch. Seid froh, dass euch eure Eltern studieren lassen. Dass ihr nicht werdet wie die."

Meine Mitschüler (keine Mädchen, nur Buben) zerfielen in zwei Gruppen: Die Bürgerkinder (Söhne von Kleinunternehmern, Akademikern, Angestellten) wollten meist Jus studieren oder Welthandel; das Geschäft der Eltern übernehmen. Oder Richter werden. Die Bauernsöhne lebten in katholischen Heimen. Nur wenige von ihnen kamen bis zur Matura. Viele gingen schon mit vierzehn, fünfzehn; sie schafften es nicht. Dabei waren sie nicht weniger begabt als die Bürgerlichen, oft im Gegenteil. Aber sie fanden sich nicht zurecht in der Fremde, in der Stadt, in

11 Peter Kreisky, „Kreisky und Kreisky", in: Franz Richard Reiter, „Wer war Bruno Kreisky? Dokumente, Berichte, Analysen", Wien 2000, S. 159

einem Milieu, das ihnen feindlich erschien. Sie hatten Heimweh. Die Eltern waren arm, die Heimplätze teuer, Nachhilfestunden ebenso. Sie gaben einer nach dem anderen auf.

Ich gehörte zu keiner der beiden Gruppen, sondern war das einzige Kommunistenkind. Und Vierteljude noch dazu, von meiner Mutter her – „M2" im Nazijargon: „Mischling zweiten Grades". Ich versuchte die Bauernkinder aufzuwiegeln. Freilich ohne Erfolg. Aber ich lernte, wie man diskutiert, auch gegen zwanzig andere zugleich. In die Schule nahm ich zwei Bücher mit. Aus denen las ich in der Pause vor. Oder auch im Unterricht, in Geschichte und Philosophie. Lenins „Staat und Revolution" – und das Neue Testament. Ich versuchte zu erklären, dass Kommunismus und Christentum im Grunde dasselbe sind … Immerhin hatte auch mein Vater in den Zwanzigerjahren dem „Bund religiöser Sozialisten" angehört.

Im Unterricht meldete ich mich zu Wort, wann ich wollte, die Lehrer respektierten das. Der Geschichtprofessor war ein Konservativer, aber er förderte mich sehr. Wir kamen bis zur Gegenwart, diskutierten über den Februar 1934 und die Nazizeit. Ich weiß schon, es entspricht nicht dem Bild, das man sich von einer „schwarzen" Schule macht. Einige der Bürgerkinder waren Antisemiten. Sie schimpften auf die „Juden in der SPÖ", die „alles verstaatlichen" wollen. So hatten sie es von ihren Eltern gehört.

Aber sie waren für den Olah[12]. Der war zwar auch ein „Sozialist". Aber was für einer! In Amerika geschult, hatte er im Oktober 1950 mit seinen Knüppelgarden den Streik gebrochen und sodann eine antikommunistische Geheimarmee, das CIA-finanzierte „Sonderprojekt", aufgebaut. Er war eine „Führernatur", galt als der „starke Mann". Er war auch gegen die „Juden in der SPÖ". Aber es wurde nichts aus seiner Diktatur. Er kam hinter Gitter, da er Gewerkschaftsgelder gestohlen hatte. Er hatte die *Kronenzeitung* finanziert und der FPÖ eine Million Schilling gezahlt. *Krone* und FPÖ waren seine Partner im Poker um die Macht.

Diese Art der Korruption ist tief verwurzelt im politischen System der Zweiten Republik. Von Olah bis Haider – der tiefe Staat. Ein nie trocken gelegter Sumpf.

12   Franz Olah, 1959–1963 ÖGB-Präsident, 1963–1964 Innenminister

„Ihren besten Mann schmeißen s' hinaus!", rief mein Klassensprecher, dem ich oft Nachhilfestunden gab. „Weil er kein Jud' ist!"

„Hast du schon einmal einen Juden gesehen?", fragte ich.

„Im Fernsehen siehst sie jeden Tag: den Broda und den Pittermann[13], die blade Sau!"

„Aber das sind doch gar keine Juden."

„Das sind Juden! Die denken nur an ihre Macht! Und ans Geld!"

„Und an was denkst denn du? Dein Vater ist Unternehmer und hat eine Fabrik …"

„Mein Vater arbeitet schwer! Aber die Juden, die arbeiten nix und scheffeln das Geld!"

„Kennst du einen Juden?"

„Die brauch ich nicht kennen! Viel z'wenig von denen haben s' vergast!"

„Ich bin Vierteljude", sagte ich. „Mein Onkel und meine Tante haben sich umgebracht, 1940, vor dem Abtransport."

Da sagte er ganz erstaunt: „Du bist eine Ausnahme. Du bist kein richtiger Jud."

Er brauchte ja meinen Nachhilfeunterricht.[14]

1964 wurde Olah gestürzt und aus der SPÖ ausgeschlossen. Es war vor allem das Verdienst des Justizministers Christian Broda, der in der Partei den Widerstand organisierte. Olahs Schlägergarden marschierten vor dem Parteihaus in der Löwelstraße auf. „Broda bekam Prügel!", jubelte die *Kronenzeitung* auf Seite eins. Zu Olahs Schlägern gehörten Nazis, aber auch Polizeibeamte, die er geworben hatte in den zwei Jahren, als er Innenminister war. Aber auch Arbeiter, die enttäuscht waren vom sozialpartnerschaftlichen Kuschelkurs der SPÖ. Olah verschwand dann zwar von der Bildfläche; vorher (1966) richtete er aber noch großen Schaden an. Seine chancenlose Kandidatur mit einer eigenen Liste kostete

---

13 Bruno Pittermann war Vizekanzler und Parteichef der SPÖ. Weder Broda noch Pittermann waren Juden. Aber was bedeutet das schon? Wahrer Antisemitismus kommt auch ganz ohne Juden aus.

14 Diesen Dialog schrieb ich schon vor Jahrzehnten in damals frischer Erinnerung auf.

die SPÖ so viele Stimmen, dass die ÖVP allein regieren konnte. Was von ihm blieb, war die Achse *Kronenzeitung*-FPÖ. Diese unheilige Allianz vergiftet nun schon seit Jahrzehnten das politische und soziale Klima in diesem Land.

1965 – „Hoch Auschwitz! Heil Borodajkewicz!"

Taras Borodajkewicz war Professor an der Hochschule für Welthandel. Manche Bürgerbuben in meiner Schule waren begeistert von ihm. Er hatte sich offen als Antisemit und Nazi bekannt vor laufender Kamera, unter dem Johlen der Burschenschafter – und unter dem Schutz des schwarzen Unterrichtsministers Piffl-Percevic. Die wenigen sozialistischen Studenten, die es damals gab, Arbeiterjugendgruppen und ehemalige Widerstandskämpfer riefen zu Protestdemonstrationen auf. Sie wurden von Nazischlägern (großteils Burschenschaftern) überfallen. „Heil Borodajkewicz! Hoch Auschwitz!", brüllten die Nazistudenten. Sie schlugen einen alten Mann tot, der auf sie zuging, ihnen erklären wollte, was Auschwitz war: Ernst Kirchweger, Widerstandskämpfer, KZ-Häftling, Straßenbahner, Kommunist.

Das war der Anfang von ihrem Niedergang, denn in der Straßenschlacht, die auf den feigen Mord folgte, wurden sie vernichtend geschlagen. Seither wuchs die Linke auf der Universität – langsam, aber stetig. Zugleich änderte sich dort die soziale Zusammensetzung. Vorher waren die Fronten klar: Arbeiter waren rot, Studenten schwarz oder braun. Das war immer so gewesen. Viele Arbeiter sagten: „I lass mein' Buam net studieren. Der soll Arbeiter werden wia i. Der soll net so werden wia die!" Und die Tochter schon gar nicht, sowieso. Die sollte heiraten und Kinder kriegen. Noch dazu, wo man für das Studium Gebühren zahlen musste. Das konnten sich die wenigsten leisten.

Aber mit der Borodajkewicz-Demonstration begann auf den Hochschulen eine neue Zeit. Die Nazistudenten hatten Prügel bekommen. Sie waren von der Straße vertrieben worden. Es war trotzdem nur ein halber Sieg. Denn beim Begräbnis des erschlagenen Mannes gab ihm die Crème der großen Koalition, der Sozialpartnerschaft, das letzte Geleit. Ein Staatsbegräbnis für einen ermordeten Widerstandskämpfer! Er konnte sich nicht mehr wehren. So brach man dem Protest die Spitze ab.

1966 – 1968: Zwischenspiel in der SPÖ

Gleich nach der Matura ging ich zur SPÖ und zum Verband Sozialistischer Studenten Österreichs (VSStÖ). Die Partei hatte die Wahlen am 6. März 1966 verloren und war in Opposition gegangen. In den Dörfern hatten Pfarrer von der Kanzel gegen die „rote Gefahr" gepredigt. Sozialistischen Bauern hatte man die Kühe rot angestrichen. Sozialisten waren beim Plakatieren von Olah-Leuten überfallen und verprügelt worden. Die ÖVP regierte nun allein. Viele junge Menschen an der Basis, kleine Vertrauensleute der Partei und der Gewerkschaft, hofften nun auf einen härteren Kurs.

Im VSStÖ hatten soeben die „Linken" unter Peter Kreisky die Mehrheit erobert und die „Rechten" unter Hannes Androsch, dem späteren Finanzminister, hinausgeworfen, nach einem jahrelangen Fraktionskampf, der von beiden Seiten mit großer Erbitterung geführt worden war. Man hatte sich gegenseitig ausgeschlossen, die Türschlösser zum Verbandslokal aufgebrochen, um Karteien und Buchhaltungsunterlagen gekämpft. Eine Urabstimmung hatte die Entscheidung gebracht. Ein für allemal: Der Verband war links. Hannes Androsch und seine Gesellen wandten sich ihren Geschäften zu.

Ohne diesen Sieg wäre fortschrittliche Hochschulpolitik in den folgenden Jahren kaum möglich gewesen. Wie Peter Kreisky berichtet, hatte die alte (von rechten BSA-Bossen subventionierte) VSStÖ-Führung unter Hannes Androsch sogar abgelehnt, sich gegen den Naziprofessor Borodajkewicz zu engagieren.[15]

An der Seite der Linken war Josef Hindels gestanden, Widerstandskämpfer vor 1938, dann im Exil. 1948, als die meisten Linken seiner Generation zu den Kommunisten übertraten, war er in der SPÖ geblieben. Jahrelang hatte er dann, verfemt und verschrien, aber beharrlich, seine Hausmacht aufgebaut. Er war nun Zentralsekretär der GPA, der Gewerkschaft der Privatangestellten, der größten Gewerkschaft Österreichs. Die GPA hatte auch eine Studentensektion, die „Hospitantengruppe". Sie diente zur Zeit des Fraktionskampfes als Sammelbecken der Linken im VSStÖ.

---

15   „Wer war Bruno Kreisky?", hrsg. von Franz Richard Reiter, Wien 2000, S. 159.

Hindels hatte in der Illegalität die Kunst der Konspiration gelernt. Ohne seine Hilfe und seinen Rat hätten die Linken den Sieg über die Androsch-Clique nicht geschafft.

Die Legenden vom Fraktionskampf begeisterten mich. Die Linken hatten gesiegt! Ich lernte Peter Kreisky kennen, Wiener Obmann des VSStÖ. Er war der Sohn des früheren Außenministers und späteren Bundeskanzlers Bruno Kreisky, der als Wortführer des rechten Parteiflügels galt. Vater und Sohn verkörperten die stärksten Gegensätze in der Partei. Damals jedenfalls; oder zumindest sah es so aus.

Die Partei war seit Jahren in der Krise. Sie hatte zwei Flügel, die waren beide sehr klein, und einen riesigen Rumpf, der sich nicht fortbewegte. Der linke Flügel unter Hindels beherrschte nur die zwei Verbände der sozialistischen Studenten und Mittelschüler (VSStÖ und VSM). Er war stark in der Gewerkschaft der Privatangestellten (GPA), aber sonst überall sehr schwach.

Der rechte Flügel waren die „Reformer". Norbert Leser, Günther Nenning, Heinz Kienzl – großteils Intellektuelle. Sie forderten die Umwandlung der SPÖ aus einer Partei der Arbeiterklasse in eine „linksliberale Volkspartei". Die große Mehrheit der Funktionäre hatte gar keine Meinung. Sie folgten den Weisungen von oben und waren sehr verunsichert, wenn die einander widersprachen. Was jetzt öfter vorkam in der Krise der Partei.

Günther Nenning, der Herausgeber der Zeitschrift *Neues Forum*, war am schwersten zu verstehen. Er gehörte zu den „Reformern", also zu den „Rechten". Aber er war Marxist. Oder zumindest nannte er sich so. Er hatte sich taufen lassen und war für den christlich-marxistischen Dialog. Und er war für die „Öffnung" der Partei. Für die Öffnung nach rechts. Für die „liberale Volkspartei". Was immer das sein mochte. Wer war eigentlich in Österreich „liberal"? Und was hieß das überhaupt?

Günther Nenning, Beruf: Provokateur

Nennings *Forum* ging auf Friedrich Torberg zurück, einen fanatischen Antikommunisten, Organisator des Brecht-Boykotts, den er mit drei Punkten begründete:

„1. Kunst hat mit Politik zu tun. – 2. Brecht ist Kommunist. – 3. Der Kommunismus ist der Todfeind der Demokratie.

(…) Selbst ‚Hänschen klein' wäre, wenn Bertolt Brecht als Verfasser zeichnet, kommunistische Propaganda."[16]

Torbergs *Forum* wurde von Amerika bezahlt, vom CIA[17]. Jeder wusste das. Es war ein Organ des Kalten Krieges, der Gleichschaltung der wenigen Intellektuellen, die es in Österreich noch gab. Unter Nenning hatte sich das *Forum* gewandelt. Es war jetzt eine „internationale Zeitschrift für den Dialog", in der die Elite der beiden großen geistigen Strömungen Europas schrieb: Christen und Marxisten. Wo sonst hatten sie Gelegenheit zum Austausch ihrer Ideen? Das war Nennings Werk. Und in einer Partei, in der das Wort „Intellektueller" oft als Schimpfwort gebraucht wurde, machte ihn das verdächtig.

Am 12. November 1966, dem Jahrestag der Ausrufung der Republik, hielten die Sozialistischen Freiheitskämpfer beim Republikdenkmal am Ring eine Kundgebung ab. Als achtzehnjähriger Neugenosse durfte ich auch dabei sein. Der Parteisekretär Otto Probst hielt eine Rede gegen die reaktionären Kräfte, die am 6. März an die Macht gekommen waren. Und gegen die „inneren Schädlinge" der Partei. „Auße mit'n Nenning!", schrien die versammelten Funktionäre und klatschten. Aber nicht weil Nenning „rechts", sondern weil er intellektuell und kritisch war.

Aber Nenning war offensichtlich rechts. Er hatte zu den Anhängern Olahs, des „Sonderprojekt"-Führers, gehört. Er hatte sich erst von ihm losgesagt, als Olah kurz vor dem Ausschluss aus der SPÖ stand. Da hatte Nenning, wie oft in seinem Leben, gerade rechtzeitig den Absprung geschafft. Olahs „Sonderprojekt" war eine von vielen antikommunistischen Terrorbanden, die der CIA in den Ländern Europas westlich von Jalta ins Leben rief und die man später unter dem Markenzeichen „Gladio" kannte. Olah war, wie Josef Hindels schrieb, „ein Renegat, der den Weg in die antisemitische Kloake gegangen ist". Nun war ihm endlich das Handwerk gelegt. Olah hatte sogar einmal einen Artikel in Günther Nennings *Forum* geschrieben – aber nur einmal, „weil ich

---

16 Kurt Palm, „Vom Boykott zur Anerkennung. Brecht und Österreich", Wien – München 1983, S. 170.

17 Kurt Palm, ebenda, S. 133. Der Geldtransfer erfolgte über den CIA-nahen Congress for Cultural Freedom.

lieber handle statt zu schreiben". Er war ja der „starke Mann" …
Olah. Torberg. Kalte Krieger, von Amerika bezahlt. Und Nenning?
Das wusste man nicht so genau. Aber Hindels lehnte es ab, mit
ihm auch nur an einem Tisch zu sitzen.

Nenning war die schillerndste Figur in der Partei. Er stand
oft vor dem Ausschluss, aber er schlüpfte immer wieder durch
die Maschen. Er hatte ein sicheres Gespür für gesellschaftliche
Entwicklungen und politische Trends. Wo immer etwas Neues,
Zukunftsträchtiges entstand, war er alsbald zur Stelle, um sich
anzudienen und Einfluss zu gewinnen. Hatte er dort seine Mission
erfüllt, wandte er sich dem nächsten Bereich zu. Er glich einem
Chamäleon, das bei Bedarf die Farbe ändert, oder einer Schlange,
die immer wieder eine neue Haut bekommt. Ein paar Jahre lang
begleitete er mich auf meinem Weg. Seine Hilfe weiß ich zu schätzen. Vertraut habe ich ihm nie. Am Ende entpuppte er sich als der
Verräter, für den ich ihn immer hielt.

Kreisky und die Liberalen

Auf dem Parteitag im Jänner 1967 wurde Bruno Kreisky zum
Vorsitzenden gewählt. Seine Linie war klar: Keine außerparlamentarischen Aktionen, keine Abenteuer, sondern Öffnung nach
rechts. Bündnis mit dem „liberalen" Teil des Bürgertums, statt es
zu verschrecken. Und dann, nach dem Sieg bei den nächsten Wahlen, wenn alle genug hatten von vier Jahren Alleinherrschaft der
ÖVP: Reformen von oben, gestützt auf eine sozial-liberale Mehrheit im Volk und im Parlament.

Mir selbst und anderen schien das völlig irreal: Woher wollte
Kreisky diese bürgerlichen „Liberalen" denn nehmen? Die gab es
doch gar nicht! Die Bürgerlichen, die ich kannte, waren nicht liberal, sondern konservativ und autoritär.

Aber später, in der Heimkampagne, habe ich selbst versucht,
mit dem „Kuratorium der Freunde von Heliopolis" ein „liberales"
Vorfeld für Spartakus zu schaffen. Tatsächlich haben die Reformen der Ära Kreisky-Broda die Entstehung einer fortschrittlichen,
sozial und liberal denkenden Mittelschicht in Österreich überhaupt erst möglich gemacht. Und im Lauf vieler Jahre ergab es
sich so, dass diese „kleinbürgerlich-liberalen Intellektuellen" (was
für ein schreckliches Schimpfwort war das doch in meiner Jugend-

zeit!) oft viel weiter links standen als das, was von der Arbeiterklasse übrig geblieben war.

Kreisky und Broda

Bruno Kreisky hatte eine Vergangenheit, mit der ich mich identifizieren konnte. Christian Broda, sein jahrzehntelanger Weggefährte (und Rivale) ebenso. Auch wenn ich damals noch keine Einzelheiten kannte. Bruno Kreisky hatte im Februar 1934, wenige Tage nach dem gescheiterten Aufstand, im verschneiten Wienerwald mit wenigen aufrechten anderen die „Revolutionäre Sozialistische Jugend" (RSJ) gegründet. Nach knapp einem Jahr illegaler Arbeit hatte ihn die Polizei gefasst. Als Angeklagter (1936) hatte er eine berühmte Rede gehalten. Wegen Hochverrats zu einem Jahr Kerker verurteilt, hatte er nach der Haft den Untergrundkampf fortgesetzt. In der Illegalität hatte er Christian Broda kennengelernt. Darüber gibt es verschiedene Legenden. Eine davon haftet in meiner Erinnerung; ich weiß nicht mehr, wer sie erzählte:

Es sei auf einer Parkbank gewesen irgendwo in Wien. Ein illegaler „Treff". So nannte man das damals. Kreisky habe die RSJ vertreten, Broda den Kommunistischen Jugendverband (KJV). Auf dieser Parkbank hätten sie über die Bildung einer Einheitsfront verhandelt gegen die faschistische Diktatur. Aber geeinigt hätten sie sich nicht.

Ein anderer Bericht rückt ihre erste Begegnung in ein weit unfreundlicheres Licht: „Broda und seine Kommunistenbuam" hätten beim Versuch, Jugendliche aus Kreiskys Gruppe abzuwerben, „ihre Watschen gekriegt".[18]

Aber trotzdem gab es gemeinsame Aktionen, irgendwie war das typisch für ihr weiteres Leben: Sie waren sich nie einig, haben aber doch so viel gemeinsam vollbracht. Broda wurde als „Verräter und Abweichler" ausgeschlossen aus dem KJV. Er leitete dann die trotzkistische Gruppe „Ziel und Weg".

1938 planten Kreisky und Broda immerhin gemeinsam die Herausgabe einer Zeitung der Arbeiterjugend, die zum Wider-

---

18 Maria Wirth, „Christian Broda. Eine politische Biographie", Wien 2011, S. 79

stand gegen die Nazis aufrufen sollte; einige (nicht sehr einfluss-
reiche) Funktionäre des Schuschnigg-Regimes hätten, so Kreisky,
dafür ihre Unterstützung signalisiert.[19] Dazu kam es freilich nicht
mehr. Bruno Kreisky saß fünf Monate lang in Gestapohaft, entging
nur durch Zufall und Glück der Einweisung in ein KZ, erreichte
durch Glück die Ausreiseerlaubnis und fand in Schweden Schutz.
Würde heute ein Flüchtling, den ich betreue, diese Geschichte voller Zufälle erzählen, würden ihn Österreichs Asylbehörden für völlig unglaubwürdig erklären. Christian Broda blieb in Österreich
und gehörte in der Nazizeit der kommunistischen Gruppe „Soldatenrat" an. Von der Gestapo verhaftet, entging auch er dem Tod
nur mit viel Glück. Erst nach 1945 wechselte er zur SPÖ.

Kreiskys Rückkehr ins befreite Österreich verhinderten
1945 die Amerikaner; sie ließen ein Flugzeug, in dem er vermutet wurde, nicht landen.[20] Aber auch in der SPÖ waren emig-
rierte Juden unerwünscht. Erst 1951 ernannte ihn Bundespräsident Körner zu seinem persönlichen Berater. Als Staatssekretär (ab
1953) und Außenminister (1959–1966) verdrängte Kreisky seine
linke Vergangenheit, er fuhr in der Welt herum, verhandelte über
den Staatsvertrag und über Südtirol.

Er galt als „Rechter" in der SPÖ und war es damals wohl
auch, stand Olah nahe, den er aus der Illegalität kannte. Auch
Olah war einmal „revolutionärer Sozialist" gewesen. Bevor er zum
Überläufer wurde. Woran man auch sieht, wie lächerlich Olahs
Propaganda gegen die „jüdischen Bonzen" war. Der einzige wirkliche Jude in der Führung der Partei, Bruno Kreisky, stand auf
seiner Seite fast bis zuletzt. Erst 1964, als Olah offen zum Verräter und Antisemiten wurde, sagte Kreisky sich von ihm los und
nannte ihn einen „zweiten Mussolini". Denn auch Mussolini, der
Gründer des Faschismus in Italien, hatte seine Laufbahn als radi-
kaler Sozialist begonnen und war dann aus Ehrgeiz und gekränkter
Eitelkeit Faschist geworden.

Bruno Kreisky und Christian Broda werden wir hier noch oft
begegnen. Ihre Reformen haben den Menschen in diesem Land

19   Bruno Kreisky, „Der Mensch im Mittelpunkt. Der Memoiren dritter
     Teil", Wien 1996, S. 60.
20   http://www.doew.at/frames.php?/service/archiv/eg/kreisky2.html

mehr Freiheit und Wohlstand gebracht. Wir Achtundsechziger, wir Spartakisten, haben diesen Reformprozess durch unsere Aktionen beschleunigt. Es war eine (oft konfliktreiche) Arbeitsteilung zwischen der SP-Regierung und uns. Ganz zuletzt, nach dem Verlust aller Ämter, als ihr Weg zu Ende ging, standen Kreisky und Broda an unserer Seite im Kampf für das Menschenrecht auf Asyl.[21]

Heute (wie schon in den früheren Neunzigern) gibt es eine Arbeitsteilung ganz entgegengesetzter Art: nämlich zwischen der Koalitionsregierung und den reaktionärsten Elementen, Olahs Erben: *Kronenzeitung* und FPÖ. Eine unheilige Allianz, die die Abschaffung des Asylrechts bezweckt und die daher – im Bund noch dazu mit demokratiefeindlichen Elementen im Staatsapparat – die Verantwortung trägt für das Hochkommen des Rassismus und Neofaschismus in diesem Land.

Das Grundübel: Keine Neuordnung des Staatsapparates

Was Kreisky und Broda nicht schafften, ja gar nicht ernsthaft versuchten, war eine Säuberung der Beamtenschaft. Dort blieben die alten Strukturen, wie sie waren. Dort blieb der alte Ungeist an der Macht. Als Justizminister war Broda mitschuldig daran, dass Nazirichter und Nazistaatsanwälte unbehelligt blieben. Ja, er verstieg sich zu der Aussage: „Die Republik hat einen Schlussstrich gezogen."[22]

Diese programmatische Erklärung ist in ihren politischen, massenpsychologischen Folgen noch schlimmer als der Umstand, dass damals (1965) noch über 600 Nazirichter und 48 Nazistaatsanwälte[23] Dienst taten: Sie bekräftigt nämlich in aller Öffentlichkeit jenen Grundkonsens der Zweiten Republik, der eben nicht antifaschistisch, sondern durch und durch gesinnungslos war und blieb. Es war dieser Sumpf, in dem dann auch ein Waldheim und ein Haider blühen konnten. Daher bedarf es eines beharrlichen

---

21 Kreisky als Redner am C.E.D.R.I.-Kongress 1985, Broda als Co-Autor der C.E.D.R.I.-Charta 1986.

22 „Forum" 144 (Dezember 1965), zitiert in: Maria Wirth, „Christian Broda. Eine politische Biographie", S. 301.

23 Maria Wirth, S. 293.

Kampfes, um dafür zu sorgen, dass eben kein Schlussstrich gezogen wird. Und zwar nicht so sehr wegen der alten Nazis, deren Existenz sich biologisch erledigt, als vielmehr wegen der (in ihrem Dunstkreis herangewachsenen) neuen.

Höhepunkte dieser Auseinandersetzung, die vielen jungen Menschen die Augen öffnete, waren die Bewegung von 1968 (einschließlich Spartakus), der Kampf gegen Waldheim (1986) und der Widerstand gegen Schwarz-Blau (2000). Christian Broda bemühte sich in Einzelfällen, den politischen Schaden zu begrenzen, den er mit seiner Schlussstrich-These mitbewirkt hatte. Und das rechne ich ihm hoch an. So ergriff er 1969, als mich ein offensichtlicher Nazi-Untersuchungsrichter wegen „versuchter Verleitung zum Aufstand" hinter Gitter brachte, öffentlich im Parlament für mich Partei. Das war sehr wichtig und trug zu meiner raschen Haftentlassung bei.

Leider ist auch Bruno Kreisky mit dem Problem der faschistischen Wurzeln des Staates, den er regierte, nie fertig geworden. Er war sich, wie sein Sohn Peter berichtete, der Gefahren bewusst, die daraus erwuchsen, dass Österreich „über kein demokratisch gefestigtes Bürgertum" verfügte.[24] Und er wusste nur zu gut, welche Elemente sich im Staatsdienst breit machten, ganz besonders in der Polizei. Er warnte wohl davor, „dass es parallel zu den Zwanzigerjahren schnell zu einer Allianz zwischen großen Teilen des Sicherheitsapparates und politisch reaktionären Kräften kommen könne."[25] Dennoch rang er sich nie zu einer grundlegenden Neuordnung durch. Auch er versuchte lediglich, den Schaden, den diese Elemente verursachten, durch Parallelaktionen zu vermindern (so 1974, als er mit unserer Hilfe, unter Umgehung der Flughafenpolizei die Einreise chilenischer Flüchtlinge plante).[26] So griff er (wie Broda) in vielen Einzelfällen ein. Manchmal auf sehr emotionelle Art:

Im Februar 1968 kam (wie alljährlich) der Schah von Persien auf Besuch nach Wien. Ein ziemlich übler Despot. Viele persische

24 Peter Kreisky, „Kreisky und Kreisky", in: Franz Richard Reiter, „Wer war Bruno Kreisky? Dokumente. Berichte. Analysen", Wien 2000, S. 161.
25 Peter Kreisky, ebenda, S. 149.
26 Näheres später im Kapitel „Freiplatzaktion für Chileflüchtlinge".

Studenten lebten in Wien. Mit ihnen planten wir sozialistischen Studenten eine Demonstration. Der Schah sollte vom Flughafen zur Botschaft fahren. Dort in der Nähe warteten wir auf ihn. Aber die Polizei war schon vor uns da. Wir hatten uns über Telefon verabredet. Und nicht bedacht, dass Telefone abgehört werden. Seither weiß ich das leider ganz genau. Damals jedoch waren wir alle sehr jung und unerfahren. Die Polizei prügelte sofort. Zwanzig von uns wurden festgenommen, unter ihnen einige Iraner, die nun von der Abschiebung bedroht waren. Einem Wiener Studenten schlugen die Polizisten mit dem Knüppel ins Gesicht, sodass sein Jochbein brach.

Wir trafen uns wieder im VSStÖ-Lokal, schrieben Protokolle über die Brutalitäten der Polizei. Peter Kreisky kam von seinem Vater zurück, den er gebeten hatte, für die Gefangenen zu intervenieren. Bruno Kreisky hatte mit dem Polizeipräsidenten Holaubek telefoniert. Peter hatte mitgehört. Holaubek war ein alter SP-ler, der sich gerne volkstümlich gab. Der Student mit dem Jochbeinbruch sei nicht geschlagen worden, habe Holaubek am Telefon behauptet. Er sei hingefallen, bedauerlicherweise, und habe sich dabei verletzt. Daraufhin, erzählte Peter, habe sein Vater gebrüllt wie selten zuvor. Er habe den Polizeipräsidenten wie einen Schulbuben zusammengestaucht.

„Ich bin auch immer hingefallen! 1938!! Bei der Gestapo!!!", habe Bruno Kreisky geschrien. Holaubek habe nur mehr Entschuldigungen gestammelt. Die Gefangenen (auch die Perser) kamen in den nächsten Stunden frei.

Kampf gegen die Studiengebühren: Öffnung der Universität

1967 erwachten die Studenten – auch in Österreich. Der schwarze Minister Piffl-Percevic plante die „Vereinheitlichung" (also Erhöhung) der Studiengebühren. Die Studierenden mussten einen langen Fragebogen ausfüllen und beim Inskribieren noch länger als sonst Schlange stehen. Die Gelegenheit nützten wir, um Flugblätter zu verteilen und mit den Wartenden zu diskutieren.

Am 25. Oktober 1967 demonstrierten viertausend Studierende in Wien gegen den Bildungsnotstand, gegen die Studiengebühren und für eine demokratische Hochschulreform. Wir sozialistischen Studenten hatten es als kleinste, aber aktivste Fraktion geschafft, die ganze Hochschülerschaft für unseren Aufruf zu mobilisieren. Der RFS versuchte noch sein Süppchen zu kochen, aber vergebens, denn wir kontrollierten bei der Demo den Lautsprecherwagen; der schwarze „Wahlblock" war von den Ereignissen völlig überrannt.

Tausende Menschen demonstrierten auch am 30. Mai 1968, unter ihnen viele Gymnasiasten; einige Mittelschulen waren im Streik. Für kurze Zeit war das Neue Institutsgebäude besetzt. Studierende, die einander gar nicht kannten, redeten einander mit „Genosse" an. Manchmal hört man herablassende Kommentare, in Österreich sei 1968 eigentlich nichts los gewesen. Tatsächlich waren es weit nicht so viele Studierende wie in Deutschland, die hier auf die Straße gingen – die Anzahl der Studierenden war ja auch begrenzt, die „Öffnung" der Hochschulen stand noch bevor. Und außerdem war es auch nicht notwendig. Wir setzten uns auch mit weniger Leuten durch.

Unter Kreisky wurden die Studiengebühren abgeschafft. Unser größter Erfolg an der Universität. Dadurch studierten zwar immer noch nicht viel mehr Arbeiter- und Bauernkinder. Wohl aber: Frauen! Vorher hatte sich ein Familienvater dreimal überlegt, ob er die Tochter studieren lässt. Das wurde jetzt allmählich anders. Diese Öffnung der Universitäten war ein gewaltiger Schritt zur „Durchflutung aller Lebensbereiche mit Demokratie", wie Bruno Kreisky sagte. Die neuen Schichten, denen wir den Zugang zur Universität erkämpften, waren gegen die rechte Hetze großteils resistent.

Heute sind die Burschenschaften zwar immer noch gefährlich, weil sie unter dem schwarz-blauen Regime Gelegenheit hatten, Schlüsselpositionen zu besetzen; aber zahlenmäßig spielen sie an den Universitäten keine Rolle mehr. Im Gegenteil, die Mehrheit der Studierenden ist links. Daher ist es kein Zufall, dass das schwarz-blaue Regime an dieser Stelle als Erstes zuschlug: Schüssel und Haider führten die Studiengebühren wieder ein. Aber auch ihnen ist es nicht gelungen, das Rad der Geschichte zurückzudrehen. Bei den großen Demonstrationen im Februar 2000 waren hundertmal mehr Menschen auf der Straße als 1968. Dank unserer Reformen war eine neue intelligente Mittelschicht entstanden, die dem schwarz-blauen Regime die Stirne bot.

Junge Studierende, mit denen ich heute diskutiere, können sich kaum vorstellen, was für ein schwarz-brauner Sumpf die Universitäten einmal waren. Manche kennen nicht einmal mehr den Namen Borodajkewicz. Und das ist auch gut so: „Versunken und vergessen ...“

Familie und Religion

Der wichtigste Erfolg der Bewegung von 1968 war die Überwindung der traditionellen christlich-abendländischen Familie. Dass Frauen studieren konnten, gab ihnen mehr Unabhängigkeit. Pille und Fristenlösung trugen ihren Teil bei. Aber auch die Kampagne gegen die Erziehungsheime, die Spartakus führte.

Die Fristenlösung war die historische Niederlage der katholischen Kirche in diesem Land. Noch einmal bot der Verein, der Österreich einst mit Feuer und Schwert „katholisch gemacht“ hatte, alle seine Kräfte zu einem „Volksbegehren“ auf, um das Schicksal zu wenden. Vergebens. Seither sanken seine Mitgliederzahlen von Jahr zu Jahr.

Christian Broda hatte der Forderung der sozialistischen Frauen mit den knappen Worten zugestimmt: „Manchmal muss man den Mut zu Grundsätzen haben.“[27] Bruno Kreisky hingegen (wie so oft – fast justament – anderer Meinung als Broda, sein lebenslanger Rivale) hatte die Fristenlösung allen Ernstes als „den Kardinalfehler unserer Arbeit“ bezeichnet. „Dieser Beschluss kostet uns die Mehrheit.“ Sein „zwanzigjähriges Aufbauwerk, die Versöhnung mit der Kirche“, sei „zerstört“.[28] Es ist erstaunlich, wie ein so großer Politiker sich so irren konnte. Meine Mutter war keine Politikerin, sondern eine Ärztin, die genau zuhörte, was ihre Patientinnen erzählten. Sie sagte, sie könne nicht verstehen, warum die SPÖ nicht die Abtreibung zum Hauptwahlkampfthema mache. Die Fristenlösung sei die Garantie für die absolute Mehrheit. Fast jede Frau in Österreich habe doch schon einmal abgetrieben!

Bei allem Respekt vor Kreisky – nicht er, sondern meine Mutter hatte recht. Nachdem die Fristenlösung beschlossen worden war, gewann die SPÖ die Wahlen 1975 und 1979 haushoch.

27 Maria Wirth, „Christian Broda“, S. 425.
28 Maria Wirth, „Christian Broda“, S. 430.

Vom Berliner Vietnamkongress zum Ersten Mai in Wien

Im Februar 1968 fuhr ich mit einer Delegation des VSStÖ zum Vietnamkongress nach Berlin. Eine Bildungsreise, eindrucksvoll. Die Springer-Presse führte seit Wochen eine Hetzkampagne, die *Bild-Zeitung* rief zur „Entscheidungsschlacht" auf. Die Demonstration, die die Studenten vorbereiteten, wurde verboten, die Polizei plante eine Knüppelorgie. In der Stadt herrschte eine Stimmung, als drohte ein Bürgerkrieg. Die Studenten waren vom Rest der Bevölkerung völlig isoliert.

Immerhin: Der evangelische Bischof Scharf erklärte, die Kirchen Berlins stünden offen, um Demonstranten Schutz zu gewähren, wenn die Polizei zuschlug. In letzter Minute hob das Berliner Verwaltungsgericht das Verbot der Demonstration auf. Tausende Menschen gingen friedlich auf die Straße. Der Berliner Senat veranstaltete, unterstützt von den (stramm rechten) Gewerkschaften, eine Gegenkundgebung mit hübschen Parolen:

„Wir Bauarbeiter wollen schaffen – kein Geld für langbehaarte Affen", „Macht Schluß mit der Seuche!", „Bomb Vietnam!" Auf einem (dann eingezogenen) Transparent stand sogar: „Bei Adolf wäre das nicht passiert." Mit dem Ruf „Schlagt sie!" wurden Studenten auf offener Straße verprügelt, Studentinnen schnitt man die Haare ab. Nicht lange danach, im April 1968, schoss ein von *Bild* verhetzter Hilfsarbeiter den Studentenführer Rudi Dutschke in den Kopf. Wir nahmen uns vor: In Österreich sollte es anders laufen. Hier sollte es nicht gelingen, Studenten und Arbeiter auseinander zu dividieren.

Seit 1966 hatten wir in Österreich eine Alleinregierung der ÖVP. Sie arbeitete darauf hin, die Verstaatlichte Industrie zu zerschlagen, die in den Augen der Arbeiterschaft Garant und Symbol ihres Aufstiegs war. Hier setzten wir den Hebel an: Die staatliche Firma Elin hatte einen Kooperationsvertrag mit dem deutschen Siemens-Konzern geschlossen und sich zum Abbau „unrentabler" Bereiche verpflichtet. Im Klartext: Elinarbeiter wurden entlassen, weil der deutsche Konzern es befahl.

Im April 1968 demonstrierte die Belegschaft in der Penzingerstraße vor der Elin-Direktion. Drinnen, hinter verschlossenen Türen, verhandelten die Gewerkschaftsfunktionäre mit den Direktoren, draußen mischten wir sozialistischen Studenten uns unter das Volk und machten Stimmung: „Ihr werdet sehen, bald kommen sie zurück und sagen, sie können nichts für euch tun." Genauso war es dann auch. Die Arbeiter pfiffen die Bonzen aus. Am nächsten Tag streikten manche Abteilungen spontan, allerdings nur kurz, denn sie wurden von der Spitze der Partei und des ÖGB zur Ruhe und Ordnung gemahnt. Ein paar junge Elinarbeiter gaben nicht so rasch auf. „Opium für das Volk ist die Gewerkschaft", rief einer von ihnen den Funktionären zu. Mit diesen Unzufriedenen bildeten wir ein „Aktionskomitee sozialistischer Arbeiter und Studenten" und riefen zu einer Demonstration am Ersten Mai, nach den offiziellen Feiern, auf.

Ein paar Tage vorher bestellte uns Parteichef Bruno Kreisky zu sich: „Wer an dieser Demonstration teilnimmt, schließt sich selbst aus." Ich sagte kein Wort. Meine Entscheidung stand fest. Kreisky wusste, wer ich war. Er hatte meinen Vater vor 1934 gekannt und (wie er mir später schrieb[29]) „außerordentlich geschätzt". Aber mich hielt er damals einfach nur für einen kommunistischen Unterwanderer[30], den er rasch loswerden wollte. Am besten so rasch wie 1934 die „Broda-Buam".

Am Abend des 30. April waren die Kräfteverhältnisse klar. Im Wiener Vorstand waren nur mehr zwei für die Demonstration, Hermann Dworczak und ich. Die anderen waren alle umgekippt. Um frühmorgens unseren Aufruf zu verteilen, schlief ich auf einer Couch im Verbandslokal des VSStÖ; ich wusste, es war meine letzte Nacht dort.

Am 1. Mai 1968 stand ich zu Füßen der Kaiserin Maria Theresia auf dem Sockel ihres Denkmals und hielt meine erste Rede auf einer Demonstration. An die tausend Leute waren da. Wir marschierten zum Rathausplatz, wo das Abschlusskonzert der SPÖ im Gange war, und forderten Bürgermeister Bruno Marek auf, sich mit den entlassenen Elinarbeitern zu solidarisieren. Marek, völlig überfordert von dieser unerwarteten „Störung" seines schönen Blasmusikkonzerts, rief die Polizei zu Hilfe. Wir hängten uns ineinander ein, sangen die „Internationale". Marek nahm den Hut ab

---

29   Brief vom 22. 12. 1979.
30   Das sagte er jedenfalls zu Silvio Lehmann, dem damaligen Obmann des VSStÖ.

und sang mit … Aber dann prügelte die Polizei. Besonders brutal erging es den Mädchen; Polizisten traten sie, schleiften sie an den Haaren weg. Da schlugen einige von unseren Burschen zurück. Es gab auch neun Verletzte auf der Seite der Polizei. Lang hat der Zwischenfall allerdings nicht gedauert. Dann begann wieder die Blasmusik.

Am Abend behauptete Bürgermeister Marek in einem ORF-Interview, wir hätten „drahtlose Geräte" mitgeführt und wären „von einer zentralen Stelle gelenkt" worden. Tatsächlich hatte ich nur ein altes, halb kaputtes Megafon; die Parolen, die ich durchgab, hörte man kaum; aber ja, richtig: Draht war keiner dran. Wir seien, so Marek, eine „Gruppe intellektueller Nihilisten, die irgendeine Himmelfahrt vorbereiten; keine Wienerinnen und Wiener, sondern Menschen, die haltlos im luftleeren Raum schweben, in einem seelischen Selbstmordstadium". Der schwarze Innenminister Soronics kündigte „scharfe Maßnahmen gegen Ruhestörer" an, eine „harte Gangart der Polizei". Er schloss mit den Worten, die der blutige Prälat Ignaz Seipel den Opfern des 15. Juli 1927 zugerufen hatte: „Keine Milde!"

Das also war das Ende meiner „Karriere" in der SPÖ. Ich hatte mich „selbst ausgeschlossen" …

Etwas Gescheiteres

Zu dieser Zeit lernte ich Günther Nenning kennen. Ich war neugierig auf ihn, er war ja in der Partei auch irgendwie ein Underdog wie ich. Zwar wusste ich, dass ihn manche, weil er Torbergs *Forum* übernommen hatte, für einen CIA-Agenten hielten. Aber offenbar ritt mich der Teufel … Zwei Tage nach der Demonstration ging ich zu ihm.

Nenning tat, was ich erwartete: Wir Ausgeschlossenen durften uns im Büro des *Neuen Forum* treffen und die Abziehmaschine, das Abziehpapier und das Telefon benützen. Gratis. Das war ungeheuer wichtig in den ersten Wochen nach dem Bruch mit der Partei. In der Juni-Nummer des *Forum* ergriff Nenning öffentlich für uns Partei. Er wandte sich scharf gegen den „Polizeisozialismus" der SPÖ. Bruno Kreisky hat ihn daraufhin einen „Wurschtel" genannt. Besonders empört war Kreisky, weil Nenning doch bis vor kurzem ein Rechter war, „dem die SPÖ nicht antikommunistisch genug sein konnte". Mit jemandem, der so oft seine Linie ändere, könne er, Kreisky, nicht diskutieren. Seit damals galt Nenning als Schutzpatron der Neuen Linken. Alle trafen sich bei ihm im „Kritischen Klub", den er nun in den Räumen des *Neuen Forum* ins Leben rief. Er wusste alles, er war überall dabei, wo etwas Neues, Interessantes geschah. Er hatte einen Riecher dafür.

Bruno Kreisky erinnerte sich später ganz anders an meinen Bruch mit der Partei. Einige Jahre vor seinem Tod besuchte ich ihn mit einem sowjetischen Journalistenehepaar, das ich in Österreich herumführte, in seiner Villa in der Armbrustergasse. Kreisky erzählte den Russen aus seiner Sicht, was ihn mit mir verband. Ich hörte zu und wunderte mich. Damals, 1968 vor dem Ersten Mai, habe er zu mir gesagt: „Du siehst doch selbst, Genosse Genner, wie rechts, wie durch und durch reformistisch diese Partei ist. Das ist nicht deine Partei! Du verlierst hier nur deine Zeit. Geh – und mach etwas Neues, etwas Gescheiteres." Im hohen Alter sah er die Dinge wohl in verklärtem Licht. In Wirklichkeit hatte er mich hochkant rausgeschmissen. Aber ich ließ ihn dabei. Die Geschichte war ja eigentlich viel schöner so.

Ich habe etwas Neues versucht.

Verleitung zum Aufstand

„Wissen Sie, junger Mann", sagte der Untersuchungsrichter, „eigentlich sind Sie mir ja ganz sympathisch. Als ich so jung war wie Sie, war ich auch noch ein Idealist. Ich war Nationalsozialist, in einer Zeit, wo noch fast niemand dabei war." Mit diesen aufmunternden Worten sperrte er mich ein. Heute freilich, fügte er hinzu, habe er seinen Idealismus schon lange verloren; deshalb vertrete er heute gar keinen politischen Standpunkt mehr. – Er war also nur deshalb kein Nazi mehr, weil er seinen Idealismus verloren hatte. Solche Richter gab es viele in der zweiten, ach so demokratischen Republik. Es herrschte eine ungebrochene Tradition. Sie zog sich durch die ganze Gesellschaft: vom kleinen Polizisten oder Prügelerzieher ganz unten – bis hoch hinauf zum Richter, Universitätsprofessor, und in die Politik.

Mein Delikt war ein Flugblatt gegen Übergriffe der Polizei, das ich unterzeichnet hatte. Ein Mediendelikt. Ich wurde wegen

„versuchter Verleitung zum Aufstand" angeklagt. Darauf konnten im schlimmsten Fall bis zu zwanzig Jahre Kerker stehen.

Ich gehörte damals einer Aktionsgruppe an, die sich mit unkonventionellen Mitteln den Problemen der Arbeiterjugend und besonders den Erziehungsheimen widmete. Der Konflikt mit dem Staat war vorprogrammiert. Kurze Zeit hießen wir „Sektion 6" und waren eine Jugendsektion der KPÖ, aber in dieser alten, verstaubten, stalinistischen Partei gefiel es uns nicht; später machten wir uns unabhängig und nannten uns SPARTAKUS.

Wir kämpften gegen die Erziehungsheime, die „Jugend-KZ", wie wir sie nannten, in denen Prügelstrafen, Einsperren in kahlen Zellen („Steinkorrektion") und Psychoterror perverser Erzieher an der Tagesordnung waren. Die Heime waren ein ständiges Druckmittel – nicht nur gegen die „Kriminellen", sondern gegen alle Jugendlichen, die ein bisschen freier leben wollten. Damals war es möglich, dass ein Lehrling auf Weisung der „Fürsorge" auch gegen den Willen der Eltern ins Erziehungsheim kam, weil er mehrmals „unbegründet" den Arbeitsplatz wechselte. Dann war er nämlich „asozial". Oder Burschen und Mädchen, die zusammen sein wollten, obwohl ihre Eltern dagegen waren. Die „Fürsorge" in den Gemeindebauten wachte argwöhnisch darüber, ob ein 16-jähriges Mädchen vielleicht schon einen Freund hatte. Dann konnte sie fällig sein. Ayatollah Khomeini hätte daran seine Freude gehabt.

Eine Umfrage, die wir in Wiens größter Berufsschule (Mollardgasse) machten, ergab, dass die Mehrzahl der befragten Lehrlinge die Erziehungsheime als Hauptproblem angaben. Manche waren schon im Heim gewesen oder man hatte ihnen damit gedroht, zumindest aber kannten sie andere, die ins Heim gekommen waren. Alle fürchteten sich davor. Es gab eine Stufenleiter der Heime, vom gewöhnlichen Waisen- oder Lehrlingsheim (dort war es schon arg genug) über das Landeserziehungsheim Eggenburg zur berüchtigten Bundeserziehungsanstalt Kaiser Ebersdorf mit der noch härteren Außenstelle Kirchberg. Wer flüchtete, kam zur Strafe ins nächstschlimmere Heim. Wer einmal drinnen war, war auf der schiefen Bahn; wer vorher nicht „kriminell" war, wurde es in dieser Umgebung schnell. Vielen Jugendlichen halfen wir gegen ihre Eltern, beschützten sie vor der Polizei, verhandelten mit Jugendamt und Bewährungshilfe; Illegale wurden durch unser Eingreifen legalisiert. Prügelerzieher prangerten wir in unseren Flugblättern (Rubrik „Schwein der Woche") an.

Viele dieser Erzieher waren ehemalige Nazis der untersten Sorte, die nach 1945 zu nichts anderem zu gebrauchen waren. Sie übten weiter aus, was sie am besten konnten: Schwächere quälen. Schlimm genug, aber dazu kamen auch noch all die Spießer, die scheinbar keine Nazis waren, sich aber trotzdem freuten, wenn junge Menschen Hiebe bekamen, wenn „Asoziale" oder „Psychopathen" (oder was es sonst noch an Namen für Abweichler gab) hinter Gitter kamen. Dieses Spießertum durchsetzte auch, was von der „Arbeiterbewegung" übrig geblieben war. Im System der Erziehungsheime zogen Nazischläger und pseudoprogressive Psychiater am selben Strang. Aber auch manche biederen KP-Funktionäre verurteilten unseren Einsatz für das „Lumpenproletariat".

Noch als Sektion 6 der KPÖ solidarisierten wir uns mit den Zöglingen eines früheren Resozialisierungsheims der Caritas in der Geblergasse. In diesem Heim hatten fortschrittliche Erzieher eine Art Selbstverwaltung einzuführen versucht, worauf die Caritas das Heim schloss und die Jugendlichen delogierte. Mit ihnen zogen wir dann einige Wochen lang durch Wien, campierten an öffentlichen Orten, zum Beispiel im Rathauspark, bis uns die Polizei vertrieb.

Einmal besetzten wir einen Tigerkäfig in Schönbrunn (einen leeren natürlich, die Tiger waren wegen Renovierungsarbeiten im Inneren des Gebäudes untergebracht) und diskutierten durch die Gitterstäbe mit dem Tiergartenpublikum. Manche Leute schrien zwar: „Lasst's die Tiger auße!" Aber viele wurden nachdenklich und hörten unsere Argumente an. All diese Aktionen waren völlig gewaltfrei. Nämlich unsererseits, die Polizei griff in gewohnter Weise zu. Speziell der Tigerkäfig diente aber später als Beweis meiner besonderen Gefährlichkeit. Da uns fast niemand, auch nicht die KPÖ, unterstützte, brachen wir die Kampagne schließlich ab.

Wir ergriffen also Partei für die Opfer des Systems, auch bei scheinbar unpolitischen Anlässen.

Zum Beispiel im November 1969 in einem Flugblatt auf dem „Twenshop", einer Verkaufsmesse für Jugendliche, wo die Polizei (im Bund mit rechtsradikalen Ordnern!) Protestierende niedergeknüppelt hatte. Zwar hatten wir mit den fürs breite Volk eher unverständlichen Protesten gegen den „Konsumterror" nicht viel am Hut, dafür aber mit den Polizeibrutalitäten umso mehr. Wir mischten uns daher ein – und bedachten nicht, dass hierzulande (wie Karl Kraus sagte) jede Ironie kursiv gedruckt werden muss, damit man sie als solche erkennt: „Habt ihr noch immer nicht verstanden? Entweder ihr kommt gar nicht mehr zum Twenshop – oder ihr kommt bewaffnet." Immerhin waren Jugendliche von der Polizei und einem rechten Ordnerdienst – ohne ersichtlichen Grund – zusammengeschlagen worden. Und wir stellten es den Leuten ja frei, ob und wie sie kommen wollten.

Der Text war nicht von mir, aber ich zeichnete als „Sitzredakteur" verantwortlich. Jemand (und zwar ein Erwachsener) musste das tun, denn ohne Impressum wäre das Flugblatt ja illegal gewesen. Kurz zuvor war ich großjährig geworden (mit 21 damals), also übernahm ich diesen ehrenvollen Auftrag. Tags darauf wurde gegen mich ein Haftbefehl erlassen. Ich stellte mich selbst, denn ich wollte einen politischen Prozess.

Im Wiener Landesgericht traf ich als Erstes auf jenen älteren Herrn, der mir etwas Nettes sagen wollte, während er seine Pflicht erfüllte. Er verstand überhaupt nicht, was ich daraufhin tat: Ich hatte als Häftling Anspruch auf Papier und einen Bleistift; damit schrieb ich einen Brief an das Justizministerium und lehnte diesen Nazirichter wegen politischer Befangenheit ab: „Es gehört eine ordentliche Portion Zynismus zu dieser Art von Vergangenheitsbewältigung. Ich stelle fest, daß jemand, dessen Verzicht auf offen faschistische Betätigung nur seinem Mangel an Idealismus zu verdanken ist, für mich als Untersuchungsrichter in einem politischen Prozeß untragbar ist." Und ich beantragte, „zu untersuchen, seit wann er eigentlich Untersuchungsrichter ist. Wer weiß, vielleicht hat er schon in der Nazizeit Funktionen in der Justiz gehabt und Freiheitskämpfer eingesperrt."

Als kleine Revanche verfügte er, dass meine Mutter mich nur alle zwei Wochen statt wie üblich jede Woche besuchen durfte. Besuche anderer Leute waren überhaupt verboten. Auch Zeitungen und Bücher durfte ich mir keine schicken lassen, denn das sei „ein Prinzip" von ihm: Ich „hätte ja vorher studieren können, statt zu demonstrieren". Das war schade, denn ich hätte gerne „Das Kapital" von Karl Marx gelesen, um mich in der Haft weiterzubilden; für dieses dicke Werk nahm ich mir dann nie mehr die Zeit. Dafür wurde das Zeitungsverbot nicht ernsthaft vollstreckt, denn mein Zellenkollege, ein mutmaßlicher Versicherungsbetrüger, hatte den *Kurier* abonniert und den las ich natürlich auch, sodass ich über die Vorgänge draußen (und über die Solidaritätsaktionen für mich) auf dem Laufenden blieb.

Die Untersuchungshaft war mit „Wiederholungs-" und „Verdunkelungsgefahr" begründet. Mittlerweile war der Twenshop aber längst vorbei; es gab dort also nichts zu wiederholen. Oder sollte die Haft etwa dazu dienen, mich überhaupt von politischen Aktionen abzuhalten? So etwas nennt man dann „Vorbeugehaft". Auch „verdunkelt" hatte ich nichts, sondern mich als Urheber des Flugblattes bekannt. Trotzdem blieb ich eingesperrt. Und die Medien (außer der kommunistischen *Volksstimme*) schwiegen dazu. Aber dann gelang es meinen Freunden Willi Stelzhammer und Jakob Mytteis, in eine Live-Fernsehdiskussion einzudringen und die Öffentlichkeit über meine Haft zu informieren. Damit war die Schweigemauer durchbrochen. Ohne diese Aktion hätte man mich noch lange dunsten lassen, unter Ausschluss der Öffentlichkeit. Aber jetzt kam eine Bewegung ins Rollen, die meine Freilassung erzwang.

Die sozialistischen Abgeordneten Christian Broda, Hertha Firnberg und Alfred Ströer richteten am 27. November 1969 eine parlamentarische Anfrage an Justizminister Hans Klecatsky und da diese unbeantwortet blieb, bald darauf eine zweite.[31] In der ersten wiesen sie darauf hin, dass es sich „unzweifelhaft um ein politisches Strafverfahren, ,Pressedelikt'" handle. „Wir haben unter zwei Diktaturen die Willkür politischer Strafverfahren kennengelernt. (…) Die Freiheit des Staatsbürgers ist ein zu hohes Gut, als daß bei staatlichen Eingriffen auch nur die geringste Unklarheit hingenommen werden könnte." Sie verlangten Auskunft, ob Klecatsky bereit sei, „der Oberstaatsanwaltschaft unverzüglich die Weisung zu erteilen, alle zweckdienlichen Schritte einzuleiten, damit die Untersuchungshaft gegen Michael Genner sofort aufgehoben werden kann."

31   Abschriften in meinem Besitz.

Keine Antwort ist auch eine Antwort. Am 1. Dezember 1969 lehnte das Oberlandesgericht Wien meine Haftentlassung mit Hinweis auf meine „negative Einstellung zu Recht und Gesetz" ab.

In der zweiten Anfrage hielten Broda, Firnberg und Ströer fest, „eine konsequente Anwendung der vom Oberlandesgericht vertretenen Rechtsansicht würde das verfassungsmäßig gewährleistete Recht auf freie Meinungsäußerung geradezu beseitigen". Eine solche Vorgangsweise komme „de facto der Verhängung einer Vorbeugehaft gleich", die aber „in der österreichischen Rechtsordnung keine wie immer geartete Grundlage findet". Mittlerweile hatte meine Ablehnungsschrift Erfolg: Der bisherige Untersuchungsrichter wurde aus meinem Verfahren entfernt.

Vor dem Gefängnis fand eine Demonstration unter dem Motto „Genner raus, Klecatsky rein!" statt. Ein Wachebeamter kam aufgeregt in meine Zelle, um mir das zu berichten, und kündigte mir den Besuch einer Abordnung der Demonstranten für den folgenden Tag an. Auch zwei Universitätsprofessoren, Kurt Schubert (Judaistik) und Leopold Rosenmayr (Soziologie) beantragten, mich im Gefängnis zu besuchen. Mit Schubert hatte ich oft und freundschaftlich diskutiert; Rosenmayr mochte mich offenbar, obwohl ich seine Vorlesung nur einmal besucht hatte – und das zum Zweck eines Störversuchs.

Zwanzig Jahre sind es daher doch nicht geworden; nach nur sechs Wochen, am 17. Dezember, wurde ich auf freien Fuß gesetzt. An diesem Tag hatte der Staatsanwalt seine Anklageschrift fertig gestellt. Jetzt gab es wirklich nichts mehr zu verdunkeln, also durfte ich hinaus. In der Anklageschrift prangerte der Staatsanwalt mein gesamtes politisches Vorleben an: meine Teilnahme an der Demonstration am 1. Mai 1968 (für die ich niemals angeklagt worden war, bei der aber „die Alarmabteilung eingesetzt werden mußte") und meinen Kampf für Heimzöglinge, besonders die (ihm völlig unbegreifliche) Aktion im Tigerkäfig in Schönbrunn (für die ich zu einer Geldstrafe von 300 Schilling verurteilt worden war): „Schon auf Grund dieses Vorlebens des Beschuldigten ist es klar, daß er kein friedsamer Demonstrant, sondern eine Person ist, der die Teilnahme an Demonstrationen nur der Anlaß zur Setzung von Gewaltakten und Exzessen ist."

Auf einer Pressekonferenz, die ich am Tag nach meiner Haftentlassung abhielt, solidarisierte sich mit mir Günther Nenning, diesmal in seiner Eigenschaft als Präsident der Journalistengewerkschaft. Auch er betonte, dass meine Verhaftung ein Anschlag auf die Pressefreiheit war.

Der Prozess

Den Prozess vor einem Geschworenengericht (3. bis 5. Juni 1970) nützte ich, um unsere Ideen der Öffentlichkeit vorzustellen. Der Staatsanwalt (dessen Strafantrag, da mein Aufstandsversuch angeblich fehlgeschlagen sei, jetzt nur mehr auf ein bis fünf Jahre lautete) gab mir die Gelegenheit dazu. Die Medien waren großteils für mich und mokierten sich über die Gegenseite. Staatsanwalt Kohout, so die *Arbeiter-Zeitung*,

> „fiel bisher etwas aus der Rolle. Er verfolgt die Anklage mit Vehemenz. Seine Fragen waren teilweise für die Geschworenen etwas verwirrend. Aber Genner beantwortete sie trotzdem sehr gelassen."[32]

Ich erklärte eingangs, von wem die Gewalt am Twenshop ausgegangen sei: nämlich von rechtsradikalen Ordnern unter Deckung der Polizei. Dagegen habe man sich zur Wehr setzen wollen, notfalls mit Stöcken als Kampfmitteln. Die als Zeugen befragten Polizisten verwickelten sich in Widersprüche. Einer war gar nicht erschienen. Aber auch Peter Michael Lingens (*Kurier*) bezeichnete gewisse Formulierungen der Anklageschrift als „Manipulation": So etwa die Stelle über den Tigerkäfig, aus dem man uns angeblich mit Gewalt entfernen musste, obwohl selbst der Polizeibericht davon sprach, dass wir den Käfig „ohne Widerstand verließen".[33] In seinem Schlusswort verstieg sich Staatsanwalt Kohout dazu, mich mit den Nazis zu vergleichen. Aber das nahm zum Glück niemand ernst: „Auch die Nazis hätten nicht anders angefangen als mit abgezogenen primitiven Aufrufen. Mit vorerst chancenlosen Aufrufen zum Widerstand. Und irgendwann hätte der Terror seine

---

32   Arbeiter-Zeitung, 4. 6. 1970, „Aufstand' im Twen-Shop vor Gericht".

33   „Kurier", 4.6.1970: „Der heikle Prozeß gegen Michael Genner wegen Aufstandes"

Chance gehabt."[34] Ansonsten behauptete er, in einer beim Prozess vorgeführten Filmaufnahme habe man von prügelnden Ordnern nichts gesehen.

In meinem Plädoyer zerpflückte ich ihn Punkt für Punkt: Es sei durch Zeugenaussagen erwiesen, dass gerade die wichtigen Stellen aus der Filmaufnahme rausgeschnitten und weggeworfen worden waren. Und ja, er habe recht: die Demokratie müsse wachsam sein. Gegen ihre Feinde müsse man mit aller Schärfe vorgehen. Genau das würden wir tun … Ich erklärte den Geschworenen, warum wir all die Demonstrationen gemacht hatten, die man mir zur Last legte: gegen die Entlassungen bei Elin, für die Jugendlichen aus den Heimen. Ich beschrieb das Elend junger Menschen, die sich all die schönen Waren nicht leisten konnten, die man auf dem Twenshop feilbot, die durch Werbung zum Schuldenmachen verführt wurden und dann abglitten in die Kriminalität. Zuletzt las ich den Brief eines Jugendlichen vor, der aus der Bundeserziehungsanstalt Kaiserebersdorf geflüchtet war:

„Als ich von Eggenburg nach Kaiser-Ebersdorf kam.

Ich bin nach Kaiser-Ebersdorf gekommen, weil ich dreimal auf Flucht ging. Mir wurde eine Glatze geschoren, nur daß ich nicht auf Flucht gehen konnte, Als ich in K. E. war, wurde ich eingeweiht in die Hausordnung. (…) Wer die Vorschrift überschritten hat, so wurde man auf die Gruppe 5 überwiesen. Das ist die Strafgruppe.

Da wurde man 3 bis 6 Monate angehalten. Wenn man das Pensum nicht schaffte, z. B. im Tage mußte man 2000 Splinten zupfen und Feuerzeug stopfen, hatte man das Pensum nicht geschafft, so wurde man in die Kurekzon (Korrektion) eingesperrt. Das galt nämlich als Arbeitsverweigerung. Schaffte man das Pensum eine Woche lang nicht, so wurde man verdroschen. Das geschah in der Korrektion. Da kamen 3 bis 4 Erzieher und einer nach dem anderen verdrosch uns. Ich konnte mir nicht helfen, denn ich war allein.

Wenn man die Zellentür ungewollt zumachte, bekamen wir mit einem großen Schlüsselbund ein paarmal über den Rücken geschlagen. Man wurde beim Waschen sadistelt.

34 „Kurier", ebenda.

Kamen wir vom Waschraum, hatte man uns mit der flachen Hand auf die Brust geschlagen. Und normal trafen sie uns beim Brustbein, daß ein paar von uns zu Boden gingen. 3 bis 4 Wochen sah man die Handabdrücke blutunterlaufen auf der Brust. Manchmal tat es sogar weh. Für jeden Strafzettel, den man auf der Strafgruppe bekam, und die Arbeitsleistung nicht gut genug war, bekam man mit der Stahlrute zehn Schläge über den Hintern. Die Stahlrute hieß die grüne Minna.

Ein Erzieher namens Weiß verdrosch einen 16jährigen Zögling derartig, daß er bewußtlos am Boden liegenblieb. Der Zögling war ein guter Freund von mir. Nur weil er ein Fluchtgespräch hatte. Ich, der diesen Bericht geschrieben hat, könnte noch mehr darüber schreiben, aber ich glaube, vorläufig genügt es."

Die Tribüne

Ich schloss mit den Worten:

„Das ist kein Bericht aus einem Konzentrationslager der NS-Zeit. Das ist ein Bericht aus Österreich im Jahre 1970. Das sind die Zustände gegen die wir kämpfen – und im Vergleich dazu, Herr Staatsanwalt, waren die Aktionen der Geblergassler, die Sie uns vorwerfen, ausgesprochen gemäßigt, aber wenn sich die Lage der am meisten Unterdrückten in diesem Land nicht bald ändert, dann wird es zu einer Explosion kommen, die Sie sich heute noch nicht vorstellen können."

Die Geschworenen sprachen mich vom Versuch der „Verleitung zum Aufstand" mit acht zu null Stimmen frei, verurteilten mich aber in der Eventualfrage („Aufwiegelung zum Hasse oder zur Verachtung gegen die Staatsgewalt") mit zwei zu sechs Stimmen zu einem Monat Arrest, der durch die Untersuchungshaft verbüßt war.

Der Prozess war meine Tribüne, wie ich es mir gewünscht hatte. Politische Plädoyers hatten mich schon immer fasziniert; Friedrich Adlers Rede vor dem Ausnahmegericht (1917) hatte ich schon als Gymnasiast verschlungen. Auch von Bruno Kreiskys Plädoyer (1936) hatte ich viel gehört, es allerdings noch nicht gelesen. Ich hatte daher dem Richter über meinen Anwalt, einen alten

Genossen, der sich ansonsten bescheiden zurückhielt, ausrichten lassen, der Prozess werde ruhig und ungestört verlaufen, vorausgesetzt man schränke meine Redezeit nicht ein.

Die Medienberichte glichen Theaterrezensionen. Peter Michael Lingens schrieb im *Kurier* von einem „abschließenden Duell zwischen Staatsanwalt und Angeklagtem": „Sein bester Verteidiger ist Genner selbst. Er spricht mit der traumwandlerischen Sicherheit des geübten Agitators. Er weiß, gleich einem Schauspieler, um seine Wirkung. Aber er hat doch auch Wesentliches zu sagen."[35] In der *Arbeiter-Zeitung* nannte Robert Sterk mein Schlusswort ein „perfektes Plädoyer, sowohl was die juridische als auch was die politische Seite betrifft."[36] Alfred Bastecky (*Die Neue*) schrieb: „Ein so brillantes Plädoyer hat man im Wiener Landesgericht noch selten gehört."[37]

Die Berühmtheit, die ich nun genoss, nützten wir, um Verfolgten beizustehen. Die Kampagne „Öffnet die Heime" begann.

---

35 Kurier, 6. 6. 1970: „Genner: Es war nur Aufwiegelung, nicht Aufstand. Abschließendes Duell zwischen Staatsanwalt und Angeklagtem".
36 Arbeiter-Zeitung, 6. 6. 1970, „Der ‚Aufstand' war nur ein Vergehen".
37 Die Neue, 6. 6. 1970: „Prozeß um ‚Aufstand' im Twenshop: Schuldig!"

Einschub: Die Gruppe. Rémy und Spartakus

Ich erzähle das alles hier aus meiner persönlichen Sicht, ohne Anspruch auf Vollständigkeit oder gar Objektivität. Aber ich war natürlich nicht allein, sondern gehörte einer Gruppe an: der erwähnten Sektion 6, nachmals Spartakus. Jeder von uns würde die damaligen Ereignisse wohl anders erzählen. Ich gehörte zum Kern – und auch wieder nicht oder jedenfalls nicht ganz, denn ich war damals zu intellektuell, zu „weich" im Vergleich zu anderen. Aber ich arbeitete an mir, denn ich wollte „hart" werden. Oder sagen wir: ich passte mich an.

Gründer war der Franzose Rémy, mit bürgerlichem Namen Roland Perrot. Er war nach dem Mai 1968 nach Österreich geflüchtet. Aus welchen Gründen, weiß ich bis heute nicht. Er erzählte uns viel von seinen vergangenen Heldentaten, von seinem Widerstand gegen den Algerienkrieg, von den „zweiten Internationalen Brigaden", denen er angehört haben wollte, bis hin zu den Barrikadenkämpfen im Pariser Mai. Und wir glaubten ihm alles, wir waren jung und begeisterungsfähig. Heute weiß ich, dass das meiste davon (aber nicht alles) Lüge war.

Rémy hatte während des Algerienkrieges Verfolgung erlitten, weil er Wehrdienstverweigerer über die grüne Grenze nach Italien geschleust hatte und dabei aufgeflogen war. Soweit der wahre Kern. Um ihm einen Prozess vor dem Militärgericht und eine schwere Gefängnisstrafe zu ersparen, hatte seine Mutter – gemeinsam mit Françoise d'Eaubonne, einer feministischen Schriftstellerin, die ihn bei seiner Deserteurshilfe unterstützte – seine Einweisung in eine psychiatrische Klinik erwirkt, wo er fünf Jahre blieb. Diagnose: Schizophrenie.

Dieser Aufenthalt in der Psychiatrie (den er vor uns stets verschwieg) war für ihn sehr schlimm; vielleicht schlimmer als jede Haft. In dieser Zeit las und schrieb er viel; die meisten Geschichten, die er uns später weismachte, waren wohl damals in seinem Hirn entstanden. Wir erfuhren davon erst viel später; nach seinem Tod. Von „Alain", einem angeblichen Mitkämpfer in seinen erfundenen Brigaden, der vorher jahrzehntelang dicht gehalten hatte.

Rémy war homosexuell. Zumindest im Prinzip; er hatte aber auch eine kurze Beziehung mit Françoise d'Eaubonne, die dann umso erzürnter war, als sie ihn nicht für immer umpolen konnte, und die ihn später erbittert bekämpfte. In Paris hatte er mit dem Schriftsteller Roger Stéphane, einem Helden der Résistance, zusammengelebt.[38]

Dass er sich, als er nach Österreich kam, nicht zu seiner Orientierung bekannte, ist schon klar, es war ja verboten damals. Homosexualität wurde erst durch Christian Brodas Justizreform 1975 (und auch das nur unter Erwachsenen) straffrei gestellt. Aber uns wenigstens hätte er sagen können, wie es war; na ja, auch egal – wir bekamen es dann ohnedies mit. Aber er fabulierte ständig von seiner angeblichen Frau und seinen beiden Söhnen, die angeblich in Finnland Rentiere züchteten… Und ging unter diesem Deckmantel auf die Suche nach jungen Männern, die ihm vertrauten.

Hier in Wien traf er Jakob Mytteis, einen Studenten der Filmschule, der ihn in seiner Wohnung in der Theobaldgasse aufnahm, sein Leben teilte und sein Sprachrohr wurde. Mit dessen Hilfe (er selber sprach kein Wort Deutsch) verbreitete er seine Legenden. Jakob war mit Norma, einer Schauspielerin, zusammen, was seine Beziehung zu Rémy nicht beeinträchtigte. Später kam der 16-jährige Willi Stelzhammer dazu, dann ich; wir beide hatten vorher der Studentengruppe FNL („Föderation Neue Linke") angehört. Willi stammte aus einer kommunistischen Arbeiterfamilie in Simmering. Sein Großvater hatte im Februar 1934 als Leiter einer lokalen Schutzbundgruppe gegen die Faschisten gekämpft.

Wir lebten zusammen, etwa zehn Leute, in Jakobs Wohnung in der Theobaldgasse. Christian Pillwein, Sohn eines sozialistischen Spanienkämpfers, in krassem Gegensatz zu uns stets in Anzug und Krawatte, verwaltete unser Büro. Hans und Kathi[39] kamen später dazu, beide Kinder kommunistischer Familien; ihre Mütter hatten in der Nazizeit schwere Verfolgungen durchgemacht. Karin stammte aus einer SP-Familie. Schließlich Roland

---

38 Diese Mitteilungen über Rémys Vergangenheit machte Willi Stelzhammer, gestützt auf ein Interview mit dem erwähnten „Alain".

39 Die hier genannten Namen all jener, die mich ein Stück meines Weges begleiteten, sind teils geändert, teils nicht. Ich bitte um Verständnis dafür, dass ich dabei keiner strikten Logik folge, sondern mich danach richte, wie ich es im Einzelfall für gut halte oder wie ich es mit den Betroffenen besprochen habe.

und Claudine, die mit uns ein selbstverwaltetes Jugendheim aufbauen wollten und später eine Flüchtlingskooperative in Costa
Rica gründeten. Wir zehn (manchmal weniger, manchmal mehr)
waren „das Kollektiv", wie wir uns nannten.

Rémy war eine eindrucksvolle Persönlichkeit. Ich war zwanzig, als ich ihn zum ersten Mal sah. Er erzählte nächtelang vom
Pariser Mai und zeigte Fotos von „seinen" Burschen, die vorgeb-
lich unter seiner Führung gegen die Polizei gekämpft hatten. Er
selbst sei Direktor eines Erziehungsheimes gewesen, habe dort die
Selbstverwaltung eingeführt und im Mai 1968 ein Plakat an die
Türe gehängt: „Wegen Revolution geschlossen". Dann sei er mit
seinen Zöglingen auf die Barrikaden marschiert. Acht seiner Burschen seien im Kampf gefallen, als sie zu lange auf ihrer Barrikade
blieben, beim Gegenangriff der Polizei … Was immer wahr oder
falsch sein mag an seinen Mythen – er war es jedenfalls, der uns
auf die Idee mit den Erziehungsheimen brachte. Das ist sein his-
torisches Verdienst.[40]

Auch persönlicher Mut ist ihm nicht abzusprechen. Während
den Demonstrationen gegen den Schah von Persien im Jänner
1969 wurden Studierende, die von einem Teach-in im Neuen Institutsgebäude kamen, von Agenten des iranischen Geheimdienstes
SAVAK mit Eisenstangen attackiert. Während viele Leute zusahen
oder davonliefen, waren es Rémy, Jakob und Willi, die mit wenigen anderen einen Gegenschlag führten und die Angreifer vertrieben. Dabei wurden Rémy die Zähne ausgeschlagen; meine Mutter,
eine Zahnärztin, machte ihm (dem nicht versicherten, zahlungs-
unfähigen „Illegalen") dann ein künstliches Gebiss. In einer wil-
den Verfolgungsjagd auf der Ringstraße war es Jakob, Willi und
ein paar anderen schließlich gelungen, einen SAVAK-Mann, der
im Auto flüchten wollte, gefangen zu nehmen und der Polizei zu
übergeben – die ihn sofort freiließ. Innenminister Soronics erklärte
tags drauf im Fernsehen: „Es gibt keine SAVAK in Österreich!"

Ich war vor Ende des Teach-in weggegangen, zu einer Besprechung im VSStÖ-Büro. Aber auch wenn ich noch dort gewesen

---

40 Hingegen hat uns die Heimkampagne in Deutschland, wo sich der spä-
    tere Kern der RAF hervortat, überhaupt nicht beeinflusst; das ging an uns
    vorbei.

wäre, hätte ich mich sicher nicht getraut, am Kampf teilzunehmen. Ich hatte keinerlei Training und die Gegner hatten Eisenrohre. Umso mehr bewunderte ich Rémy. Und war geneigt, ihm fast blind zu vertrauen. Auf diese Weise gelang es ihm, unsere Gruppe zu gründen und zusammenzuhalten. Seine nächtelang wiederholten Legenden und Halbwahrheiten waren der Kitt. All das ist aber keine Rechtfertigung für das Leid, das er später, als „Herrscher" über dreihundert Hektar Land und hundertfünfzig junge Menschen, seinen „Untertanen" antat.

Auch wenn alles gestimmt hätte, was er uns erzählte von seinen angeblichen Heldentaten, so hätte er trotzdem kein Recht gehabt, andere zu quälen, zu verleumden, zu demütigen, nur weil sie so leben wollten, wie sie es für richtig hielten. Jüngere noch dazu, die ihm vertrauten, weil sie von ihm abhängig waren. Ebenso wenig war das Vertrauen, das wir zu ihm hatten, eine Rechtfertigung dafür, dass wir seine späteren Schandtaten unterstützten. Davon später.

Die Jahre, die er mit uns in Wien verbrachte, waren vielleicht seine beste Zeit. Wir haben manches gemeinsam vollbracht. Obwohl alles mit seinen Schwindelgeschichten begann. Es ist trotzdem etwas Gutes daraus entstanden.[41]

Öffnet die Heime: „Jugend-KZ"

Wir kämpften also gegen die Erziehungsheime und nannten sie „Jugend-KZ". Dieses Wort fanden manche übertrieben; aber heute schreibt sogar der *Kurier* von „Kindergefängnissen" – immerhin.

Zur „Heim-Enquete" 1971, die heutigen Medienberichten zufolge Reformen eingeleitet haben soll, waren wir nicht eingeladen. Aber wir haben uns mit ein bisschen Nachdruck den Zutritt ins Rathaus verschafft und das Wort ergriffen, einer nach dem anderen: Jakob Mytteis, Willi Stelzhammer und ich sowie einige ehemalige Heiminsassen – und wurden einer nach dem anderen

41 Siehe dazu meinen Text „Verlorene Zeit", abgedruckt unter dem vom Verlag verharmlosten Titel „Longo mai. Die Europäische Kooperative" in dem Sammelband „Die 68er", hrsg. von Bärbel Danneberg, Julius Mende, Wien 1998.

von der Rathauswache hinausgetragen. Aber bevor sie das schafften, war es uns gelungen, das Wesentliche zu sagen, Missstände aufzudecken, Schuldige anzuprangern, mit einem Wort: Öffentlichkeit herzustellen. Wir lasen Protokolle über prügelnde Erzieher vor und griffen besonders den Psychiater Dr. Walter Spiel an, dessen Assistentin uns einige Interna über seine Arbeitsweise erzählt hatte. Diese Informationen gaben wir nun der Öffentlichkeit weiter.

Spiel war nämlich als Experte mitverantwortlich für die Einweisung von Zöglingen in die Strafgruppe und nach Kirchberg (die berüchtigte Außenstelle der berüchtigten Erziehungsanstalt Kaiser-Ebersdorf). Wie die Assistentin uns glaubhaft berichtete, ging das so vor sich: „Der Zögling wird dem Psychiater Spiel vorgeführt. Der hört sich den Zögling zwei Minuten an, tut freundlich. Dann diktiert er seiner Sekretärin: ‚Asozialer Psychopath, ein völliger Depp – zwei Monate Kirchberg‘." Ein Bursch, der selbst von Spiel bei einem Test als „asozial" abgestempelt worden war, schrie ihm vor allen Enqueteteilnehmern ins Gesicht: „Spiel, du Schwein, gib zu, dir ist völlig wurscht, was mit den Jugendlichen passiert!"[42]

Spiel soll auch, der Assistentin zufolge, auf einer Heimleiterkonferenz in Kaiser-Ebersdorf gesagt haben: „Wenn der Genner noch einmal eine Aktion macht, rennt er mir ins Messer, dann erkläre ich ihn für homosexuell." Aber das nur nebenbei; es fällt nicht ins Gewicht im Vergleich zu dem, was er den Jugendlichen angetan hat. Walter Spiel, der mittlerweile posthum als „fortschrittlicher" Kinderpsychiater gilt, hat unsere öffentlich erhobenen Vorwürfe damals nicht dementiert.

Aus dem Protokoll eines ehemaligen Kirchberg-Gefangenen:

„Ich mußte mal in Kirchberg arbeiten und zwar mit Handschellen. Es sieht hier ärger aus wie jeder Häfen. Glatze steht in der Hausordnung. Hier kommen die größten Schläger von Erziehern hin. Das Essen kommt von einem Gasthaus und besteht nur aus Abfällen. Jeder kommt in eine Einzelzelle. Man muß Arbeiten machen, die total beschissen sind. Zum Beispiel Splinten zupfen oder Tüten kleben. Wenn man

---

42   Zitiert aus der Spartakus-Zeitschrift Nachrichten für Unzufriedene, Nr. 3/4, 1971.

Arbeitsverweigerung macht, oder man kann einfach nicht mehr, wird man von drei oder vier Erziehern derartig verprügelt, daß man manchmal gar nicht mehr stehen kann." Kirchberg war die letzte Station in der Stufenleiter der Heime, die stets nach unten führte: vom Kinderheim über das Lehrlingsheim ins Strafheim Eggenburg und nach Kaiser-Ebersdorf. In Kaiser-Ebersdorf gab es auf der Gruppe 5 (Strafgruppe) ein Erziehungsmittel, genannt „Minna". Aus dem Protokoll eines Ex-Zöglings: „Dieses Marterwerkzeug ist 45 cm lang und hat den ungefähren Durchmesser von 2,5 cm. Der Kern ist aus Liezendraht, ca. 1,5 cm, und außen mit Hartgummi überzogen. Diese Minna wurde bei jedem kleinsten Vergehen, wie nach der Nachtruhe etwas lauteres Sprechen, seinen Dienst nicht völlig sauber verrichtet zu haben, beim sonntäglichen Fußballspiel nicht zu gewinnen, beim Auffinden einiger „Staubbrösel" in der Zelle als Marterwerkzeug verwendet. Das tat immer der Erzieher der gerade Dienst hatte. Namen der Erzieher: Ludovacz Franz, Seehuber Fritz, Weiss Günther, Mader Heinz.

Tagesablauf auf der Gruppe 5:
Wenn man auf die Gruppe 5 kommt, wird man sofort kahlgeschoren, bis auf 2 cm. Man bekommt 1 Kamm, 1 Zahnbürste, 2 Handtücher, 1 Hemd, 1 Hose, 2 Paar Socken, 1 Paar Schlapfen, 1 Paar Schuhe, 1 Unterhose. Später kommt man in eine Zelle, wo das kleine Fenster mit einem dicken Stahlgitter vergittert ist. In dieser Zelle befinden sich folgende Gegenstände: 1 Wandbrett, 1 Bett, 1 Bild, 1 Bürste für den Boden. Die Tür kann nur von außen geöffnet werden. Wenn man aufs Klosett muß, kann man eine Viertelstunde klopfen, bis geöffnet wird; wenn niemand zur Stelle ist, kann man noch länger warten.
7 Uhr wecken. Wer nicht sofort aufsteht und vom Erzieher ertappt wird, muß bis zu 50 Liegestütze bauen. Nach dem Wecken zellenweises Waschen, bis ca. ½ 8 Uhr. Nach dem Waschen sofort in die Zelle zurück, wo die Zelle blitzblank gescheuert wird. Wenn man fertig ist, klopft man und der Erzieher schaut es sich an; findet er ein wenig Staub, so muß

der Zögling wieder bauen oder er bekommt eine über den Arsch. Um 9 Uhr beginnt die Arbeit, entweder in die Bürstenbude oder Feuerzeugstopfen.

Beim Feuerzeugstopfen ist das Pensum 3000 Stück pro Tag. Wer das Pensum binnen 1 Woche nicht erreicht, kommt in den „Besinnungsraum", der sich im Keller befindet. Der schaut folgendermaßen aus:

Nachteile: Kein Fenster, kein Bett, kein Licht.

Vorteile: eine Klosettmuschel, kleine Bank von ca. 50 cm Länge.

Gegessen wird dort aus einer Plastikschüssel und mit einem Holzlöffel. Am Abend werden 3 Matratzen aufgelegt und 3 Decken. Jeden Dienstag und Samstag ist Brausen und Großreinigung der Gruppe. Nach dieser Reinigung wird wieder genauestens überprüft, und findet der Erzieher etwas, so wird man wieder geschlagen (mit der Minna).

Wer das Pensum erreicht, darf rauchen, pro Tag 6 Zigaretten. Wer Raucher war, durfte auch Zeitung lesen. Kirche ist Pflicht. Besuch ist jeden 2. Sonntag im Monat (eine Viertelstunde). Was auf den Tisch kommt, muß gegessen werden. Raucher bekommen das Feuer nur vom Erzieher. Wenn er nein sagt, darf man nicht rauchen. Zigaretten und Geld, welche man am Besuchssonntag bekommt, wird vom Erzieher eingezogen, bis derjenige Bursch wieder auf die offene Gruppe kommt."

Kaiser-Ebersdorf war eine Bundeserziehungsanstalt, ebenso Wiener Neudorf, die „Bundesanstalt für schwererziehbare Mädchen". Aber auch die Gemeindeheime waren kaum besser. Wir verfaßten damals eine umfangreiche Dokumentation mit Prügelprotokollen aus Eggenburg, aber auch aus „normalen" Lehrlingsheimen wie Augarten und Leopoldstadt. Wer aus einem dieser Heime flüchtete, kam in das nächstschlimmere.

Aus einem Eggenburg-Protokoll:

„Ich entwich zehnmal aus dem Heim. Nach einem Ausbruch im August 1965 wurde ich wieder festgenommen. Nach einer Woche wurde ich von der „Liesl" nach Eggenburg gebracht. In der Kanzlei bekam ich vom Heimleiter Johann Matz zwei Ohrfeigen. Von den Erziehern Hein („Der Schiefe"), Kostrubik, Baumgartner, Mehner, Strauß und Kollacek wurde ich zusammengeschlagen. Ich kam auf die Strafgruppe. Mir wurde eine Glatze geschoren. Vom diensthabenden Erzieher Knoll wurde ich zusammengeschlagen …"

Aber auch in gewöhnlichen Lehrlingsheimen war es nicht besser. Hier ein Protokoll aus dem Lehrlingsheim Leopoldstadt, Obere Augartenstraße 26–28:

„Wenn man beim Essen redet, bekommt man von den Erziehern Ohrfeigen. Der Erzieher Kellner, der die Lehrlinge auch beschimpft, und besonders der Erzieher Pravitz haben sich oft als Schläger hervorgetan. Alle Erzieher bis auf Hanser und Tullik haben viel Erfahrung im Watschenausteilen. Samstag ist Ausgangsverbot – der einzige freie Tag ist der Sonntag. Der Lehrling muß gleich nach der Arbeit nach Hause kommen. Den Wochenlohn muß er samt Lohnstreifen bei der Heimleitung abliefern. Von ihr bekommt dann je nach Lehrjahr: 1. Lehrjahr 15,-, 2. Lehrjahr 20.-, 3. Lehrjahr 25.- S pro Woche als Taschengeld.
Von dem Rest zieht die Direktion einen Teil für Miete, Essen, Heizung usw. ab, was übrigbleibt kommt aufs Sparbuch. Wie hoch die Zahlungen sind, die sie für das Heim leisten müssen, ist allen unbekannt! "

Dazu der Brief eines Lehrlings:

„Der Lehrling zahlte seinen Lohn ein. Es war der erste Lohn, den er verdient hatte. Der diensthabende Erzieher Pravits glaubte, er unterschlage etwas von seinem Lohn, da er keinen Lohnstreifen hatte. Das ging so drei Wochen hindurch; bei seinem dritten Lohnerlag hatte er es wieder nicht geglaubt, daß der Lehrling nur 120 S wöchentlich verdiente. Darauf schlug ihn der Erzieher mit der Faust ins Gesicht und trat ihn mit den Füßen, daß er bis zur Wand taumelte. Es stellte sich aber heraus, daß der Lehrling recht hatte. Der Lehrling ist 17 Jahre alt und bekommt nur bis 19 Uhr Ausgang, und das nur einmal in der Woche."

In einem Flugblatt unter dem Titel „Schläger in Fabriken und Heimen", das wir an die Berufsschüler der Mollardgasse verteilten, erklärten wir den Erzieher Pravits zum „Schwein der Woche".

„Das sind die täglichen Schikanen, mit denen sie uns fertigmachen wollen. Wenn ihr solche Fälle wißt, schreibt uns!" Und so weiter, wir sammelten Dutzende solche Protokolle. Die Täter von damals wurden nie bestraft. Das war Österreich in der „post"-faschistischen Zeit. Generationen von Jugendlichen wurden in den Heimen gebrochen. Die Erzieher waren Erben des Hitlerregimes. Die Heime dienten der Aufrechterhaltung einer autoritären, antidemokratischen Gesellschaftsordnung.

Unsere Aktionen stellten Öffentlichkeit her; wir schützten untergetauchte Heiminsassen und erreichten in manchen Fällen ihre Legalisierung. Aber der große Aufschrei der Medien blieb aus. Solche Schlagzeilen über den Heimskandal wie derzeit in den Medien hätten wir uns damals gewünscht. Die Gemeindeheime blieben lange, wie sie waren; aber im Lauf der Jahre traten mehr und mehr betreute Wohngemeinschaften an ihren Platz. Heute, vierzig Jahre zu spät, hat die bürgerliche Presse den Heimskandal entdeckt. Heute freuen wir uns über sporadische Berichte zum Thema Asyl im *Standard* oder im *ORF*. Wird es noch einmal vierzig Jahre dauern, bis die Medien mit gleicher Empörung wie jetzt über die Heime, mit gleich großen Schlagzeilen darüber berichten, wie schrecklich man Flüchtlinge in Österreich behandelt hat?

Romeo und Julia

Besonders stolz bin ich auf eine Aktion, die wir „Romeo und Julia" nannten: Franz und Liesl. Er war siebzehn, sie sechzehn Jahre alt. Eines Tages im Frühjahr 1970 standen sie vor unserer Tür. Sie waren auf der Flucht vor den Eltern und der Polizei. Franz war süchtig gewesen, erst Haschisch, dann Heroin. Er hatte aus eigenem Entschluss ihr zuliebe damit Schluss gemacht. Ohne sie hätte er es nicht geschafft. Damit könnte die Geschichte schon zu Ende sein. Nur: Liesls Vater war Polizist. Er verbot ihr den Umgang mit dem „Asozialen". Drohte beiden mit der Einweisung ins Heim. Jemand gab ihnen unsere Adresse; wir waren in der Jugendszene bekannt. Liesls Vater war kein Rechter, kein Nazi, ganz im Gegenteil: Er war Kommunist. Was bedeutete das schon! Das Spießertum war in dieser Partei so verbreitet wie überall. Und noch dazu – bei diesem Beruf …

1945 hatten wir kurze Zeit einen kommunistischen Innenminister gehabt. Seine Leute wurden später auf unwichtige Posten versetzt. Sie fingen kleine Diebe, kleine Zuhälter, kleine Dealer. Liesls Vater war ein biederer Beamter, saubere Wohnung, mittelgroßes Auto, hübsche Tochter. Die sollte es besser haben. Jetzt enttäuschte sie ihn so. Lief mit einem „Giftler" davon. Liesls Vater hetzte die ganze Wiener Polizei hinter den beiden her. Sieben Wochen lang. Großfahndung: Die Tochter eines Kollegen entführt!

Sieben Wochen lang versteckten wir Franz und Liesl vor der Polizei. Ich besorgte die Quartiere, meist nur für kurze Zeit, denn die Leute hatten Angst. Besonders wenn sie hörten, dass Liesl die Tochter eines Kriminalbeamten war. Ich lernte damals viel. Mein Vater hatte nur selten über seine illegale Arbeit in der Nazizeit erzählt. Aber manches hatte ich doch aufgeschnappt. Manches später erst von meiner Mutter erfahren. Wenn ich neue Quartiergeber gewinnen wollte, besuchte ich sie meist, ohne vorher anzurufen. Ich fuhr mit der Straßenbahn, auf Umwegen, wechselte oft den Zug. Wenn ein Anruf unumgänglich schien, benützte ich eine öffentliche Telefonzelle, und zwar jedes Mal eine andere. Zum Übersiedeln borgte mir meine Mutter manchmal ihr Auto mit der Tafel „Arzt im Dienst". Das war am sichersten. Einige Male führte sie uns sogar selbst.

Meine Mutter hatte in ihrem Leben viel mitgemacht. Zwangsdienstverpflichtet als Halbjüdin in der Nazizeit, stets mit einem Fuß im KZ, zahlte sie pünktlich jeden Monat ihren und ihrer Mutter Mitgliedsbeitrag für die „Rote Hilfe" ein. Auch jetzt riskierte sie allerhand. Man hätte sie ausschließen können aus der Ärztekammer. Es war „standeswidrig", was sie tat. Sonst, im Alltag, war sie oft nervös. Aber in solchen Augenblicken blieb sie ganz ruhig. Man konnte viel lernen von ihr.

In unsere Wohngemeinschaft in der Theobaldgasse kam damals oft die Polizei. Immer in der Nacht. Sie durchsuchten alle Räume, filzten alle, die dort schliefen – ganz sinnlos natürlich. Sie konnten doch nicht ernsthaft glauben, die beiden wären wirklich dort, am gefährdetsten Ort von Wien. Aber sie wollten uns einschüchtern. Also kamen sie immer wieder, und immer in der Nacht. Den kleinen Dealern am Theseustempel im Volksgarten versprachen sie ein paar Wochen Straf- und Handelsfreiheit, für einen kleinen Hinweis … Unsinnig auch das: Die Dealer hatten keine Ahnung. Wir hatten mit ihnen nichts gemein. Illegale Drogen waren in unserer Gruppe absolut verpönt. Wir wussten, dass die Polizei Drogen in linke Gruppen einschleuste, um sie erst mental kaputtzumachen und sie dann zu kriminalisieren.

Einmal während einer nächtlichen Razzia in der Theobaldgasse sprach ein älterer Polizist mich an: Ob ich der Sohn von Laurenz Genner sei? Er habe meinen Vater gekannt und geschätzt. Liesls Vater sei „so ein guter Genosse". Ob ich nicht mit ihm sprechen wolle? Liesls Vater versuchte also, mit uns zu verhandeln. Von „Genosse" zu „Genosse" sozusagen. Wir trafen uns bei meiner Mutter in der Ordination. „Wir haben leider keine Ahnung, wo deine Tochter ist", sagte ich. „Aber wir kennen die Szene. Vielleicht können wir vermitteln." Nur – er hatte nichts anzubieten. Spielte zwar den gebrochenen Vater, aber er blieb dabei: Die beiden müssten sich trennen.

Einer von uns arbeitete in einer KP-eigenen Spedition. Er wurde fristlos entlassen. Man hatte ihn ohne Erfolg nach Franz und Liesl gefragt. Es war ein Zermürbungskrieg. Alles hing davon ab, wer länger die Nerven behielt. In der siebenten Woche rief Josef Lauscher mich an. Ex-Gemeinderat der Wiener KPÖ. Er bat mich, in den „Globus", die KP-Zentrale, zu kommen, wo er immer noch ein kleines Zimmer hatte, obwohl er völlig kaltgestellt war. Liesls Vater hatte ihn um Hilfe gebeten. „Er hat gehört, dass ich der Einzige bin in der Partei, der noch mit euch reden kann."

Josef Lauscher hatte die Wiener KP viele Jahre lang geführt, in der Illegalität und dann im Gemeinderat. 1968 stellte er sich gegen den russischen Einmarsch in die Tschechoslowakei. Versuchte dennoch, die Einheit der Partei zu bewahren. Auch als es längst sinnlos war. Als Wiener Obmann wurde er 1969 von den Stalinisten gestürzt. Aber er hatte, wie gesagt, noch ein Kammerl im „Globus". Und vor allem: moralische Autorität, als einer, der unter dem Faschismus gekämpft und gelitten hatte.

„Ich hab keine Ahnung, wo sie sind", sagte ich. „Natürlich nicht", meinte er trocken. Und kam gleich zur Sache. Liesls Vater sollte eine „dezidierte Erklärung" unterschreiben, die für alle Beteiligten annehmbar war. Eine Erklärung unter Genossen: dass Liesl nicht ins Heim kommt, wenn sie wieder auftaucht. Mit dem (nur mündlichen) Zusatz, dass auch die Entführungsanzeige gegen

Franz zurückgezogen wird. Ich schrieb den Text auf einen Zettel. Für den nächsten Tag lud Lauscher Liesls Vater in den „Globus" vor, zu einer Unterredung zu dritt.

Die war sehr kurz. Der Inspektor war mürbe geworden. „Ich weiß, du hast viel mitgemacht", sagte Lauscher. „Aber du musst jetzt vernünftig sein." Ich legte den Zettel auf den Tisch. Er unterschrieb. „Jetzt wollen wir schauen, dass deine Tochter auch davon erfährt", sagte ich. „Wir wissen ja leider nicht, wo sie ist. Aber wir kennen die Szene …"

Ein paar Tage mussten wir warten, um den Schein zu wahren. Und ich wollte auch gerne noch ein bisschen grausam sein: den Kieberer dunsten lassen. Dann tauchte Liesl wieder auf. Eine Zeitlang lebte sie mit Franz in unserer Wohngemeinschaft. Sozusagen ein Happyend. Aber leider – nur fast. Nach einigen Monaten wurde Franz rückfällig. Er ging fort von uns und nahm wieder Drogen. Liesl trennte sich von ihm. Kurze Zeit war sie ihm ein Halt gewesen. Dann schaffte sie es nicht mehr.

Monate später rief mich seine Mutter an. Ob ich sagen könnte, wo Liesl sei. Franz war am „Steinhof". Er wollte sie noch einmal sehen. Aber auch sie war nicht mehr bei uns. Wir hatten zu ihr keinen Kontakt.

Trotzdem war „Romeo und Julia" ein politischer Erfolg. Andere, ähnliche Aktionen folgten. So verlor die Familie, verlor die bürgerliche Moral einen Großteil ihrer Macht. Zumindest in Wien, in den Städten war es so. Am Land hat es länger gedauert. Aber auch dort ist die Entwicklung nicht mehr umkehrbar.

Mürzzuschlag

Im Sommer 1970 hielten wir in Mürzzuschlag ein Zeltlager ab, besuchten die umliegenden Lehrwerkstätten und prangerten Missstände an: ungesetzliche Überstunden, Misshandlungen von Lehrlingen; gegen einen Fleischermeister, der seinen Lehrling mit einem Knochen geschlagen hatte, riefen wir die Kunden in Flugblättern, die wir vor dem Geschäft verteilten, zum Boykott auf.

Unsere Forderungen waren nicht besonders revolutionär; wir verlangten eigentlich nur die Einhaltung der Gesetze. Aber unsere Methoden waren unkonventionell. Daher suchten die kleinen Unternehmer im Mürztal einen Beschützer. Sie fanden ihn in einer Stütze der ehrenwerten Gesellschaft dieser Region: Norbert Burger, Geschäftsmann in Kirchberg am Wechsel, Ex-Südtirol-Terrorist und Möchtegern-„Führer" der NDP.

Burger und etwa 30 seiner Nazischläger überfielen unser Lager, als ich dort mit Helmut, einem Flüchtling aus Kaiser-Ebersdorf, und einem Vierzehnjährigen Wache hielt, während alle anderen von uns auf einer Versammlung waren. Eine nicht ganz unkritische Situation. Die Nazis begannen schon Benzinkanister auf unsere Zelte zu schütten, um sie anzuzünden. Ich schickte den Vierzehnjährigen mit seinem Fahrrad rasch weg, die anderen holen; derweil hielten Helmut und ich die Stellung oder wir versuchten es jedenfalls.

Der Nazi vor mir war einen Kopf größer als ich (oder kommt es mir in der Erinnerung nur so vor?), ich hatte auch keinerlei Kampfausbildung, aber ich wusste: Etwas musste jetzt geschehen, wenigstens symbolisch und um Zeit zu gewinnen. Daher schlug ich ihn von unten mit der Faust aufs Kinn. Das zeigte leider gar keine Wirkung, er starrte mich nur eine Weile mit hervorquellenden Augen an und brüllte dann: „Du Kommunistensau hast mi' g'haut!" Er trat mit dem Fuß nach mir, traf mich aber nicht, denn ich rollte mich weg, während Helmut wie ein Panther dazwischen sprang und gleich drei Nazis auf sich zog – aber dann waren zum Glück schon die Unseren da, im Laufschritt über die Mürzbrücke, und es war interessant, wie rasch die Nazis auseinander liefen, als sie nur mehr gleich viele waren wie wir … Sie bekamen die Prügel, die sie verdienten, einige schwammen durch die Mürz davon. Burger selbst (den seine Leibwächter im Stich ließen) und sechs andere nahmen wir gefangen und übergaben sie der Gendarmerie – die sie sofort freiließ und vor dem „Herr Doktor" salutierte. Etwas anderes erwarteten wir auch nicht von den Behörden dieses Staates. Immerhin – die Niederlage des berüchtigten Südtirolbombers in Mürzzuschlag war für die Kampfmoral der Nazis ein schwerer Schlag. Sie hielten sich dann für einige Zeit zurück.

Rémy – verhaftet und abgeschoben

Der Sommer ging zu Ende, wir wollten aus Mürzzuschlag nach Wien heimkehren; da erschien im Lager die Polizei und verhaftete Rémy. Wenige Tage, nachdem Burger auf freien Fuß gesetzt worden war. Rémy war ein „Fremder" ohne rechtmäßigen Aufenthalt. Man brachte ihn ins Gefängnis nach Wien.

Jakob, Willi und ich fuhren ihm nach. Wir fürchteten seine Auslieferung nach Frankreich, wo ihm (so glaubten wir jedenfalls) Verfolgung drohte wegen seiner (angeblichen) Beteiligung am Pariser Mai. Seine Abschiebung wollten wir daher um jeden Preis verhindern. Wir hielten Wache vor dem Polizeigefängnis, wo er inhaftiert war, informierten Journalisten, ohne große Resonanz. Wir verlangten einen Termin bei Innenminister Otto Rösch und bekamen ihn zu unserer Überraschung sofort.

Rösch versicherte uns, Österreich liefere niemanden an ein Land aus, in dem er aus politischen Gründen verfolgt würde. Rémy werde zwar ausgewiesen, aber in ein Land seiner Wahl. Damit waren wir einverstanden. Was wir getan hätten, wenn Rösch nein gesagt hätte, weiß ich nicht so genau; wir fürchteten um Rémys Leben und waren zu allem bereit. Rémy reiste nach Dänemark aus, dann in die Schweiz. Und nach Frankreich, wo er völlig unbehelligt blieb.

Immerhin verdankten wir diesem Zwischenfall einen direkten Kontakt zur Regierung auf hoher Ebene. Mit Innenminister Otto Rösch hatten wir dann noch öfter zu tun. Er hatte eine dubiose Vergangenheit: Er war NSDAP-Mitglied gewesen und hatte als Lehrer an der Nazi-Eliteschule Napola den NS-Führungsnachwuchs geschult. 1945 ging er zur SPÖ. 1948 gehörte er einer neonazistischen Untergrundorganisation, der Soucek-Bande, an und saß deshalb in Untersuchungshaft. Theodor Soucek wurde zum Tod verurteilt (aber begnadigt), Rösch hingegen freigesprochen. Er behauptete nämlich, er sei vom damaligen Innenminister Oskar Helmer als Spitzel in diese Nazibande eingeschleust worden. Bruno Kreisky, der ihn 1970 zum Innenminister machte, hatte ihm das angeblich geglaubt.

Das Kuratorium

Wir wollten in Wien ein selbstverwaltetes Jugendheim aufbauen und nannten es „Heliopolis", die Stadt der Sonne. Der Begriff stammt aus dem Altertum, aufständische Sklaven und Handwerker hatten so ihren Gegenstaat genannt. Wir mieteten eine Wohnung, besser gesagt eine Bruchbude in der Lerchengasse im achten Bezirk, zusätzlich zu unserer Wohngemeinschaft in der Theobaldgasse. Roland Spendlingwimmer und seine Freundin Claudine waren für die Leitung vorgesehen.

Um das Projekt zu finanzieren, gründeten wir mit einigen prominenten Persönlichkeiten das „Kuratorium der Freunde von Heliopolis". Obmann war Univ.-Prof. Wilhelm Dantine von der Evangelisch-Theologischen Fakultät, ein aufrechter Protestant, der mit dem Unrecht keine Kompromisse schloss. Auch sein Sohn, Pastor Johannes Dantine, gehörte dazu; Ulrich Trinks von der Evangelischen Akademie; Günther Nenning, den ich für diesen Zweck reaktivierte, trotz allen Misstrauens, das ich gegen ihn empfand; Josef Hindels von den Sozialistischen Freiheitskämpfern; und der Maler und Bildhauer Alfred Hrdlicka.

Dass ich Hindels und Nenning, Todfeinde aus den SP-internen Kämpfen der Sechzigerjahre, die früher kein Wort miteinander sprachen, nun dazu brachte, in diesem Gremium zusammenzuarbeiten, um Spartakus zu fördern, war ein gewaltiger diplomatischer Erfolg. Das Kuratorium sammelte für uns Geld und stand uns bei Verhandlungen mit der Regierung und auf Pressekonferenzen zur Seite. Es repräsentierte ein damals sehr kleines Segment der Gesellschaft, das man heute „liberale Öffentlichkeit" nennt.

Hier hatten wir uns etwas von Bruno Kreisky abgeschaut, der stets darauf setzte, ein sozialistisch-liberales Bündnis zu schaffen, um die alten reaktionären Strukturen zu überwinden. Was er im Großen unternahm, versuchten wir im Kleinen.

Verfolgung

Ich führte damals Tagebuch. Das Tagebuch 1970 übergab ich (mit anderen Archivmaterialien, die wir besonders gut aufbewahren wollten) einer jungen Dame, der wir vertrauten; nach ein paar Wochen gab sie sich ganz gekränkt: Was uns denn eingefallen sei, das Archiv wieder von ihr abzuholen? Ob wir ihr nicht mehr vertrauten? Niemand von uns hatte das Archiv von ihr abgeholt. Was für ein Schmäh … Offenbar hatte sie es sofort weitergegeben an die Staatspolizei. Rechtlich hatte das für uns keine Folgen, es stand ja nichts Verhängnisvolles darin. Aber als Historiker empfinde ich heute, da es weg ist und ich es verwenden möchte, mehr denn je Gram und Groll.

Aus dem Tagebuch 1971 will ich ein bisschen zitieren. Wir kümmerten uns gerade um die Lehrlingsheime und versuchten im Heim Leopoldstadt eine Gruppe aufzubauen; zwei unserer dortigen Leute wurden strafversetzt. Es war kurz nach unserer Aktion bei der Heimenquete (Jänner 1971). Zugleich gab es Probleme mit den, wie wir (etwas verächtlich) sagten, „Wiener Linken": Studierende, die geholfen hatten, Heimzöglinge zu verstecken, und die nun die Nerven verloren. Sie weinten sich bei Elisabeth Schilder, der Leiterin der Bewährungshilfe, aus und waren mitschuldig daran, dass einige unserer „Illegalen" ins Heim zurückkamen.[43]
Aus dem Tagebuch:
Freitag 29. 1. 1971

15:30 h: Delegation bei Senatsrat Prohaska (3 Leopoldstädter, Werner, zwei andere Lehrlinge und ich). Wir fordern, daß Johann P. und Peter W. sofort ins Lehrlingsheim Leopoldstadt zurückkommen. Prohaska lehnt alles ab. Abbruch der Verhandlungen.

21 Uhr: Demonstration. Jakob und Norma im LH Leopoldstadt: Die Lehrlinge schließen sich uns an. Abmarsch zum „Werd", ca. 60 Leute, 5 Mopeds. Sprechchöre, Laufschritt. Leopoldsgasse: Polizeieinsatz. Festnahme von Jakob, Willi, Roland und Georg. Ein Leopoldstädter und ich übergeben im Werd die Resolution. Geschlossen zurück in die Woh-

---

43 Frau Schilder war eine enge Mitarbeiterin von Christian Broda und ist aus heutiger Sicht positiver einzuschätzen, als ich es damals konnte.

nung. Christian bleibt als Wachtposten vor dem Kommissariat.

22:30 Uhr: Anruf bei Broda[44]: Er erklärt sich momentan für unzuständig, da die Sache noch bei der Exekutive liegt. Sollten Anklagen erhoben werden, so kenne ich ja seine Haltung von seiner Interpellation für mich im Parlament im November 1969; seine Haltung habe sich nicht geändert. Sollte es Komplikationen geben, solle ich Montag Keller oder Neider anrufen.

Es gab zwar kein Gerichtsverfahren wegen dieser Demonstration (Broda hielt Wort), aber Jakob Mytteis wurde von der Polizei zu vier Wochen Arrest verurteilt: zwei Wochen wegen „Störung der Ordnung" und noch einmal zwei Wochen wegen „Erregung von ungebührlichem Lärm". Die Polizeistrafen wurden ohne Prozess, unter Ausschluss der Öffentlichkeit von einem Polizeijuristen verhängt. Es waren die üblichen Methoden, um Jakob fertigzumachen. Ich weiß nicht mehr, wie oft Jakob zu solchen Strafen verurteilt wurde. Er war der Polizei besonders verhasst.

Aber weiter im Tagebuch:

Samstag 30. 1. 1971, kurz nach Mitternacht

Anruf von Christian, Georg ist gerade mit der Rettung vom Kommissariat weggebracht worden.

Pastor Dantine tritt mit uns in Verbindung. Er erhält als Seelsorger die Auskunft, daß Georg in die Psychiatrische Klinik eingeliefert worden ist (erste Begründung: „Nervenschock". Zweite Begründung: „zur Beobachtung").

Ich rufe im Innenministerium an und protestiere beim Journaldienst dagegen, daß die Inhaftierung noch immer andauert. Man sagt mir, man werde meine „Beschwerde an den Journaldienstleiter weiterleiten".

Ich rufe im Kommissariat an und setze den Kommissar in Kenntnis, daß ich mit Broda und dem Innenministerium

---

44 Aus heutiger Sicht unwahrscheinlich, aber wahr: Wir hatten die private Telefonnummer von Justizminister Broda. Bundeskanzler Kreisky stand überhaupt im öffentlichen Telefonbuch und war für alle, die etwas von ihm wollten, zumindest während seines ausgedehnten Frühstücks, unter Umständen auch in der Nacht, erreichbar. Aber auch im Amt war es nicht schwer, zu ihm durchzukommen.

gesprochen habe und er alles weitere auf eigene Verantwortung unternimmt. Ich lege ihm nahe, die Inhaftierten bald freizulassen.

10:30 Uhr: Ich rufe Kreisky an. Er erklärt, daß er „der Exekutive keine Weisungen geben kann" (!), daß er sich aber „interessieren und informieren" wird. Ich weise darauf hin, daß es das erste Mal unter der sozialistischen Regierung ist, daß die Polizei mit Gummiknüppeln gegen friedliche Demonstranten vorgeht. Bezüglich Georg sagt K., daß es für die Einweisung in eine psychiatrische Klinik sehr strenge gesetzliche Bestimmungen gibt, auf deren Einhaltung er achten wird. Er wirkt (ebenso wie Broda) von den Vorfällen peinlich berührt, erkundigt sich, ob wir einen Anwalt brauchen. Hans zum AKH geschickt, um auszukundschaften, was mit Georg ist. 11 h Anruf von Hans, daß Georg frei ist. 12 Uhr: auch die Festgenommenen in der Leopoldsgasse sind frei.

Nachmittags: spontane Aktivistenversammlung. Aktionsgruppen eingeteilt. Abends Agitation in den Außenbezirken. Gute Stimmung, Jugendliche schließen sich spontan den Agitgruppen an und ziehen mit ihnen zu anderen Treffpunkten weiter.

Donnerstag, 1. 2. 1971:

Gestern Unterredung mit Innenminister Rösch. Teilnehmer: Jakob, Willi, Helmut, Georg, Roland, Christian; Nenning, Prof. Dantine, Prof. Lüthi, Hrdlicka.

Rösch hat gegen die Kieberer, die bei der Demonstration am 29. 1. gegen uns vorgegangen sind (und ihm gemeldet haben: „von der Waffe wurde nicht Gebrauch gemacht"!), Diszi-plinarverfahren eingeleitet, ebenso gegen den Polizeiarzt, der die Verletzungen von Georg vertuscht hat. Er wird in den Bezirken, in denen Heime sind, spezielle Beamte einsetzen, die dafür sorgen, daß bei den spontanen Demonstrationen, die es dort in der nächsten Zeit geben wird, keine Provokationen vorkommen.

Rösch kokettiert damit, daß sich die Polizei halt an seine Weisungen so wenig hält, obwohl er es ihnen eh immer wieder sagt.

Unsere Position ist stark, sowohl an der Basis, wo zum ersten Mal eine richtige Bewegung im Entstehen ist, als auch in den Verhandlungen mit der Regierung, die an einem guten Einvernehmen mit uns interessiert ist.

Die SP-Regierung ist schwach; wenn Rösch sich beklagt, daß seine Beamten sich nicht an seine Weisungen halten, ist das nicht nur Schmäh.

Die SP-Regierung kennt die Gefahren, die von rechts kommen, auch wenn sie sie öffentlich beschönigt. Es ist zu offensichtlich, was es heißt, wenn katholische Kreise auf öffentlichen Veranstaltungen vom „pornoliberalen Justizminister Doktor Huris Broda" sprechen, und wenn am gleichen Tag, an dem Rösch über die Disziplinlosigkeit seiner Polizisten redet, die Gründung eines „Ringes freiheitlicher Exekutivbeamter" bekannt wird. Die Nazis im Staatsapparat organisieren sich jetzt schon ganz offen.

Kreisky, Broda und Rösch wissen, daß eine mit ihnen verbündete linke Bewegung in der Arbeiterjugend für sie wichtig sein kann – daß sie sich im Ernstfall ohne eine solche Bewegung überhaupt nicht werden halten können.

Deshalb sind sie zu einer begrenzten Zusammenarbeit bereit, genauso wie wir. Auch dann, wenn wir die Gemeinde angreifen, denn die steht im Fraktionskampf in der SP auf der anderen Seite.

Sonntag, 14. 2.:

Jakob berichtet vom Leopoldstädterheim: Dienstag war Erzieherkonferenz, auf der beschlossen wurde, alle Zöglinge, die mit Spartakus in Kontakt sind, rauszuschmeißen. Im ‚Werd' haben heute alle Erzieher Alarmbereitschaft, denn es geht das Gerücht, daß Spartakus heute das Heim stürmen will …

In der Nacht von Sonntag auf Montag zwei Razzien, vormittags noch zwei.

Die Polizisten, die in unsere Wohnung in der Theobaldgasse eindrangen, hatten keinen Hausdurchsuchungs- oder Haftbefehl. Ihre Aktion war völlig ungesetzlich. Jakob stellte sich vor die Tür, um ihnen den Eintritt zu verwehren, und wurde sofort geschlagen.

Alle in der Wohnung Anwesenden wurden vorübergehend festgenommen, angeblich eine „Routinekontrolle".

Jakob Mytteis wurde wegen dieses Vorfalls von einem „Polizeijuristen" (wieder ohne Prozess, unter Ausschluss der Öffentlichkeit) zu fünf Tagen Arrest verurteilt.

„Der Beschuldigte hat sich gegenüber im Dienst befindlichen Polizeibeamten ungeachtet vorausgegangener Abmahnung durch die in lautem Ton geschrienen Worte: ‚Schlagen Sie mich nur, ich werde mich an den Rösch wenden!' ungestüm benommen."

So die amtliche Begründung.

Verhandlungen

Mittwoch 17. 2. 1971, 14 h

dreiseitige Verhandlungen im Innenministerium. Anwesend: Rösch; von der Seite der Polizei: Holaubek, Reidinger (Chef des Wiener Sicherheitsbüros) und Hejkerlik; von unserer Seite: Jakob, Willi, Christian und ich und einer aus dem LH Leopoldstadt; später Nenning.

Zuerst ein langes Geplänkel zwischen den Stapoleuten und uns, weil die Demonstration nicht angemeldet war. Holaubek schwätzt entsetzlich lange über den „menschlichen Standpunkt", von dem er die Dinge immer betrachtet, und über die hunderten Polizisten, die seit 1945 bei Demonstrationen verletzt worden sind.

Wir weisen die Polizisten darauf hin, daß es angesichts der wachsenden Empörung der Jugend über die Erziehungsheime sicher noch viele spontane Demonstrationen geben wird – und daß es an der Polizei liegen wird, so aufzutreten, daß es keine Zusammenstöße gibt.

Rösch vermittelt und macht den Vorschlag, spontane Demonstrationen eben unmittelbar vorher telefonisch mit dem Journaldienst der Sicherheitsdirektion abzubesprechen. Die Kieberer meutern: „Wozu gibt es Gesetze?"

Wir einigen uns auf den Vorschlag von Holaubek, eine ganze Serie von Demonstrationen im Rahmen der Heimkampagne ohne Angabe von Zeit und Ort schriftlich anzumelden, um den formalen Bestimmungen zu genügen, und die Aktionen im einzelnen dann vorher mündlich zu besprechen, wobei Reidinger und Hejkerlik unsere Kontaktmänner sein werden. Bezüglich der ständigen Razzien bei uns beauftragt Rösch den Polizeipräsidenten, einen Brief an das Kommissariat 6 zu schreiben und ihnen nahezulegen, daß sich das ändert.

Freitag 26.2.1971

10 Uhr. Aktion im Rathaus nach Beginn der Landtagssitzung: Sprechchöre, Flugblätter von der Galerie gestreut. Ablauf klappt genau nach dem von Hans ausgearbeiteten Anmarsch- und Fluchtplan. Gutes Training, eine Ohrfeige für die Polizei, die uns in der Defensive geglaubt hat. Der politische Effekt ist aber gleich Null, weil die Aktion von der Presse totgeschwiegen wird.

15 Uhr: Delegation im Justizministerium.

Kuratorium: Nenning, Prof. Dantine, Hrdlicka, Trinks. – Spartakus: Christian und ich. – Ministerium: Broda, Frau Schilder, Neider und zahlreiche Parasiten.

Broda eröffnet mit einem scharfen Angriff auf uns, zitiert Stellen aus den „Nachrichten für Unzufriedene", die zeigen, „wie verantwortungslos Genner und Mytteis die armen Teufeln aus Kaiser-Ebersdorf als Reservearmee für die Revolution mißbrauchen".

Frau Schilder wird konkret, redet über Peter W., der „so ein lieber Bub" ist und den die Spartakisten „entführt" haben. Gestern ist sie verständigt worden, daß „der Genner oder seine Leute" nach Eggenburg fahren und ihn wieder abholen wollen, nachdem sie ihn endlich so weit gebracht hatte, daß er nach Eggenburg zurückgeht. Sie hat sofort die Sicherheitsvorkehrungen in Eggenburg verstärken lassen, aber heute hat sie dort angerufen, und wirklich – er ist weg!

Ich antworte sehr scharf: Es ist der Gipfel der Heuchelei, wenn Frau Schilder, die für die Zustände mitverantwortlich ist, über die „lieben armen Kinder" in den Heimen spricht; sie soll ihre Bassena-Intrigen, die sie zusammen mit der Wiener „Linken" gegen uns spinnt, bleiben lassen. Wenn sie uns strafbare Handlungen vorwirft, soll sie zur Staatsanwaltschaft gehen und uns anzeigen.

Broda greift ein: „So etwas tun wir nicht, den Staatsanwalt lassen wir aus dem Spiel." Das Kuratorium ist voll auf unserer Seite: Hrdlicka und Nenning sehr scharf, Dantine lächelnd und gelassen; Trinks als einziger schwankend, hält es für notwendig, sich gewissermaßen zu entschuldigen, daß er bei uns ist. Broda sichtlich überrascht, daß sein Versuch, einen Keil zwischen uns und das Kuratorium zu treiben, schiefgegangen ist. Er gibt sich wieder jovial, redet sich auf Mißverständnisse aus und spielt Eintracht und Übereinstimmung. Es wird vereinbart, daß das Kuratorium einen offiziellen Brief mit Vorschlägen schreibt. Nenning informiert mich später, daß er unmittelbar nach der Verhandlung zu Frau Schilder gesagt hat, sie solle doch wirklich machen, was ich vorgeschlagen habe, nämlich mich anzeigen, dann könne ich mich vor Gericht öffentlich rechtfertigen. Ihre Antwort war: „Genau das will der Genner ja, den Gefallen mache ich ihm nicht."

Heimdemonstration

Am 25. März 1971 hielten wir eine Demonstration ab, zu der etwa tausend Jugendliche kamen. Unsere Parolen: „Macht Kaiser-Ebersdorf zur Baustelle!", „Wir sind nicht euer letzter Dreck, jetzt reißen wir die Gitter weg!" Es waren fast durchwegs neue Leute, Lehrlinge zum großen Teil, einige Mopedgruppen; eine reine Spartakus-Demonstration und somit ein Zeichen von Stärke. Die „Wiener Linke" blieb großteils fern, mit Ausnahme einiger Dummköpfe, die uns fast Probleme gemacht hätten:

Wir waren zum Ballhausplatz marschiert, um mit Bundeskanzler Kreisky über die Heime zu verhandeln. Anschließend sollte der Zug weitergehen zu den Heimen im zweiten Bezirk. Unsere Delegation befand sich schon im Bundeskanzleramt, darunter auch ein „Illegaler", der Heimzögling P., den wir versteckten.

Broda hatte an diesem Abend keine Zeit, statt ihm war ein Sekretär da. Kreisky, der extra aus Graz angereist kam, traf verspätet ein und brüllte sofort, er sei draußen auf dem Platz von Demonstranten als „Arbeiterverräter" beschimpft worden: „Nehmen Sie zur Kenntnis, dass ich kein Arbeiterverräter, sondern ein Arbeitervertreter bin!!!"

Das war freilich nicht ganz das Thema, über das wir diskutieren wollten. Es war auch von Kreiskys Seite mehr Theaterdonner. Er änderte plötzlich den Ton und ließ Würstel servieren. Wir unterhielten uns mit ihm dann über eine Stunde und erklärten ihm unser Forderungsprogramm:

Abschaffung von Kaiser-Ebersdorf, Kirchberg, Wr. Neudorf, Eggenburg und allen geschlossenen Erziehungsanstalten;

— Einsetzung von Jugendkommissionen, um zusammen mit ehemaligen Zöglingen und Fachleuten die bestmögliche Lösung zu finden;

— Ausforschung der für die Misshandlungen Verantwortlichen auf allen Ebenen und ihre gerichtliche und disziplinarrechtliche Verfolgung;

— Studenten der fachlich zuständigen Institute als Praktikanten in die Heime;

— Schaffung offener und selbstverwalteter Heime.

Konkrete Zugeständnisse machte Kreisky nicht, außer dass er das Problem sehr ernst nehme; Einzelheiten (wie auch das weitere Schicksal unseres mitgebrachten „Illegalen") sollten wir mit Brodas Mitarbeiter Keller regeln.

Als wir wieder rauskamen, war von den Demonstranten die Hälfte nicht mehr da. Es hatte ihnen zu lange gedauert. Wir hatten einen taktischen Fehler gemacht: Wir hätten die Delegation raufschicken und mit der Masse der Demonstranten gleich weitermarschieren sollen. Mit den verbliebenen Fünfhundert zogen wir dann noch zum „Werd". Die Aktion war trotzdem ein Erfolg, wir hatten Mobilisierungskraft gezeigt und zugleich ein vernünftiges Gesprächsklima mit Kreisky hergestellt. Aber bald tauchten neue Probleme auf.

Gefangenenbefreiung

Leo, ein 16-jähriger Lehrling, lernte uns bei der Demonstration am 25. März 1971 kennen und wurde Spartakus-Mitglied. Sein Vater, ein kleiner Geschäftsmann, Mitglied der ÖVP, war damit nicht einverstanden. Er beschwerte sich bei der Fürsorge. Am 30. April 1971 wurde Leo von der Polizei abgeholt und ins Übergangsheim Werd in der Leopoldstadt eingeliefert. Von dort sollte er nach Eggenburg überstellt werden. Leo war nie mit dem

Gesetz in Konflikt gekommen. Er kam nur wegen seiner politischen Aktivität ins Erziehungsheim.

Wir mussten schnell handeln, bevor man ihn nach Eggenburg brachte. Aus dem Werd entkam man leichter, weil nicht alle Fenster vergittert waren. In der Nacht vom 7. zum 8. Mai 1971 gelang Leo die Flucht. Heinz, ein Ex-Heimzögling, warf ein Seil zum offenen Fenster hinauf; Leo kletterte auf die Straße hinunter. Um die Ecke warteten zwei Autos: Ich mit dem (von mir oft benützten und der Polizei mittlerweile gut bekannten) Wagen meiner Mutter („Arzt im Dienst"); und Peter, ein Schuhmachermeister aus Favoriten, mit seinem bis dahin „sauberen" PKW. Peter brachte Leo in eine sichere Wohnung, die ich organisiert hatte. Ich fuhr zweimal sehr auffällig um das Heim, um mögliche Verfolger auf mich zu ziehen. Es kamen aber ohnedies keine, die Erzieher schliefen wohl fest …

Wir versteckten Leo zwei oder drei Monate lang in wechselnden Unterkünften, verteilten Flugblätter im Gemeindebau, wo sein Vater wohnte, verhandelten mit dem Justizministerium (das mangels Zuständigkeit keine Entscheidung treffen konnte, Eggenburg war Gemeindesache; aber Broda sagte zu, hinter den Kulissen zu intervenieren).

Schließlich gab Leos Vater nach … Auch er unterschrieb einen Vertrag; Leo tauchte wieder auf. Unsere Erfolge sprachen sich herum. Die Jugendlichen sahen, dass man sich wehren kann. Und dass es eine Gruppe gab, die auf ihrer Seite stand.

Django

Django hatte seine Kindheit in Heimen verbracht. Er war nun 17 Jahre alt, vor wenigen Monaten aus Eggenburg entlassen. Auch er war Spartakus-Aktivist. Er stand vor Gericht, weil er einen „Springer" (ein Klappmesser) bei sich gehabt hatte und bei einer Routinekontrolle von der Polizei erwischt worden war: Leibesvisitation, Festnahme, Anzeige wegen Waffenbesitzes. Darauf standen nach dem Strafgesetz drei Wochen bedingt – und so viel hat er dann auch bekommen.

Aber nach dem damaligen Jugendstrafrecht konnte er zusätzlich auf unbestimmte Zeit nach Kaiser-Ebersdorf eingewiesen werden, wo es schlimmer war als in jedem Gefängnis. Auf unbe-

stimmte Zeit: das hieß, wenn niemand sich um ihn kümmerte, bis
zur Großjährigkeit –also damals bis zum 21. Lebensjahr!

Er hätte also für ein Bagatelldelikt, auf das nach dem Gesetz
nur drei Wochen bedingt standen, auf vielleicht vier Jahre nach
Kaiser-Ebersdorf müssen, wenn wir nicht eingegriffen und die
Behörden unter Druck gesetzt hätten!

Aus dem Tagebuch:

Mittwoch 12. 5. 1971:

> Jakob verhandelt mit dem Justizministerium (einem gewis-
> sen Pickel) und legt ihm nahe, eine Lösung zu finden. Pickel
> ruft die Bewährungshilfe an: „Schauen Sie, es handelt sich
> um einen Spartakus-Burschen, da haben wir dann wieder die
> Schreierei im Gerichtssaal, und die Presse …" Es wird verein-
> bart, daß Django einen Bewährungshelfer bekommt. Im Fall
> einer Verurteilung übernimmt die Kanzlei Broda die Nich-
> tigkeit (Jakob hat mit Brodas Partner Siebenaller geredet).

Nachtrag: Letzteres nur zur Vorsicht. Falls Brodas Weisung an die
Staatsanwaltschaft (siehe weiter unten) nicht eingehalten würde …

Donnerstag, 13. 5. 1971:

> 9 Uhr: Prozeß „Django". Der Richter hat bis zuletzt die
> Absicht, „Django" nach K.E. zu schicken. Von dem Gespräch
> im Justizministerium am Vortag weiß er nichts. Er verliest
> eine Erklärung der Heimleitung von K. E., daß sie bereit
> ist, „Django" zu „übernehmen"; auch die Jugendgerichts-
> hilfe befürwortet das. Er erstarrt zur Salzsäule, als die Staats-
> anwältin, eine uralte schiache Fuchtl mit Mascherl, erklärt:
> „Weisungsgebunden beantrage ich, daß er nicht nach Kaiser-
> Ebersdorf eingewiesen wird, sondern einen Bewährungshel-
> fer bekommt."

Urteil: drei Wochen bedingt, „Django" geht wieder frei.

Karin

Aber die Probleme verschärften sich.

Wir hatten ein Verfahren am Hals, weil wir Karin, die 16-jäh-
rige Tochter eines SPÖ-Funktionärs, „entführt" hatten. Sie war
Spartakus-Mitglied, ihr Vater verbot es ihr und schlug sie, dass ihr
das Trommelfell platzte. Wir rieten ihr, unterzutauchen, und versteckten sie, bis er – wie Liesls Vater bei der Aktion „Romeo und

Julia" – einen Vertrag mit der Erlaubnis unterschrieb, dass sie bei uns sein dürfe.

Anders als Liesls Vater, brach er jedoch sein Wort und holte seine Tochter mit der Polizei – die ihm einredete, er müsse den ihm „abgepressten" Vertrag nicht einhalten – von uns ab. Sie war dann ein Jahr lang in einem Internat, bis ihr die Rückkehr gelang; später hat sie bei uns eine führende Rolle gespielt.

Aus dem Tagebuch:

Donnerstag, 6. 5. 1971:

Karin hat auch Schwierigkeiten mit ihren Eltern. Ich war gestern bei ihnen, der Vater ist ein SPler und Antikommunist. 1950 hat er unter Olah gegen die Streikenden gekämpft, um „die Demokratie gegen den Kommunistenputsch zu verteidigen". Er wird „wie ein wildes Tier um seine Tochter kämpfen", sagt er, „mit Liebe, aber auch mit allen gesetzlichen und ungesetzlichen Mitteln".

Er hat erst vor ein paar Tagen erfahren, daß seine Tochter bei der „Gruppe Genner" gelandet ist, und es würde seinen „seelischen und körperlichen Zusammenbruch" bedeuten, wenn sie sich für uns und nicht für ihn entscheidet. Und wenn er uns „alle Knochen im Leib zerbrechen und sich ins Kriminal bringen muß".

Ich rede beruhigend, wie zu einem Kranken, zu ihm. Karin argumentiert ziemlich fest, verlangt Bedenkzeit. Beim Weggehen versucht er, mich die Stiegen hinunterzustoßen.

Freitag, 14.5.:

Karin ist von ihrem Vater geschlagen worden. Befund: Trommelfellplatzung, Gehirnerschütterung. Jakob, Willi und ich beim Vater: Wir teilen ihm mit, daß seine Tochter nicht mehr kommt und daß wir ihm abraten, Dummheiten zu machen. Er will die Polizei anrufen, aber ich drücke ihm auf die Gabel. Wir gehen.

Samstag, 15.5.:

Karins Vater hat aufgegeben. Er hat den Vertrag unterschrieben, daß sie jederzeit woanders wohnen kann. Heute ist er gekommen: „Ich weiß, ich habe verspielt. Ich bitte Sie nur um eines: Schauen Sie, daß sie in die Schule geht ... und ... daß sie ... wenigstens ... mit ihrer Mutter ... wieder ... den

… Kontakt … aufnimmt." Alles mit Grabesstimme und langer Pause nach jedem Wort.

Soweit das Tagebuch von damals. Na ja … Ich Idiot bin in die Falle gegangen. Der Vater hatte, bevor er unterschrieb, die Polizei informiert. Karin ist, im Vertrauen auf sein Wort, wieder aufgetaucht, hat zwei Wochen lang legal bei uns gewohnt. Dann ist er mit der Polizei gekommen. Sie war dann ein Jahr in England in einem Internat.

Gegen Jakob, Willi und mich wurde ein Verfahren eingeleitet: Entführung einer Minderjährigen; Hausfriedensbruch (weil er bei unserem Besuch die Türe wieder zumachen wollte, als er sah, dass wir davor stehen; ich hatte aber schon den Fuß dazwischen), Erpressung (weil ich sagte, er werde seine Tochter nicht wiedersehen, wenn er nicht den Vertrag unterschriebe) und Widerstand gegen die Staatsgewalt, weil das Polizeiauto ein bisschen ramponiert war, mit dem er Karin abtransportieren ließ.

Es war eines von vielen Verfahren, die später zu unserem Abgang aus Österreich führten.

Lütgendorf-Demonstration (8. Juni 1971)

Günther Nenning hatte – unterstützt von sozialistischen Jugendorganisationen, aber auch von christlichen Kreisen – ein Volksbegehren zur Abschaffung des Bundesheeres in Gang gebracht. Dieses Bundesheer war von Nazis unterwandert. Bruno Kreisky unternahm dagegen nichts. Im Gegenteil: Um die Rechten zufriedenzustellen, hielt er sich einen der Ihren als Verteidigungsminister, den stockreaktionären General Lütgendorf.

Dieser Möchtegern-Putschist hielt vor dem Kameradschaftsbund eine Brandrede gegen die linke Jugend, die den „Frieden in unserem gottgesegneten Land stören" wolle. Er löste scharfe Reaktionen aus, auch die sozialistischen Jugendorganisationen protestierten. Günther Nenning rief uns an und teilte mit, dass das Volksbegehren-Komitee eine Demonstration plane.

Ein Demonstrationsrat traf sich im Kritischen Klub. Wir stellten für unsere Teilnahme die Bedingung, dass die Demonstration organisiert und diszipliniert abläuft und dass es einen Ordnerdienst gibt, um Überfälle der NDP und des Kameradschaftsbundes abzuwehren. Unser Vorstandsmitglied Willi Stelzhammer

wurde von allen verbündeten Organisationen zum Leiter des Ordnerdienstes bestellt. Ich schrieb einen Aufruf, der in einer Auflage
von 100.000 Stück zehn Tage lang in Wien verbreitet wurde:
Wann läßt Lütgendorf auf Arbeiter schießen?
Jetzt reden sie nur: daß sie „nicht tatenlos zusehen werden",
wie die Arbeiterjugend sich zu organisieren beginnt – gegen
die Unterdrückung in den Kasernen, in den Heimen, am
Arbeitsplatz … Und manchmal schicken sie ihre Schläger-
trupps von der NDP, wie in Mürzzuschlag letztes Jahr, wo
wir sie in die Mürz gejagt haben.
Das Bundesheer war immer ihr wirksames Instrument. Wer
von Familie, Schule, Betrieb, Fürsorge noch nicht gebrochen
ist, der soll im Bundesheer den letzten Schliff bekommen.
Die Zeit ist aber vorbei, wo ihnen das gelingt.
Das wissen sie. Und deshalb drohen sie uns. Der Lütgendorf droht ganz offen mit dem Bundesheer von 1934, dessen
Artillerie die Häuser der aufständischen Arbeiter zusammen-
geschossen hat. Ihre Bundesheerreform heißt Aufrüstung
– gegen uns. Wir appellieren an die Solidarität der älteren
Arbeiter. Sie haben 1934 erlebt, wie das Bundesheer das einzige Mal in seiner Geschichte einen Krieg gewonnen hat: den
Bürgerkrieg gegen das Volk.
20.000 Jugendliche sind als Präsenzdiener in den österreichischen Kasernen. Wenn sie einig sind, wenn sie zusam-
menhalten, dann werden alle Einschüchterungsversuche und
Schikanen umsonst sein. Sie können mit der Solidarität der
Jugendlichen außerhalb der Kasernen rechnen.
Rücktritt Lütgendorf! Kampf dem Bundesheer! Die Demonstration ist nur ein Anfang. Wir haben die Herausforderung
angenommen."
Zu den Unterzeichnern gehörten außer Spartakus die Internationale der Kriegsdienstgegner, der Verband Sozialistischer Studenten, die Junge Generation in der SPÖ, die Evangelische Stu-
dentengemeinde, die Kommunistische Jugend und Günther
Nennings Vorbereitungskomitee für das Volksbegehren gegen das
Bundesheer – ein recht breites Bündnis, das unter unserer Führung zustande gekommen war.

Im Gegensatz zur Heimdemonstration wuchs die Teilnehmerzahl während des Marsches an. Um 17 Uhr war die Lage noch recht bedrohlich, als nur 400 großteils unorganisierte Demonstranten einem Nazi-Störtrupp von 30 Mann gegenüberstanden, der sie von einem Dach aus mit Steinen bewarf. Aber dann gelang es Willi Stelzhammer, dem Leiter des Ordnerdienstes, eine spontan gebildete Truppe aufzustellen: Es meldeten sich nämlich an Ort und Stelle etwa 100 Jugendliche, die bereit waren, gegen die Nazis zu kämpfen. Jeder von ihnen wurde zum Ordner ernannt und bekam einen hölzernen Schlagstock, der mit einem kleinen roten Stofffetzen versehen und so zum Fähnchen entschärft wurde. Die Polizei hielt sich zurück. Beim Abmarsch waren wir etwa 1.500 Leute. Die Nazis begleiteten uns weiterhin und provozierten, bekamen aber Prügel; wie sich später herausstellte, waren unter ihren Anführern einige Ausbildner des Bundesheeres.

Vor dem Heeresministerium kam es zum entscheidenden Kampf. Die Demonstration war auf 3.000 Leute angewachsen und beherrschte den Franz-Josefs-Kai. Die Nazis waren zwischen uns und dem Donaukanalufer eher ungünstig aufgestellt (was auch etwas über den militärischen Wert der Bundesheer-Ausbildner sagt). Willi stieß mit zehn Ordnern vor, die Nazis rannten davon.

Wir zogen weiter zur Albrechtskaserne im Prater; der Zug wuchs nun auf 4.000 Leute an; viele von ihnen waren Präsenzdiener in Zivil. In der Praterstraße drang Polizei in den Zug ein und umringte einen Lautsprecherwagen, in dem sich eine Ladung Eisenstangen befand. Wir führten sie nur zur Sicherheit mit, bisher hatten ja die Holzfähnchen gereicht. Beim zufälligen Hineinschauen hatte sie nun ein Polizeioffizier entdeckt.

Ein Zusammenstoß schien unvermeidlich. Der Lautsprecherwagen fuhr langsam weiter, die Polizisten versuchten, um ihn eine Kette zu bilden, und wurden ihrerseits ringsum von den Ordnern eingeklemmt. Einige Ordner schlugen schon mit ihren Knüppeln (pardon: mit ihren Fähnchen) auf die Helme der Polizisten ein. Günther Nenning und Jakob Mytteis retteten die Situation. Sie knöpften sich den Stapo-Verantwortlichen Reidinger (eben jenen, der uns schon bei den Verhandlungen mit Rösch begegnet war), vor und erklärten ihm höflich, aber bestimmt:

„Wenn Sie Ihre Leute nicht sofort zurückziehen, garantieren wir für gar nichts mehr."

Der Stapo-Mann ging kein Risiko ein. Er zog seine Leute zurück. Wir marschierten ohne größeren Zwischenfall zur Albrechtskaserne, wo die Schlusskundgebung war. Wir hatten an diesem Tag eine wichtige Kraftprobe mit den Nazis und mit der Polizei gewonnen. Verziehen haben sie uns das nie.

Verrat und eine Falle

Je erfolgreicher wir gegen Nazis und Heime kämpften, je mehr wir unter der Arbeiterjugend Fuß fassten, umso verhasster waren wir unseren Feinden. Umso sicherer kam der Gegenschlag.

Günther Nenning rief mich an und bat mich, dringend zu ihm zu kommen. Es war irgendwann gegen Ende 1971. Bei ihm saß ein Mann, den er mir als einen „Genossen von der Baader-Meinhof-Gruppe" vorstellte. Ob ich die Möglichkeit hätte, ihn zu verstecken. Nennings Gast war mir auf den ersten Blick zuwider. Er behauptete, er werde von der deutschen Polizei verfolgt, sei gerade noch rechtzeitig ins Flugzeug nach Wien gesprungen und brauche nun dringend einen Unterschlupf. Das erschien mir völlig unglaubwürdig. Außerdem hatte die Gruppe, zu der er angeblich gehörte, einen ganz anderen Weg gewählt als wir.

Zum Überlegen war nicht viel Zeit; ich wollte die Entscheidung sofort treffen. Und ich spürte, dass das eine Falle war. Ich lehnte ab. Ich misstraute diesem Mann ganz spontan, aus dem Bauch heraus. Hinzu kam, dass ich auch Günther Nenning misstraute, und zwar von Anfang an. Dabei hatte ich ihn ja selber aufgesucht damals, im Mai 1968 nach meinem „Selbstausschluss"; ich hatte seine Unterstützung für die „Neue Linke" und später für Spartakus erbeten und erlangt. Aber ich hatte auch immer gewusst, dass das ein Spiel mit dem Feuer war: Nenning, der Torberg-Nachfolger; Herausgeber des *Forum*, einer Gründung des CIA; Nenning, der Olah-Freud! Alles fügte sich zusammen: Olah, Chef des Gladio-Ablegers „Sonderprojekt" … So freute mich Nennings Kurswechsel im Mai 1968 zwar, ich akzeptierte auch gerne seine finanzielle und politische Unterstützung für Spartakus, aber instinktiv wartete ich immer darauf, dass er uns eines Tages verraten würde.

Nennings Gast hieß Günther Voigt. Er wurde am 27. Jänner 1972 – angeblich in Zusammenhang mit einem Erpressungsversuch samt Bombendrohung gegen eine Postsparkasse – verhaftet.

Die Presse berichtete darüber am 4. Februar 1972 unter dem Titel: „Deutsche Tupamaros in Wien gesucht. Brachte Günther Voigt Behörden auf Spur der Baader-Bande?". In diesem Artikel stand (zutreffend), dass wir nach dem Naziüberfall in Mürzzuschlag Waffenscheine zwecks Selbstverteidigung beantragt hatten, was jedoch von den Behörden verweigert worden war. Woraus *Die Presse* die Schlussfolgerung zog, wir hätten aus diesem Grund die „wesentlich potenteren deutschen Tupamaros um Instruktion und Material" ersucht. Günther Voigt, „Baader-Komplize und Waffenlieferant der deutschen Tupamaros", sei als „Quartiermacher" nach Österreich gekommen, da die Baader-Meinhof-Gruppe unter dem Druck der deutschen Polizei „nach Süden ausweichen" müssten. Eine weitere Tätigkeit, der er in Wien vermutlich nachgegangen sei, könne aber auch „die Schulung österreichischer Gruppen im Untergrundkampf gewesen sein". Noch etwas war interessant: Gegen Günther Voigt liege „kein deutscher Haftbefehl vor". Er sei lediglich zu einer bedingten Strafe wegen Waffenhandels verurteilt worden. Gegen ihn werde nun ein „fremdenpolizeiliches Verfahren eingeleitet".

Mehr scheint ihm nicht passiert zu sein; von einem Prozess gegen ihn hätten wohl die Medien berichtet. Aber er wurde offenbar still und heimlich außer Landes gebracht. Was er mir in Nennings Büro erzählt hatte, über seine Verfolgung und Flucht und wie nötig er daher ein Versteck brauchte, war also ein billiger Schmäh; er wurde gar nicht gesucht, natürlich nicht: Er war ein Auftragstäter und wurde vielleicht noch gebraucht.

Über seine Vorgeschichte wusste ich nichts. Meine Entscheidung traf ich rein instinktiv. Heute gibt es das Internet und Fachliteratur; wenn man dort nach Günther Voigt sucht, sieht man, wie recht ich hatte. So ist in einem Propagandatext der Baader-Meinhof-Gruppe vom April 1971 („Das Konzept Stadtguerilla") zu lesen, Günther Voigt habe „sich gegenüber Dürrenmatt zum Baader-Befreier aufgeblasen, was er bereut haben wird, als die Bullen kamen. Das Dementi, auch wenn es der Wahrheit entspricht, ist dann gar nicht so einfach."[45]

Diese Schrift zirkulierte in der deutschen Linken, aber da wir uns mit Baader-Meinhof nicht sonderlich beschäftigten, war sie uns unbekannt. Günther Voigt wurde also von seiner angeblichen Gruppe als kleiner Hochstapler angesehen. – Aber es kommt noch schlimmer.

45   http://www.rafinfo.de/archiv/raf/konzept_stadtguerilla.php

Der deutsche Journalist Stefan Aust (langjähriger Chefredakteur des *Spiegel*) berichtet in seinem umfangreichen Werk *Der Baader-Meinhof-Komplex* über die Befreiung Andreas Baaders aus dem Gefängnis im Mai 1970: Zwei (nicht näher bezeichnete) Frauen, die die Aktion vorbereiteten, hätten sich um Waffen bemüht und daher Kontakte zur „kriminellen Szene" geknüpft. Einem Tip aus der Unterwelt folgend, hätten sie „eine dem rechtsradikalen Milieu zugehörige Kneipe mit dem Namen ‚Wolfsschanze'" aufgesucht und dort einen „Günther V." kennengelernt, „der dem Wirt schon einmal Waffen angeboten hatte". Dieser habe den beiden Frauen sodann zwei Pistolen verkauft, die bei der Baader-Befreiung zum Einsatz kamen.[46]

„Günther V.", wie Stefan Aust ihn erstaunlich diskret nennt, scheint in einer anderen Quelle mit vollem Namen auf: Michael („Bommi") Baumann, vormals Mitglied der „Bewegung 2. Juni", nach seinem Ausstieg aus der Szene und Verbüßen einer Haftstrafe publizistisch tätig, behauptet, Günther Voigt sei ein in der DDR wegen krimineller Delikte verurteilter Neonazi gewesen.

Die DDR-Stasi habe Voigt und zwei Komplizen die Ausreise in den Westen gestattet, um sie dort als Spitzel zu verwenden; kaum in Westberlin angekommen, sei das Trio aber vom Verfassungsschutz verhört und umgedreht worden. Die drei Nazis und nunmehrigen Agenten des Verfassungsschutzes hätten dann die ersten Waffen für die RAF geliefert, und zwar über die Kneipe „Wolfsschanze", die einem der drei gehörte. Günther Voigt sei „auf den ersten RAF-Fahndungsplakaten noch mit drauf" gewesen. Dann nicht mehr …[47]

Ob das alles so stimmt, weiß ich nicht. Aber es fügt sich ins Gesamtbild ein. Immerhin berichtet auch Stefan Aust, dass „Günther V." seine Waffengeschäfte mit den Baader-Befreierinnen via „Wolfsschanze" abgewickelt habe. Im übrigen steht fest, dass die

---

46 Stefan Aust, „Der Baader-Meinhof-Komplex", Neuausgabe 2008, S. 167 f.

47 Vgl.: http://compact-magazin.com/index.php?option=com_content&view=article&id=215:compact-interview-mit-bommi-baumann&catid=3:newsflash; siehe auch http://www.heise.de/tp/artikel/31/31899/1.html

Baader-Meinhof-Gruppe jedenfalls und von Beginn an vom Verfassungsschutzagenten Peter Urbach unterwandert war.[48]

Dieser hatte schon im April 1968, bei der Anti-Springer-Demonstration nach dem Attentat auf Rudi Dutschke, Molotow-Cocktails unter die Leute gebracht, mit denen Fahrzeuge des Springer-Verlags in Brand gesetzt wurden. Diese Eskalation der Gewalt war vom Verfassungsschutz geplant und politisch gewollt, um die Linken zu diskreditieren. Urbach war es auch, der im Frühjahr 1970 den leichtgläubigen Andreas Baader dazu überredete, auf einem Friedhof nach dort angeblich vergrabenen Waffen zu suchen. Eine Falle, in die Baader tappte; er wurde verhaftet, sodass man ihn befreien musste, womit das nächste Kapitel der Eskalation begann. Schließlich wurde Urbach enttarnt und erhielt vom Verfassungsschutz eine neue Identität. 2011 soll er angeblich gestorben sein. Was aus Günther Voigt wurde, ist mir unbekannt.

Für die Vorgänge in Deutschland hatte ich mich vor der Begegnung mit Voigt nicht allzu sehr interessiert; ich hatte genug mit meiner eigenen Arbeit zu tun. Auch hatte ich keinerlei Sympathien für die RAF. Und zwar nicht, weil ich grundsätzlich gegen Gewalt wäre. Sondern weil das, was sie taten, der gesamten Linken schadete. Früher hatte ich Artikel von Ulrike Meinhof gelesen und sie sehr geschätzt. Auch sie hatte sich für Heimzöglinge eingesetzt. Aber sie war in eine Falle gegangen. Eine Falle der deutschen Polizei.

Es ist eine alte Lehre der Geschichte: Die Polizei versucht, die radikalste Gruppe innerhalb einer unbequemen Bewegung zu isolieren, zu provozieren, zu infiltrieren und schließlich als Werkzeug zu benutzen. Um mehr Vollmachten zu bekommen, Notstandsgesetze durchzudrücken, einen Polizeistaat zu installieren. Und um der Bewegung, für die diese Gruppe stand, die Spitze abzubrechen.

In Österreich waren wir für diese Rolle vorgesehen. Teile der Polizei wollten uns zur österreichischen Baader-Meinhof-Bande machen. Das kann ich nicht beweisen. Nur riechen konnte ich es. Nennings Vorschlag war eine Falle, eine klassische Provokation.

---

48 Stefan Aust, ebenda, S. 86 f., 102 u. a.

Alarm in der Kaserne

Zur gleichen Zeit, im Februar 1972, wurde Willi Stelzhammer bedroht. Er hatte den Ordnerdienst bei der Lütgendorf-Demonstration geleitet. Die verbündeten Organisationen hatten ihn mit dieser Aufgabe betraut. Vor diesen Ordnern waren die Nazis samt ihren Ausbildern davongerannt.

Eine der zentralen Parolen der Demonstration war die Bildung von Kasernenkomitees. Willi Stelzhammer ging bald danach selbst als Soldat zum Bundesheer und gründete (mit einem journalistischen Auftrag vom *Neuen Forum* versehen) ein solches Komitee in der Karlskaserne, wo er stationiert war. Später wurde er versetzt, hielt aber zu seinen bisherigen Kameraden Kontakt. Das Komitee tat nichts besonders Aufrührerisches; ein paar junge Soldaten diskutierten miteinander, schrieben Protokolle, organisierten sich …

Ein Leutnant in der Karlskaserne, der zu den Scharfmachern gehörte, erklärte im Februar 1972, unmittelbar nach dem „Tupamaros"-Artikel in der *Presse*, den Alarmzustand. Er behauptete, Spartakus wolle die Kaserne überfallen; davor habe ihn die Staatspolizei gewarnt. Man solle auf Verdacht sofort schießen und erst dann rufen: „Halt, wer da".

Willi (der auf Ausgang war) wurde vom Kasernenkomitee darüber informiert. Wir riefen Bundeskanzler Kreisky an und verlangten von ihm Garantien für Willis Sicherheit. Kreisky reagierte unwirsch, denn wir hatten ihn aufgeweckt. Willi solle sich ins Bett legen und schlafen, dann werde ihm nichts passieren. Er, Kreisky, habe in der Illegalität auch nicht den Kanzler anrufen können und sich beschweren: Bitte, die Polizei hat mir wehgetan! Der besorgte Vater von Willi erhielt von einem hohen Staatspolizisten die telefonische Auskunft: „Wenn Ihr Sohn brav und friedlich schlafen geht, wird ihm schon nix Schlimmes passieren."[49] Da es also keine Garantie gab, rieten wir Willi, nicht in die Kaserne zurückzukehren, sondern unterzutauchen. Damit war er ein Deserteur, wurde gesucht, war im Untergrund und flüchtete in die Schweiz.

Wenige Tage später warfen Nazis einen Sprengkörper durch ein Fenster unserer Wohngemeinschaft in der Theobaldgasse. Dazu kamen Prozesse, die wir vor uns hatten, und Urteile, die

49   Protokoll liegt handschriftlich vor, im Besitz von Willi Stelzhammer

schon rechtskräftig waren. In dieser Situation fassten wir den Beschluss, die Arbeit von Spartakus in Österreich einzustellen und ins Exil zu gehen. Wir hielten das für die einzige Alternative zum Abdriften in den Terror und in den Untergang.

Wir gingen alle in die Schweiz, wo unsere Schwesterorganisation „Hydra" uns gastfreundlich aufnahm. Später (1973) gründeten wir in Frankreich die „Europäische Kooperative Longo Mai".

Verlorene Zeit

Die Geschichte von Longo Mai, soweit sie mich betrifft, habe ich in einem früheren Text veröffentlicht: „Verlorene Zeit", im Sammelband *Die 68er*, Döcker-Verlag Wien 1998. Ich beschränke mich hier auf das Wichtigste.

Unseren Entschluss, Österreich zu verlassen, hatte Rémy herbeigeführt. Seine „Argumente" klangen ja so logisch: Wir sollten nicht in die Falle gehen. Nein, natürlich nicht! Wir sollten dem Schlag ausweichen. Vielleicht hat er das sogar ehrlich gemeint. Beweggründe können sich vermischen. Aber trotzdem … Heute wissen wir, dass er damals schon sein kleines Königreich plante.

Wären wir in Österreich geblieben – was wäre uns denn wirklich passiert? Ein paar Monate Gefängnis vielleicht. Es hätte einen politischen Prozess gegeben. Dieser wäre, so wie mein Prozess wegen „Verleitung zum Aufstand", eine Tribüne für uns gewesen. Auch spätere Strafverfahren (davon wird hier noch die Rede sein) habe ich mir zunutze gemacht, um meine politischen Ideen zu transportieren. Einen Rechtsstreit zu Karins „Entführung" hätte ich dahingehend verwendet, das System der kleinbürgerlichen Familie an den Pranger zu stellen.

Willi Stelzhammer hingegen war – scheinbar – in größerer Gefahr: Der Nazileutnant in der Karlskaserne hatte ihn mit dem Umbringen bedroht. Allerdings war Willi gar nicht mehr in dieser Kaserne. Seine Kameraden vom Komitee hätte er auch irgendwo in einem Wirtshaus treffen können. Über die Drohung des Leutnants gab es ein (von den Mitgliedern des Komitees unterschriebenes) Protokoll, das konnten wir auf einer Pressekonferenz vorstellen. So hätten wir noch einmal einen Beitrag geleistet zum Kampf gegen die Missstände im Bundesheer.

Bruno Kreisky bezeichnete uns bald nach unserer Flucht in einem Interview für den *Spiegel* als „weinerliche, wehleidige Quasi-Revolutionäre". Ich muss heute sagen: er hatte recht. Wir sind weggelaufen, ohne triftigen Grund. Jakob Mytteis war am schlechtesten dran von uns, seine Gesundheit war zerrüttet, allein durch die oftmaligen Polizeistrafen. Insgesamt war er länger im Gefängnis als ich und hatte mehr Prügel von der Polizei bekommen als wir alle. Für seine Zukunft musste er mit folgenschweren Konsequenzen rechnen:

Er war vorbestraft wegen „Widerstands gegen die Staatsgewalt", weil er bei der Demonstration gegen den Schah im Jänner 1969 einen „Kieberer in die Gosch'n gehaut hatte" (nach unserem damaligen Jargon). Die Gefängnisstrafe, die er dafür erhielt, war zur Bewährung ausgesetzt. Damals hatte die Polizei gemeinsam mit Agenten der SAVAK, des Schah-Killertrupps, Jagd auf Demonstrierende gemacht. Außerdem waren wir alle drei wegen einer Protestaktion gegen die Liquidierung der Verstaatlichten Industrie angeklagt: Wir hatten 1969 das Dach des längst stillgelegten Rax-Werkes in Wiener Neustadt besetzt und dieses morsche, kaputte Pappdach – durch das wir fast durchgebrochen und hinuntergefallen wären – durch Einschlagen von 35 Nägeln zwecks Befestigung eines Transparents boshaft sachbeschädigt.

Dafür drohte Jakob (aufgrund seiner Vorstrafe) mindestens ein weiteres halbes Jahr. Und dazu kam außerdem, dass auch er wegen Karins Vater angeklagt war. Jakob musste also wirklich fort, denn es ging ihm psychisch ziemlich schlecht. Er hätte zumindest einen langen Urlaub gebraucht, aber sicher nicht in Longo Mai, sondern in einem normalen Umfeld – das es freilich für ihn nicht gab.

Es war ja vor allem Rémy, der ihn psychisch krank machte. Rémy, der ja selber schwere Persönlichkeitsprobleme hatte. Damit meine ich – dass mich nur ja keiner falsch versteht – natürlich nicht seine Homosexualität, sondern seine Mythomanie, seine Paranoia, seine krankhafte Herrschsucht und Skrupellosigkeit in der Durchsetzung seiner Macht. Aber das durchschauten wir alle damals nicht. Daher konnten wir Jakob auch nicht richtig beraten. Der einzig richtige Rat wäre gewesen: weg von Rémy! Da wir dazu nicht imstande waren, gingen wir in die Falle. Wir folgten Rémy in die Schweiz und später nach Frankreich.

Dabei stand Österreich – anders als Rémy vorherzusehen glaubte – ganz und gar nicht der Faschismus bevor; vielmehr waren Bruno Kreisky und Christian Broda im Begriff, große demokratische Reformen einzuleiten, zu denen Spartakus beigetragen hatte. Wir hätten nun die Früchte unserer Arbeit ernten können. Aber – wir sind desertiert. Selbstliquidierung! So verloren wir unsere Zeit.

In der Provence kauften wir ein verlassenes Grundstück von 300 Hektaren auf einem Hügel bei Forcalquier. Es kostete nur lächerliche 500.000 Francs. Das Geld kam vom Verkauf eines Hauses, das uns Hedwig Busch, die Mutter zweier Hydra-Gründer, geschenkt hatte. In den folgenden Jahren flossen aus der Schweiz viele von der Basler Longo-Mai-Zentrale gesammelte Spenden nach Longo Mai und ersparten es der Kooperative, jemals auf eigenen Füßen zu stehen.

Am Anfang war es doch eine ganz romantische Zeit: Wir rodeten von Gestrüpp überwuchertes Land, gruben Wasserquellen, hüteten Schafe, schliefen unter freiem Himmel oder im Stroh … Es dauerte jedoch nicht lange, bis Rémy begann, sein kleines Königreich auf dreihundert Hektaren zu errichten. Es dauerte nicht lange, bis er begann, den Menschen vorzuschreiben, wie sie leben, wie sie arbeiten und lieben sollten. Und wir „Alten" von Spartakus hinderten ihn nicht daran.

Mitschuldig

So sind wir – so bin ich – mitschuldig geworden an einer völligen Dekadenz unserer früheren Ideale.

Rémy wollte ein „neues Volk" gründen, das nach seinen Regeln leben sollte. In anderen Zeiten wäre er wohl ein Staatsgründer geworden oder der Stifter einer neuen Religion. Wie Moses oder Mohammed. Auch sie hatten ihren Jüngern Geschichten erzählt und irgendwann sogar selber daran geglaubt. Rémy erzählte nichts von übernatürlichen Erscheinungen, sondern nur von seinen vergangenen angeblichen Heldentaten. Sie dienten der Rechtfertigung für die Forderungen, die er in der Folge an völlig unerfahrene junge Leute stellte. Und wir „Alten" unterstützten ihn dabei. Wie sollten die Jungen an seinen Legenden zweifeln, wenn doch wir Alten sie kritiklos wiedergaben?

An uns Alten vorbei gründete Rémy seine „Groupe des jeunes" (die „Gruppe der Jungen"). Sie bestand nur aus Burschen. „Memés", wie man in Longo Mai die Frauen nannte, hatten in dieser Pseudo-Elite, die das „neue Volk" führen sollte, keinen Platz. Schon gar nicht, wenn sie an jemandem festzuhalten suchten, den sie mochten, den sie liebten. Denn damals eröffnete Rémy den „Kampf gegen die Paare", die seinem „Kollektiv" (und das hieß: seinen ganz privaten Vorlieben) im Wege waren. Ich zitiere aus dem Buch von Gilbert Cathy, „Die umstrittenen Erben", die Stelle über Rémys Buberl-Partie:

Sie sind in jeder Hinsicht privilegiert – Essen, Geld, Gebrauch der Autos. Die „Gruppe der Jungen", deren Alter zwischen 15 und 20 Jahren liegt, ist ständig in Kontakt mit Rémy, dessen Worte sie begierig aufnehmen. In der Mythologie von LM herrscht die Sicherheit, daß die Zukunft unter der Rute des „Großen Erziehers" vorbereitet wird. Die Jungen wohnen oben auf dem Berg, auf der „Zinzine", wo sie das Lager Rémys teilen. Ab und zu steigen sie zum Pigeonnier hinunter: „Seht nur, die GPU, die uns wieder auf den rechten Weg bringen wird."

Für Dominique kam der endgültige Bruch wegen ihrer Stellung als Frau. „Es ging nicht. Ich fühlte mich sexuell unterdrückt. Ich war kriminalisiert, weil ich mich weigerte, mit den Typen zu schlafen, wenn sie es wollten. Gleichzeitig hatte ich Schuldgefühle und machte mir Vorwürfe, gegen die Gruppe zu handeln …"

Rémy beschließt, daß die Mädchen nicht mehr die Pille nehmen dürfen. Die Pionierinnen müssen Kinder bekommen. „Die Frauen sind wie Schafe, sie müssen ein- bis zweimal im Jahr werfen, um rentabel zu sein."

„Ich wollte auch ein Kind, doch ich wollte sicher sein, daß mein Freund auch der Vater ist." Marie kommt zur Welt. Dominique fühlt sich alleine und begreift nicht mehr, warum sie noch da ist. (…)

„So wie viele vor ihr flieht Dominique in der Dämmerung. Alle Erzählungen über die Abreise aus LM ähneln einander:

der plötzliche Entschluß, die panische Angst, sich rechtfertigen zu müssen, das Gefühl einer persönlichen Niederlage, eines Fehlers."

„Wenn du nach Longo Mai kommst, wird alles, was du früher warst, zerstört. Wenn du weggehst, hast du nichts mehr … Ohne mein Kind hätte ich mir die Kugel gegeben …"
Wir Alten von Spartakus sahen dem Treiben zu und wurden mitschuldig daran. Wir verrieten alles, wofür wir in der Heimkampagne gekämpft hatten. Vordem waren wir für die Freiheit der Liebe eingetreten und hatten Paare wie „Romeo und Julia" unterstützt. Zwar sahen wir, was nicht in Ordnung war, manchmal übte der eine oder andere von uns ein bisschen Kritik, aber nie mit vereinten Kräften! Und immer mit schlechtem Gewissen: Keiner wollte ein Abweichler sein. Das alte Herrschaftsmuster stalinistischer Systeme. Rémy verstand es gut, uns gegeneinander auszuspielen.

So trugen wir bei zur Dekadenz der Gruppe, die wir mitgegründet hatten. Nicht einmal nach Esthers Selbstmord gab es einen Aufstand in Longo Mai. Ja, nicht einmal den Versuch, die Ursachen zu klären. Nur Jakob, ohnedies schwer krank, lehnte sich auf, machtlos – und brach abermals zusammen, schlimmer noch als vorher.

Ich selbst lebte nicht ständig in Longo Mai, sondern großteils bei meiner Mutter in Wien, denn ich war (anders als Jakob und Willi) nicht zur Verhaftung ausgeschrieben. Ich ging täglich in die Nationalbibliothek und forschte über die Sklavenkriege im Altertum. Aber das ist keine Entschuldigung, denn trotz meiner Ferne bekam ich zur Genüge mit, was in Longo Mai geschah. In dieser Zeit schrieb ich ein Buch, das 1979 im Trikont-Verlag erschien: *Spartakus – eine Gegengeschichte des Altertums nach den Legenden der Zigeuner.* Dazu stehe ich heute überhaupt nicht mehr.[50]
Ich hatte zwar Unmengen an klassischen Quellen über Spartakus, den thrakischen Freiheitskämpfer, und seinen Aufstand gegen Rom studiert. Aber die „Zigeunerlegenden", die ich hierin verarbeitete, waren Erfindungen von Rémy, der sich selbst als „Zigeuner" ausgab und behauptete, er habe diese Geschichten

50 Das Buch ist zum Glück vergriffen. Wenn mich heute jemand danach fragt, erkläre ich es ihm, wie hier dargelegt.

über eine Beteiligung der Sinti am Spartakus-Aufstand von seiner Großmutter gehört – und diesen Unsinn glaubten wir ihm! Ohne auch nur irgendeinen „echten" Sinto oder Rom zu kennen.

So arbeitete ich mehrere Jahre ganz intensiv an einem Fantasiegebilde und verlor auch damit meine Zeit. Einerseits bekräftigte ich mit einer pseudowissenschaftlichen Studie Rémys Legenden, andererseits war ich weit entfernt von seinem Experiment und daher ungefährlich für ihn.

Und wieder kein Aufstand ...

Erst 1977 versuchte ich etwas gegen Rémy zu tun. Viel zu spät und ohne Erfolg. Wir waren amnestiert worden (davon später mehr) und konnten wieder legal in Österreich tätig sein. Wir kauften einen Hof in Eisenkappel, in jenem Teil Kärntens, wo die slowenische Volksgruppe einer massiven Eindeutschungskampagne durch Heimatdienst und FPÖ ausgesetzt war. Wir wollten dort politisch intervenieren.

Diese österreichische Kooperative wollte ich aus dem Gesamtverband von Longo Mai herausbrechen. Ich hoffte vor allem, Willi Stelzhammer, der unzufrieden war wie ich, und Karin, damals Obfrau von Longo Mai Österreich (die einzige Frau in einer Führungsposition!), für meinen Putschplan zu gewinnen. Und auch Jüngere, denen ich (unvorsichtigerweise) vertraute. Immerhin war Longo Mai Österreich ein selbständiger Verein. Von Bruno Kreisky, der unsere Amnestie durchgesetzt hatte, konnten wir jede Unterstützung erwarten. Wir hätten bestimmt Subventionen bekommen und wären von Rémy und seiner Clique unabhängig geworden. Mein Plan war also nicht unrealistisch. Aber ich fand niemanden, der mich unterstützte. Viele waren unzufrieden, gleichzeitig uneins, konnten nicht miteinander oder wollten nicht – und vor allem: Zu fraktionieren oder gar sich abzuspalten war verpönt.

Einer der Jüngeren plauderte alles aus, was ich ihm anvertraut hatte. Daraufhin zitierte man mich nach Frankreich zum „Herrschersitz", um „mich zu erklären"; eine Nacht lang wurde ich vor versammeltem „Volk" von Rémy und seinen Jüngern „kritisiert". Zu „erklären" hatte ich nichts; ich schwieg fast nur. Am

Morgen brachte man mich zum Bahnhof. Ich hatte mich „selbst ausgeschlossen".

Trotzdem blieb ich der „Bewegung" treu … Ich lebte wieder zwei Jahre in Wien, schrieb viel, knüpfte Kontakte – und erzählte niemandem, dass ich nicht mehr bei Longo Mai war! Ich tat so, als wäre ich noch dabei, und machte Werbung für diese „gute Sache". Obwohl niemand von denen mit mir auch nur den geringsten Kontakt hielt.

So wartete ich in Wien darauf, dass mich die „Bewegung" eines Tages wieder brauchte. 1980 war es so weit: Damals gab es gegen Longo Mai eine Pressekampagne. Sowohl linke als auch rechte Medien kritisierten die Finanzgebarung und veröffentlichten Erlebnisberichte „Ehemaliger", die enttäuscht und gedemütigt weggegangen waren. Also eigentlich die Gelegenheit, um mich als „Ehemaliger" ebenfalls zu outen und die Gründe für meinen Weggang zu erklären. Aber ich tat das Gegenteil. Ich solidarisierte mich mit Longo Mai und kehrte in den Schoß der „Bewegung" zurück. Dies, obwohl ich genau wusste, dass der Großteil von dem stimmte, was über Longo Mai gesagt und geschrieben worden war. Dass unter den Kritikern auch rechte Medien waren, bestärkte mich in meiner Haltung. So wie viele Leute die Sowjetunion verteidigten, trotz allem, was dort geschah. Nicht einmal meine Familiengeschichte hatte mich vor dieser Wiederholung altbekannter Fehler bewahrt.

Ich wurde also wieder für einige Jahre zum Mitläufer und trug zur Vertuschung der Missstände bei. Diese wurden allerdings seit (und dank) der Pressekampagne etwas geringer:

Rémy hatte begriffen, wie knapp er dem Zusammenbruch seines Experiments entgangen war. Er bemühte sich um eine gewisse Liberalisierung, etwas weniger direkte Frauenfeindlichkeit, etwas mehr Öffnung gegenüber der „Außenwelt" – und das hieß auch: mehr Freiraum für mich und andere für politische Aktivitäten. Das hielt uns bei der Stange.

Die Kooperative in Kärnten tat unter Karins Leitung viel, um die Öffentlichkeit in Österreich und Europa über die Umtriebe der FPÖ in diesem Bundesland (wo damals schon Jörg Haider wirkte) aufzuklären. Ich betätigte mich für Longo Mai hauptsächlich in Wien und betrieb Propaganda für den realen Sozialismus, den ich trotz allem in Longo Mai für verwirklicht hielt. Manchmal hütete ich Schafe, denn die Herde von Longo Mai zog alljährlich von Kärnten nach Wien und zurück. Ein Zeitvertreib.

1986 trennte ich mich – diesmal ohne akuten Anlass, dafür endgültig – von Longo Mai. Einige Jahre gehörte ich dem Verein „Zusammen" im Stadtteilzentrum Simmering an, den Willi Stelzhammer gegründet hatte; auch dieser suchte neue Wege außerhalb von Longo Mai. Rémy starb 1993 an Krebs. Wie sich Longo Mai seither entwickelte, weiß ich nicht; ich interessierte mich nicht mehr dafür.

1987 beteiligte ich mich an der Sozialbewegung in Wien, die in einer Massendemonstration mit 40.000 Teilnehmern am 24. Oktober 1987 gipfelte. 1989 fand ich in der Flüchtlingsarbeit und Asylpolitik einen neuen Lebensweg.

Ganz unten

Meine kurze Ehe mit einer vormals berühmten Schriftstellerin ging schief und wurde 1988 geschieden; ich durfte dann lange Zeit unser gemeinsames Kind nicht sehen. Ich wäre bereit gewesen, mit ihr wegzugehen aus Österreich, in einem anderen Land eine neue Existenz anzufangen, nur um sie und das Kind nicht zu verlieren. Vielleicht hätte ich auch dort etwas Politisches tun können, weit weg von den Problemen, die uns hier entzweiten. Aber das blieb eine vage Idee, eine Illusion. Ich sei damals „ganz unten" gewesen, hielt ein alter Freund mir vor. Ja, freilich. Na und? Sollte ich mich dafür schämen? Wenn man ganz unten ist, geht es vielleicht wieder bergauf.

Ich bin dann doch dageblieben und zu meinen Wurzeln zurückgekehrt. Zum Kampf gegen das Unrecht, zur Hilfe für Verfolgte. So wie damals in der Heimkampagne.

Der konkrete Anlass kam zu Ostern 1989. Als am Flughafen Schwechat einige Flugzeuge voll kurdischer Flüchtlinge aus der Türkei blockiert wurden und die Polizei den Flüchtlingen – völlig rechtswidrig – die Einreise nach Österreich verweigern wollte.

Von da an habe ich wieder etwas Neues gemacht.

Zwischenzeit: Asylpolitik und Longo Mai

Freiplatzaktion für Chileflüchtlinge

Wie gesagt: Trotz aller Missstände bot Longo Mai die Möglichkeit zu politischer Arbeit. Das war es ja auch, was mich – wie viele andere, die genauso kritisch dachten – vom Weggehen abhielt. Ich beschäftigte mich auch in Longo Mai mit Asylsachen, wenn auch nicht vorrangig. Meine erste asylpolitische Aktion, an der ich teilnahm, war die Freiplatzaktion für Chileflüchtlinge (1974).

Nach dem Sturz der demokratisch gewählten Regierung Allende durch faschistische Militärs (1973) wurden tausende Menschen eingekerkert, gefoltert, ermordet; viele andere suchten in Botschaften Schutz; manchen gelang die Flucht nach Europa. Eines der Hauptzielländer war die Schweiz. Die Schweizer Bundesregierung versuchte, die Grenzen (wie schon in der Nazizeit) für Flüchtlinge zu sperren, und verhängte die Visumspflicht; sie scheiterte aber am Widerstand zahlreicher Gemeinden, die bereit waren, illegalisierte Flüchtlinge aufzunehmen:

Es entstand daher auf Initiative von Longo Mai die Freiplatzaktion für Chileflüchtlinge. An ihrer Spitze stand Kaplan Cornelius Koch, ein höchst ungewöhnlicher, eigenwilliger Priester, der auch schon die Geldsammlungen für Longo Mai organisiert hatte. Die Freiplatzaktion rief dazu auf, pro Gemeinde fünf Chileflüchtlingen Schutz zu gewähren. Hunderte Gemeinden, Klöster und Privatpersonen schlossen sich der Aktion an; tausende Flüchtlinge fanden auf diese Weise Schutz. Ein erfolgreicher Akt des zivilen Ungehorsams gegen diesen ersten massiven Versuch eines europäischen Staates, die Genfer Flüchtlingskonvention zu brechen.

Als es aber infolge der Grenzkontrollen immer schwieriger wurde, die (meist in Italien wartenden) Flüchtlinge in die Schweiz zu transportieren, wandte sich die Freiplatzaktion an den österreichischen Bundeskanzler Bruno Kreisky. Dieser hatte schon vorher, gleich nach dem Putsch, Chileflüchtlingen Asyl gewährt. Im Frühjahr 1974 erhielt er Besuch von einer Schweizer Delegation.

Meine Aufgabe war es, den Auftritt dieser Gäste in Österreich zu koordinieren, aber ich war etwas gehandicapt, da just damals die Polizei versuchte, meiner habhaft zu werden und mich zum

Antritt einer Ersatzfreiheitsstrafe wegen eines Polizeiautos zu zwingen, das beschädigt worden war, als Karins Vater seine Tochter entführte. Ich hielt mich daher auf dem Dachboden einer Schrebergartenhütte in Simmering auf, blieb aber von dort aus mit der Schweizer Delegation in Kontakt.

Ihr Besuch war erfolgreich: Bruno Kreisky sagte zu, Chileflüchtlinge aufzunehmen, wenn die Schweiz ihnen die Einreise verweigerte. Zur Verwunderung der Schweizer Gäste betonte er, die Flüchtlinge müssten über den Flughafen Schwechat einreisen und er, Kreisky, müsse die Ankunftszeit wissen; (nur) dann könne er garantieren, dass sie nicht zurückgewiesen werden. An keinem anderen Grenzübergang![51] Kreisky war immerhin Bundeskanzler, also sozusagen an der Macht; aber er kannte seine Polizei. Er wusste, dass hinter seinem Rücken allerhand krumme Touren geschahen. Daher zog er es vor, die Ankunft der Flüchtlinge quasi konspirativ mit uns zu planen.

Der Transport erübrigte sich aber, da die Freiplatzaktion dann doch die Aufnahme der Chileflüchtlinge in der Schweiz erzwang. Diese Delegation war der erste Kontakt mit Bruno Kreisky seit unserer Emigration. Kreisky wusste natürlich, dass wir hinter der Freiplatzaktion standen, und trotzdem war er zu einer Zusammenarbeit bereit.

Amnestiekampagne

Wir betrieben dann Flüchtlingsarbeit in eigener Sache und starteten in der Schweiz eine Kampagne, um in Österreich amnestiert zu werden. Zahlreiche Persönlichkeiten des öffentlichen Lebens schrieben Briefe an Kreisky und Broda und setzten sich für uns ein; unter ihnen Friedrich Dürrenmatt, mehrere protestantische und katholische Pfarrer, Gewerbetreibende, sozialdemokratische und christliche Politiker.

Bruno Kreisky empfing wieder in seiner Villa in der Armbrustergasse eine Schweizer Delegation. Ich kam diesmal (unangekündigt) auch mit, Kaplan Koch zu meiner Rechten, ein evangelischer Pfarrer zu meiner Linken, um mich allenfalls zu beschützen.

---

51   Siehe dazu: Claude Braun, Michael Rössler, „Ein unbequemes Leben. Cornelius Koch, Flüchtlingskaplan", 2011, S. 80.

Christian Broda war ebenfalls erschienen und von meiner Anwesenheit eher nicht amüsiert, während Kreisky ganz entspannt mit mir und den anderen über Politik diskutierte. Der evangelische Pfarrer entschuldigte sich eingangs und meinte, die Delegation wolle sich natürlich nicht in die inneren Angelegenheiten Österreichs einmischen; Kreisky unterbrach ihn sofort: „Das können Sie ruhig! Ich mische mich auch immer ein, in der Tschechoslowakei zum Beispiel für die Schriftsteller." Ein für uns doch ehrenvoller Vergleich.

Nach etwa einer Stunde verfügte Kreisky (wie schon bei der Heimdelegation 1971), die juristischen Details werde nun Brodas Mitarbeiter Keller regeln. Broda lud die Delegation zu diesem Zweck in sein Ministerium ein, mit dem Zusatz: „Aber das jetzt bitte ohne Angeklagten." Broda konnte in solchen Sachen sehr förmlich sein.

Auch recht; es dauerte nun nicht mehr lange. Broda stellte für uns einen „Gnadenantrag" an den Bundespräsidenten; ich stimmte zähneknirschend zu, obwohl ich zunächst betont hatte, das Wort „Gnade" dürfe auf gar keinen Fall vorkommen. Aber zu diesem Kompromiss war ich um der Sache willen schließlich doch bereit. Jakob Mytteis, der als Einziger schon verurteilt war und Haftstrafen abzusitzen hatte, wurde daher begnadigt; die gegen uns laufenden Verfahren (Karin, Raxwerk, Desertion) schlug der Bundespräsident auf Brodas Antrag nieder.

C.E.D.R.I. (Europäisches Komitee zur Verteidigung der Flüchtlinge und Fremdarbeiter)

In der folgenden Zeit verschlechterte sich die Lage für Flüchtlinge in Europa zusehends. Das Asylrecht verlor seine frühere Bedeutung als Instrument des Westens im Kalten Krieg. Das Erscheinungsbild der Flüchtlinge änderte sich signifikant: Früher waren sie weiß, christlich und antikommunistisch. Jetzt kamen vermehrt Flüchtlinge aus der Dritten Welt: dunkelhäutig, andersgläubig, womöglich sogar politisch links …

Daher entstand 1982 auf Initiative von Longo Mai das „Europäische Komitee zur Verteidigung der Flüchtlinge und Fremdarbeiter" („Comité Européen pour la défense de réfugiés et immigrés", C.E.D.R.I.). Federführend waren unter anderem Kaplan Cornelius Koch und Nicholas Busch.

Niki Busch hatte zu den Schweizer Gründern von Longo Mai gehört. Auch er trennte sich schließlich von diesem Verein und leitete bis zu seinem allzu frühen Tod das Netzwerk „Fortress Europe?" in Schweden. Auch Christian Pillwein, vormals Sparta-kus-Sekretär, unternahm viele Reisen, um die Öffentlichkeit gegen die asylpolitische Verschärfung zu sensibilisieren.

Der Konflikt der Freiplatzaktion mit dem Schweizer Bundesrat war somit nur ein Beginn. Vor allem Deutschland wandte sich in den folgenden Jahren vom Asylrecht völlig ab und nahm in Europa eine negative Vorreiterrolle ein.

1980 – Putsch in der Türkei; deutsche Nazirichter

In den Siebzigerjahren waren in der Türkei hoffnungsvolle Ansätze linker Basisbewegungen entstanden. Sie wurden im Keim erstickt. Im September 1980 ergriffen faschistische Generäle die Macht. Zwischen den NATO-Staaten Deutschland und Türkei bestanden gute politische, militärische und wirtschaftliche Verbindungen. Dementsprechend sah die deutsche „Asylpolitik" nach dem Militärputsch aus: Flüchtlingen aus der Türkei, und ganz besonders solchen kurdischer Herkunft, verweigerten die deutschen Behörden in eklatanter Missachtung der Genfer Flüchtlingskonvention das Recht auf Asyl. In der Folge entwickelte sich eine generelle Abschottungspolitik gegenüber Flüchtlingen aus der Dritten Welt.

1981 entschied der Hessische Verwaltungsgerichtshof, die Folterung eines Kurden im Fall seiner Abschiebung sei asylrechtlich nicht relevant, da sie „nicht auf verwerflicher Gesinnung des türkischen Staates" beruhe. 1982 schrieb der Baden-Württembergische Verwaltungsgerichtshof allen Ernstes, Folter sei ein „allgemein-kriminalpolitisches Phänomen": Angewandt gegen „tatsächliche oder vermeintliche Geheimbündler", diene sie nur als „Mittel, um durch gewaltsame Erzwingung von Aussagen Erkenntnisse über den organisatorischen Aufbau und die Personalstruktur der Vereinigung zu erfahren. Mit politischer Verfolgung hat dies nichts zu tun."[52]

Wie in Österreich hatten nämlich auch in Deutschland unzählige Blutrichter das Ende der Nazizeit ungestraft überdauert und im neuen „demokratischen" Staatsapparat Unterschlupf gefunden. Ihr Gedankengut wirkt bis heute fort. Anders als bei uns gab es in Deutschland aber keinen Kreisky und keinen Broda, die diesem Ungeist die Stirn boten. Willi Brandt, bei allem Respekt, war dazu viel zu schwach. Außerdem hatte der Terror der RAF demokratische Reformen verhindert und den Polizei- und Richterstaat gestärkt. 1983 wurden in Deutschland daher 98 Prozent der Asylanträge türkischer Flüchtlinge abgelehnt![53]

Am 30. 8. 1983 stürzte sich der 23-jährige türkische Asylbewerber Kemal Altun aus dem Fenster des Verwaltungsgerichts in Berlin, wo ein Klageverfahren gegen seine zuvor erfolgte Anerkennung als politisch Verfolgter verhandelt wurde. Altun hatte bereits 13 Monate in Einzelhaft verbracht, die erst durch ein „Auslieferungsangebot" des Bundeskriminalamtes an den türkischen Staat zustande gekommen war.

In Österreich war es damals (wie gesagt: dank Kreisky und Broda!) noch nicht so schlimm. 1982 betreute ich Sinan[54], einen türkischen Flüchtling, der einer linksradikalen, seit 1980 verbotenen Organisation angehörte. Ein in Wien lebender türkischer Exilaktivist hatte ihn mir anvertraut. Sinan hatte noch keinen Asylantrag gestellt, denn er fürchtete (angesichts der deutschen Verhältnisse nicht ohne Grund), sofort an die Türkei ausgeliefert zu werden. Ich versteckte ihn im Schrebergarten eines alten Spanienkämpfers, den ich gut kannte, in Favoriten am Laaerberg. Und wir gingen, wie einst in der Heimkampagne, zu Christian Broda, dem Justizminister, um über eine Lösung des Problems zu verhandeln …

---

52 Nicholas Busch, „Asylrecht und Asylpraxis: Das deutsche Abschreckungsmodell". Auszug aus dem von Nicholas Busch verfassten Bericht einer C.E.D.R.I.-Delegation in Deutschland, Basel 1983; zitiert in: „Baustelle Europa", Celovec 2006, S. 59–60.
53 Nicholas Busch, ebenda, S. 59.
54 Name geändert.

Broda legte stets größten Wert auf Pünktlichkeit: er bestellte uns für exakt 08:15 Uhr zu sich und hatte genau 15 Minuten für uns Zeit. Aber in dieser kurzen Spanne (in der wir sogar ein paar allgemein-politische Fragen andiskutierten) war alles geklärt: Jedes Auslieferungsbegehren, versicherte uns Broda, müsse über seinen Schreibtisch gehen ... Sinan tauchte wieder auf und erhielt Asyl.

Hoffentlich ist es ihm weiterhin gut ergangen. Hoffentlich hat er auch unsere Solidarität zu schätzen gelernt. Als er nämlich im Schrebergarten versteckt war, berichtete mir mein Freund, der alte Spanienkämpfer (der 1968 aus der KPÖ ausgetreten war), ein bisschen entsetzt, dass Sinan, statt mit ihm (wie angeboten) Deutsch zu lernen, lieber den ganzen Tag Stalins Werke auf Türkisch las.

Polnische „Wirtschaftsflüchtlinge"

1981 putschten stalinistische Generäle in Polen. General Jaruzelski verhängte das Kriegsrecht. Die Gewerkschaftsbewegung Solidarność wurde unterdrückt. Aber schon vorher waren 50.000 polnische Flüchtlinge im Lauf des Jahres 1981 nach Österreich gekommen. Denn die Lage war damals schon schlecht, der Putsch vorhersehbar.

Diese polnischen Flüchtlinge erhielten in Österreich Schutz; Innenminister Erwin Lanc[55] sorgte für problemlose Abwicklung. Sie wurden in Gastwirtschaften untergebracht, in ehemals touristischen Gegenden, die den Flüchtlingen nun das wirtschaftliche Weiterleben verdankten. Erwin Lanc hat damals eine klare Haltung gezeigt und sich dem massiven Druck rechter Kreise widersetzt, die behaupteten, es handle sich bei den Polen um „Wirtschaftsflüchtlinge" (dieser Begriff hat damals wohl zum ersten Mal eine Rolle im politischen Diskurs gespielt). Ebenso wenig beeindrucken ließ sich Lanc von einer Intervention des Immigrationsbeauftragten der US-Regierung, Eugene Douglas, der nach Wien gereist kam, um klarzustellen, dass Amerika keinen einzigen dieser von Österreich hereingelassenen „Wirtschaftsflüchtlinge" aufnehmen werde; Österreich müsse sie schon selber behalten.[56]

---

55 1976-1983
56 „Asylrecht ist Menschenrecht", 1987, S.87.

Nach der Verhängung des Kriegsrechts am 13. Dezember 1981 hörten diese Diskussionen über „echte" und „Wirtschaftsflüchtlinge" plötzlich auf.[57] Allerdings – nur für den Augenblick.

Erwin Lanc war ein Innenminister mit Rückgrat. Mir fällt keiner ein, den ich mit ihm auf eine Stufe stellen kann. Nicht einmal Caspar Einem, der gut war, aber zu schwach. 1983, nach der verlorenen Wahl, trat Bundeskanzler Bruno Kreisky zurück. Auch Christian Broda schied aus der Bundesregierung aus. Erwin Lanc wechselte ins Außenministerium, aber nicht für lang. 1986 wurde er endgültig kaltgestellt.

Kreisky und Broda blieben auch im Ruhestand politisch aktiv. Ihre Gesundheit war angegriffen; sie waren in vielen Fragen (so in der leidigen Causa Androsch) völlig zerstritten. Sie fanden auch angesichts neuer Gefahren für die Demokratie zu keiner gemeinsamen Aktion. Aber uns unterstützten sie beide bis zuletzt.

Brodas C.E.D.R.I.-Charta

1985 und 1986 fanden in Longo Mai zwei C.E.D.R.I.-Kongresse statt, um Aktivitäten gegen den wachsenden Rassismus zu planen. An diesen Kongressen nahmen Bruno Kreisky (1985 als einer der Hauptredner) und Christian Broda (1986 als Leiter der juristischen Kommission) teil. Der C.E.D.R.I.-Kongress beschloss am 10. Mai 1986 die von Brodas Kommission verfasste „Charta des demokratischen Europa für den wirksamen Schutz der Menschenrechte und der Flüchtlinge und Gastarbeiter".[58]

Darin wurde unter anderem festgestellt, dass die „zwangsweise Unterbringung von Flüchtlingen und Asylsuchenden in Lagern oder ähnlichen Einrichtungen" unzulässig ist. Ebenso forderte die Charta einen Anspruch auf unentgeltliche Rechtsberatung und auf öffentliche mündliche Verhandlung im Asylverfahren sowie einen Rechtsanspruch auf Verleihung der Staatsbürgerschaft des Gastlandes nach vier Jahren ununterbrochenen Aufenthalts. Asylverfahren sollten aus dem Polizeiverfahren aus-

---

57   „Asylrecht ist Menschenrecht", 1987, S.87.

58   Abgedruckt in: Renner-Institut/C.E.D.R.I./Amnesty International (Hg.), „Asylrecht ist Menschenrecht", Internationales Symposium in memoriam Christian Broda, Wien/Basel 1987, S. 97 f.

gegliedert, Entscheidungen auch in erster Instanz von unabhängigen Tribunalen getroffen werden. Im Gastland geborene Kinder sollten sofort einen Rechtsanspruch auf Staatsbürgerschaft haben. Familienzusammenführung im Gastland sollte ebenfalls ein Rechtsanspruch sein. Asylsuchende sollten einen Rechtsanspruch auf eine Arbeitsbewilligung haben. Und nicht zuletzt forderte die C.E.D.R.I.-Charta das aktive und passive Wahlrecht für anerkannte Flüchtlinge und alle Ausländer, die sich vier Jahre lang ununterbrochen im Land aufgehalten haben.

Christian Broda stellte die Charta auf dem Europäischen Forum Alpbach am 22. August 1986 vor und verschickte sie auch persönlich per Post an seine wichtigsten Kontakte. Er korrespondierte mit dem damaligen Innenminister Karl Blecha[59] und drängte darauf, die C.E.D.R.I.-Forderungen umzusetzen.[60] Auch in konkreten Einzelfällen konnten wir stets mit seiner Hilfe rechnen. Am 12. November 1986 intervenierte ich im Namen von C.E.D.R.I. bei Innenminister Blecha für eine kurdische Flüchtlingsfamilie aus der Türkei, die nach erstinstanzlich skandalöser Abweisung ihres Asylantrages nun schon das zweite Jahr im Lager Traiskirchen in einem kleinen ungeheizten Zimmer „wohnte":

„Der zweite Winter in Traiskirchen steht bevor", schrieb ich an Blecha. „Das Ersuchen, auf unsere Kosten einen Elektroofen hinzubringen, wurde von der Lagerleitung abgelehnt. Die vier Kinder leiden sehr unter der Kälte. Sie sind oft krank. Auch die psychische Belastung ist sehr groß."

Eine Kopie schickte ich Christian Broda, der am 15. November selbst einen Interventionsbrief an Blecha schrieb und mein Anliegen „auf das wärmste befürwortete". „Daß politische Verfolgung vorliegt", schrieb Broda, „scheint mir im Hinblick auf die bekannten Verhältnisse, unter denen die Kurden in der Türkei leben, offenkundig. Ich wäre Dir für eine positive Entscheidung sehr dankbar."

Schon am 27. November 1986 wurde der kurdischen Familie daher mit Bescheid des Innenministeriums der Flüchtlingssta-

59   1983–1989
60   Maria Wirth, „Christian Broda. Eine politische Biographie", 2011, S. 526 f.

tus zuerkannt; Blecha berichtete mir das schriftlich am 9. Dezember.[61] Er hatte also seiner Fachabteilung eine Weisung erteilt. Auch erfolgreiche Interventionen in Einzelfällen änderten aber nichts am System.

Gegen den neuen Faschismus: Brodas letzter Kampf

Am 28. Jänner 1987 wurde Christian Broda der Europäische Menschenrechtspreis verliehen. Diese Zeremonie vor der Parlamentarischen Versammlung des Europarats in Straßburg nützte er als Tribüne, um die C.E.D.R.I.-Charta einer breiten europäischen Öffentlichkeit zu präsentieren.

In seiner Rede reklamierte Broda die Verankerung des Rechts auf Asyl in der Europäischen Menschenrechtskonvention (die in Österreich Verfassungsrang genießt).[62] Wie schon in der C.E.D.R.I.-Charta, forderte er auch diesmal – nicht nur für Flüchtlinge, sondern für alle Ausländer! – nach vier Jahren Aufenthalt das Wahlrecht und den Rechtsanspruch auf Einbürgerung. Und er warnte vor dem neuen Faschismus unserer Zeit:

„Es darf nicht sein, daß unsere Gesellschaft dauernd in zwei Gruppen mit mehr und mit weniger Rechten zerfällt: in die Klasse der Einheimischen und in die Klasse der Fremden. (…) In der Diskriminierung der Minderheiten lebt der Faschismus fort. Der Rassismus ist der Faschismus unserer Tage."

Es war seine letzte Rede, sein politisches Testament. Nach der Preisverleihung in Straßburg saßen wir noch eine Weile zusammen. Er schenkte mir den Text eines Vortrags, den er 1985 vor der Österreichischen Akademie der Wissenschaften gehalten hatte: „Europas Kampf gegen die Todesstrafe", und schrieb mir eine Widmung drauf: „Für Genossen Genner in herzlicher Freundschaft".[63]

Es war das erste – und das letzte Mal, dass er mich „Genosse" nannte. Sonst sprach er mich immer nur mit „Kollege", manchmal mit „Freund" an. Vielleicht wusste er, dass es ein Abschied

---

61   Schriftverkehr in meinem Besitz.
62   Christian Broda, „Für die unteilbaren Menschenrechte", in: „Asylrecht ist Menschenrecht", 1987, S. 6 f.
63   In meinem Besitz.

war für immer. Vier Tage später, am 1. Februar 1987, starb er an einem Herzinfarkt.

In memoriam Christian Broda

Zu seinem Begräbnis verfasste ich ein Flugblatt und verteilte es an Trauergäste, gemeinsam mit Willi Stelzhammer, auf den Stufen zur Feuerhalle am Wiener Zentralfriedhof. Ich prangerte die falschen Freunde an, die ihn bei Lebzeiten fürchteten und hassten und sich nun an seinen Sarg drängten; ihnen würden wir Brodas Erbe nicht überlassen! Ich versprach, sein durch den Vormarsch der Rechten bedrohtes Lebenswerk weiterzuführen.

Im März 1987 fand im Renner-Institut, der Parteiakademie der SPÖ, ein internationales Symposion „Asylrecht ist Menschenrecht" statt; Christian Broda hatte es gemeinsam mit C.E.D.R.I. geplant und vorbereitet. Nun fand es zum Gedenken an ihn statt.

Innenminister Karl Blecha griff auf dieser Konferenz Brodas Straßburger Forderung auf und verlangte die Verankerung des Asylrechts in der Europäischen Menschenrechtskonvention (und somit auch in der österreichischen Verfassung). Ein Wunsch, der nie in Erfüllung ging. Blecha stürzte (verdientermaßen) über den Noricum-Skandal und wurde durch Franz Löschnak ersetzt, der für Brodas Ideen völlig unzugänglich war.

Ungehört verhallte auch Erwin Lanc's Mahnung auf dieser Konferenz, es sei „zunehmend unsinnig, zwischen politischen und wirtschaftlichen Flüchtlingen zu unterscheiden". Vielmehr sei es „ein Fremdkörper im demokratischen System, wenn mittels Verwaltungsentscheidungen ,Fremde', wie es dort noch immer heißt, wie Straßenköter davongejagt werden."[64] Die Entwicklung ging leider in eine völlig andere Richtung.

Ausgerechnet einer aus dem Broda-Kreis wurde schließlich zum Vollstrecker all dessen, wogegen Broda gekämpft hatte: Manfred Matzka, der „furchtbare Jurist". Bruno Kreisky und Christian Broda verblieben und starben ohne Versöhnung; die Androsch-Affäre hatte sie noch mehr entzweit als einst der Olah-Konflikt. Kreisky soll sogar die Idee, ihrer beider Archive zusammenzule-

---

64 Erwin Lanc, „Süd-Nordwanderung und Nord-Süddialog", in „Asylrecht ist Menschenrecht", 1987, S. 86 f.

gen, brutal abgelehnt haben: „Seine Papierln liegen nicht neben meinen!"[65] Dennoch schrieb Kreisky an Brodas Lebensgefährtin Maria Strasser, es habe ihn „vieles bedrückt, wie es halt so ist, wenn einem trotz alledem und alledem jemand fehlt, als wär's ein Stück von mir."[66]

Drittlandklausel: Anschlag auf die Genfer Flüchtlingskonvention!

Zum Hauptinstrument der europäischen Anti-Flüchtlings-politik wurde die Drittlandklausel: Wer auf dem weiten Weg nach Europa durch irgendeinen angeblich „sicheren Drittstaat" gereist ist, soll dorthin zurück, egal wie schlimm es dort ist – anders ausgedrückt: Flüchtlinge, sucht Asyl, wo ihr wollt, nur nicht bei uns! Heute sagt man dazu auch „Dublin": Wer durch einen anderen EU-Staat („Dublin-Staat") gekommen ist …

Davon steht, wohlgemerkt, nicht ein Wort in der Genfer Flüchtlingskonvention. Es ist ein später Zusatz, eine willkürliche Erfindung, die einen ungeheuer großen Teil der Flüchtlinge völlig rechtlos macht. Dieser unheilvollen Entwicklung versuchte immerhin das Europäische Parlament gegenzusteuern. Es verabschiedete am 12. März 1987 eine Entschließung zu den Fragen des Asylrechts, die sich direkt gegen die Drittlandklausel richtete:

„Es ist wichtig, zwischen dem Erstaufnahmeland und dem asylgewährenden Land zu unterscheiden, da es dem Asylbewerber freistehen muß, sein Asylland innerhalb der Europäischen Gemeinschaft auszuwählen, welches dann ausschließlich für die Asylgewährung zuständig ist. […]

Wenn die Verfahrensdauer sechs Monate übersteigt, muß den Asylbewerbern der Zugang zum Arbeitsmarkt und zum System der sozialen Sicherheit sowie allen schulischen und außerschulischen Bildungseinrichtungen möglich sein."[67]

---

65 Maria Wirth, „Christian Broda", S. 535.
66 Ebenda.
67 Asylrecht ist Menschenrecht, 1987, S. 106

1992: Deutscher „Asylkompromiß" – Deutschland führt, Österreich folgt

Das wiedervereinigte Deutschland nahm auf solche Befindlichkeiten keine Rücksicht mehr. Eine Serie rassistischer Gewalttaten erschütterte das Land. Der „Asylkompromiß" (1992), der die Drittlandklausel verankerte, war das Ende des Grundrechts auf Asyl. Die SPD hatte, wie so oft, kapituliert. Damit wurde der individuelle Rechtsschutz für Flüchtlinge mit Wirkung weit über die deutschen Grenzen hinaus fast vollständig ausgehebelt.

Die Verschärfung der deutschen Asylpraxis in den Achtzigerjahren fand auch in Österreich Nachahmer. Broda war tot, Kreisky starb 1990. Lanc und Blecha waren mit ihren Träumen vom Menschenrecht wieder in der Versenkung verschwunden. Blechas Nachfolger, Franz Löschnak, galt als „Haiders bester Mann".

1989 fiel der Eiserne Vorhang. Seither wurden die Flüchtlinge, die „Asylanten", wie man sie nun verächtlich nannte, zu Versuchskaninchen des Polizeistaats. Mit dem Ziel, die demokratischen Errungenschaften auszuhöhlen.

Arbeitslosigkeit und Sozialabbau erleichterten diese Strategie. Verunsicherte Schichten suchten einen Sündenbock – und bekamen ihn serviert: Die Ausländer sind schuld. „Wirtschaftsflüchtlinge" nehmen „uns" die Arbeitsplätze weg. An der Spitze der Kampagne gegen die „Fremden" stand die alte Achse *Krone*-FPÖ, die seit Olahs Tagen bestand und jetzt ihre Blütezeit erlebte.

Auch der Fremdenhass in Teilen der Gewerkschaft und der Sozialdemokratie war kein neues Phänomen. Aber jetzt trat er offen, ungeniert, von oben geschürt zutage. Zugleich aber formierte sich erstmals der demokratische, zivilgesellschaftliche Ungehorsam. Eine neue Phase begann.

Wendejahr 1989: Der Staat greift an – NGOs reagieren

Es begann zu Ostern 1989: Damals saßen hunderte kurdische Flüchtlinge aus der Türkei am Flughafen Schwechat im Transitraum fest, weil die Grenzkontrollpolizei sie an der Einreise hinderte.

In der Türkei herrschte Krieg. 1984 hatte der Aufstand der Kurdischen Arbeiterpartei (PKK) begonnen. Die türkische Armee führte ethnische Säuberungen durch. Die Zivilbevölkerung versuchte dorthin zu entkommen, wo es Angehörige und Freunde gab. Viele Kurdenflüchtlinge, die in Schwechat strandeten, hatten Verwandte in Wien. Andere in Deutschland; für sie war Österreich ein Transitland. Die Wiener Familien versammelten sich in der Ankunftshalle, unterstützt von „inländischen" Aktivisten, die sich zum „Flughafensozialdienst" zusammengeschlossen hatten. Die erste Kraftprobe zwischen Staat und NGOs im Asylbereich begann.

Das Verhalten der Polizei war völlig rechtswidrig. Es verstieß nicht nur gegen die Genfer Flüchtlingskonvention, sondern auch gegen das 1954 zwischen Österreich und der Türkei geschlossene Abkommen über die Aufhebung der Sichtvermerkspflicht: Es war ein reiner Willkürakt.

Probleme am Flughafen hatte es schon vorher gegeben: Bruno Kreisky hatte den dortigen Behörden schon bei der Freiplatzaktion für Chileflüchtlinge zutiefst misstraut. Aber auch in den folgenden Jahren hatten immer wieder Grenzorgane Flüchtlinge zurückgewiesen, weil sie mittellos waren oder kein Visum hatten. Daher hatte schon die große Demonstration der Sozialbewegung (24. Oktober 1987), an der 40.000 Menschen teilnahmen, unter anderem die Einrichtung eines Flughafensozialdienstes gefordert, der vor Ort in Schwechat über die Einhaltung der Menschenrechte wachen sollte. Diese Forderung wurde vom damaligen Sozialminister Alfred Dallinger unterstützt. Aber wer sollte der Träger dieser neuen Einrichtung sein?

So etwas wie eine Zivilgesellschaft gab es im Asylbereich (wenn man von C.E.D.R.I. absieht) zunächst kaum. NGOs alten Typs waren nicht politisch, sondern caritativ-humanitär. Ihre Aufgabe sahen sie darin, dem Staat Arbeit abzunehmen: Verteilen von Decken und Lebensmittel, Deutschunterricht … Diese systemstabilisierende Vorgangsweise war den neuen Herausforderungen angesichts der Verschärfung der Asylpraxis in Europa und Österreich nicht angemessen. Jetzt musste etwas Neues geschehen.

Flughafensozialdienst (1989–1991): Eine NGO „neuen Typs"

Der Verein Flughafensozialdienst entstand durch Zusammenwirken mehrerer interessierter Organisationen, darunter Amnesty International, C.E.D.R.I., die katholische Pfarre Schwechat, der (von Longo Mai abgespaltene) Verein Zusammen (dem ich angehörte) und das Unterstützungskomitee für politisch verfolgte AusländerInnen, heute bekannt als Asyl in Not. Alle diese Gruppen hatten sehr verschiedene, oft gegensätzliche Interessen; trotzdem hielt das Bündnis zwei Jahre. Aber dann ging es einfach nicht mehr.

Die Kurdenflüchtlinge, die zu Ostern 1989 im Transitraum festsaßen, wurden zur ersten Bewährungsprobe des neuen Vereins. Innenminister war seit kurzem Franz Löschnak, ein farbloser Bürokrat, dessen Gedankengänge sich in nichts von denen seiner Beamtenschaft unterschieden. Ich war einmal auf einer Veranstaltung im Haus der Begegnung Praterstern, wo er eine Rede hielt. Eine Brandrede gegen die Polen, die angeblich den Bezirk verschmutzten. Das SP-Volk jubelte und johlte. Ich meldete mich zu Wort und wurde niedergeschrien. Auf einer Haider-Veranstaltung konnte es nicht ärger sein.

An seiner Seite als Kabinettschef, später als Sektionsleiter für Asyl und Fremdenwesen, stand hingegen Manfred Matzka, der als „Linker" und Hoffnungsträger galt. Er hatte sich als Herausgeber der *Tribüne*, eines marxistischen Organs in der SPÖ, einen Namen gemacht und zu einer dem C.E.D.R.I. nahestehenden Diskussionsrunde gehört, die wir „Broda-Kreis" nannten.

Es war also nicht ganz abwegig, wenn wir hofften, er würde in seiner nunmehrigen Funktion unsere Bemühungen um den Schutz der Menschenrechte unterstützen und nicht torpedieren. Tatsächlich hat er damals, zu Ostern 1989, und auch noch in den Monaten danach eine nützliche Rolle gespielt. Aber es dauerte nicht lange, da drehte er sich mit dem Wind. Er wurde zum Spiritus rector einer fremdenfeindlichen Politik, die das Klima der Neunzigerjahre vergiftete und Haiders Wahlsiegen den Weg bereitete.

Der Konflikt um die Kurdenflüchtlinge fand breites Medienecho. Sechs Wochen lang war die Ankunftshalle des Flughafens ein permanentes Forum. Als wir einen Hungerstreik androhten, gab das Innenministerium nach. Den Flüchtlingen wurde die Einreise gestattet. Manche stellten in Österreich Asylanträge; andere zogen nach Deutschland weiter.

Die Zivilgesellschaft hatte die erste Kraftprobe mit dem Staat gewonnen. Der Flughafensozialdienst erhielt drei Passierscheine zum Transitraum, um Neuankommende zu beraten und zu betreuen. Ein Etappensieg der NGOs, den das Innenministerium möglichst rasch wieder rückgängig zu machen versuchte.

Ich wurde zum Projektleiter bestellt; das Sozialministerium finanzierte meinen Arbeitsplatz. Aber Passierschein zum Transitraum bekam ich keinen. Ich wurde vom Innenministerium als Sicherheitsrisiko eingestuft; Passierscheine bekamen statt mir drei Damen von der Caritas und von Amnesty. Die waren kein Sicherheitsrisiko, das kann ich bestätigen. Sie gaben sich dem Innenministerium als Spaltungsinstrument her. Mit ihnen sollte ich nun zusammenarbeiten. Eigentlich hätte ja ich ihre Tätigkeiten vor Ort zu koordinieren gehabt. Mangels Passierschein ging das nicht. Sie hielten auch alle relevanten Informationen von mir fern. Damit ich sie nicht veröffentlichen konnte. Aber sie überließen mir die „Nacharbeit": wenn die Flüchtlinge einmal eingereist waren. Das heißt: ihre soziale und rechtliche Betreuung.

Soziale Betreuung hieß: Kleider abholen, die in Pfarren gesammelt wurden, und in andere Pfarren bringen, wo Flüchtlinge notdürftig untergebracht waren, weil der Staat seine Pflicht, sie unterzubringen und zu versorgen, nicht erfüllte. Meine Begeisterung dafür hielt sich in Grenzen. Was mich weit mehr faszinierte, obwohl ich nicht Jus studiert hatte, war die rechtliche Beratung und Vertretung. Das wurde mein neuer Beruf. Da konnte ich konkret helfen, Unrecht zu verhindern, Schicksale zu wenden. Dabei hätte ich in meiner Jugend nicht im Traum daran gedacht, Jus zu studieren. Das taten doch nur die Rechten … Schade! Als Rechtsanwalt hätte ich nützlich sein können. Aber da Asylverfahren in erster und zweiter Instanz (anders als in Deutschland) nicht anwaltspflichtig sind, ging es auch so.

Einen Großteil meiner Fachkenntnisse erwarb ich in der Praxis. Ich lernte damals Herbert Pochieser kennen, einen Rechtsanwalt, der für Amnesty International tätig war und den Flughafensozialdienst unterstützte. Immer wenn ich in einer Rechtsfrage nicht weiter wusste, rief ich ihn an. Von ihm lernte ich viel.

Meine ersten „Fälle"

Babak war 24 Jahre alt und aus dem Iran geflüchtet. Als ich ihn kennenlernte war er soeben, nach sechs Tagen des Wartens und der Angst, aus dem Transitraum am Flughafen Schwechat entlassen worden. Sein einziges von einer österreichischen Behörde ausgestelltes Papier: der Bescheid über die Erlassung eines Aufenthaltsverbotes. Gültig bis zum Jahre 2000. Wegen seiner „sozial schädlichen Neigungen", die man daran erkannte, dass er ohne Pass nach Österreich gekommen war.

Für ihn setzte ich mich besonders ein, gerade weil er kein „hochpolitischer Fall" war, sondern ein – wie heißt das? – „ganz normaler Mensch", der mit der herrschenden „Ordnung" in seinem Land in Konflikt geraten war.

Den Pass hatte Babak im Flugzeug zerrissen und im Klo hinuntergespült. Damit man ihn nicht zurückschicken konnte; so hoffte er jedenfalls. Viele Flüchtlinge taten das; sie hatten gehört, dass Fluggesellschaften nur Reisende mit gültigen Papieren an Bord nähmen. In Wirklichkeit wäre Babak gerade deshalb beinahe abgeschoben worden: wegen „Verschleierung seiner Identität" – woran man, wie gesagt wurde, seine „sozial schädlichen Neigungen" sehe.

Aber der Flughafensozialdienst hatte einen echt österreichischen Kompromiss erreicht: Babak durfte einreisen. Er erhielt ein Aufenthaltsverbot – mit einem Monat Vollstreckungsaufschub. Das war üblich so, die Schwechater Fremdenpolizei schrieb solche Bescheide jeden Tag. In dem Monat halblegaler Existenz, den Österreich gewährte, hatten die Flüchtlinge Zeit, sich um den Schlepper zu kümmern, der sie weiterbringen sollte in ein anderes Land. Dann war man sie los. Sie fielen Österreich nicht mehr zur Last.

Beim „Erstinterview", wie man die Einvernahme durch die Grenzkontrollpolizei beschönigend nannte, hätte Babak sagen sollen, was seine Fluchtgründe waren. Aber er hatte nichts Gescheites herausgebracht. Weil er Angst hatte. Einfach Angst vor den Polizisten, er war ja gerade den Polizisten seines eigenen Landes entkommen, und jetzt wurde er wieder von solchen Leuten verhört.

Angst, sie könnten alles, was er sagt, der iranischen Botschaft weiter melden.

Also stand in der ersten Niederschrift nur, dass er studieren wollte, was im Iran nicht möglich war, und deshalb eigentlich nach Norwegen wollte, wo seine beiden Cousins als Flüchtlinge lebten. Zu mager für einen Asylantrag … Obwohl – in früheren Jahren hatten Flüchtlinge aus dem Ostblock auch keine stärkeren Gründe gehabt. Immerhin, in einer zweiten, etwas besseren Niederschrift stand etwas von einer Kassette, die er verbotenerweise besessen hatte. Aber warum hatte er das denn nicht gleich gesagt?

Ich beschloss, seinen Fall zu übernehmen: die Vertretung im Asylverfahren. Dazu braucht man kein Anwalt zu sein, denn es ist „nur" ein Verwaltungsverfahren, jeder kann das tun, man braucht nur eine Vollmacht. Und damals noch 120 Schilling für die Stempelmarke; später wurde das abgeschafft. Nur – das „Interview" am Flughafen war viel zu dürftig. Für einen richtigen Asylantrag musste ich viel mehr erfahren.

Erste Überraschung: Babak hatte seine Identität gar nicht verschleiert! Er hatte schon am Flughafen seinen Heeresausweis hergezeigt. Einen Ausweis mit Lichtbild. Eigentlich ein gültiges Dokument. Nur eben – kein Pass … Ob so etwas anerkannt wurde von der österreichischen Grenzkontrollpolizei, hing von der Laune des Beamten ab. Als Babak beim Interview war, hatte der Beamte gerade einen schlechten Tag – daher das Aufenthaltsverbot. Es war krass rechtswidrig. Ich war nicht bereit, es hinzunehmen.

Ich brachte Babak vom Flughafen in eine Pension, die die Caritas angemietet hatte, ein ehemaliges Stundenhotel. Dort waren schon Azadeh und Ali, ein junges iranisches Paar; sie hatten mit Babak fünf Tage voller Ungewissheit und Angst im Transitraum verbracht. Ihnen hatte die Polizei schon am Vortag die Einreise erlaubt. Dann fuhren wir ins WUK (Werkstätten- und Kulturhaus) zum Unterstützungskomitee für politisch verfolgte Ausländer, wo mir ein iranischer Betreuer und Dolmetscher Babaks Fluchtgründe übersetzte. Mit seiner Hilfe formulierte ich einen schriftlichen Asylantrag.

Babak war im Iran vorbestraft, weil er mit seiner Freundin eine Bergtour unternommen hatte, sie beide allein, ohne verheiratet zu sein. Sittenwächter des Regimes hatten sie festgenommen. Sie waren zu je 80 Peitschenhieben verurteilt worden, auf Bewährung. Babak war dann, weil er mit anderen jungen Leuten in einem öffentlichen Park herumsaß (was nicht verboten war) von Basij (islamistischen Schlägern) angestänkert und, weil er nicht wegging, zusammengeschlagen worden. Seine Sympathie für das Regime war dadurch nicht gewachsen. Zuletzt hatte er einen Mann kennengelernt, mit dem er über Politik zu reden begann. Früher hatte er sich ja nicht dafür interessiert. Der Mann, dessen Namen er nie erfuhr, gehörte zu den Volksmudjaheddin, einer linksislamischen Untergrundbewegung. Er gab Babak eine Kassette mit regimefeindlichem Inhalt. Diese Kassette spielte Babak im Auto zwei Freuden vor. Eine Patrouille kam vorbei und Babak wurde auf freiem Fuß angezeigt. Aber er hatte Angst vor dem Prozess. Seine Vorstrafe würde nun fällig werden: 80 Peitschenhiebe. Und natürlich würde man ihm die politischen „Verbrechen" seiner Cousins vorhalten, die in Norwegen Asyl erhalten hatten. Er war jetzt Ihresgleichen geworden! Ein „Konterevolutionär" ... Babak entschloss sich zur Flucht.

Das alles hielt ich schriftlich fest. Den Asylantrag samt meiner Vollmacht schickte ich an das Asylwerberreferat der Sicherheitsdirektion in der Tannengasse. Zugleich brachte ich eine Berufung gegen das Aufenthaltsverbot ein, mit der Begründung, dass Babak seine Identität nicht verschleiert, sondern einen gültigen Ausweis vorgelegt hatte. Dann fuhr ich mit Babak, Azadeh und Ali nach Traiskirchen, um ihre Aufnahme ins Lager zu erwirken. Einen Rechtsanspruch auf Bundesbetreuung gab es damals nicht.

Azadeh

Ende 1989 war auch Azadeh aus dem Iran geflohen. Weil sie es nicht mehr aushielt dort. Den ständigen Druck, die tägliche Angst. Für Politik interessierte sie sich nicht sehr, obwohl sie aus einer politischen Familie stammte. Ihr Onkel hatte zur Tudeh-Partei (der iranischen KP) gehört, die im Widerstand gegen das Schah-Regime Großes geleistet, aber dann durch ihre Kollaboration mit dem Mullah-Regime jedes Ansehen verloren hatte. Diese moskautreuen Kommunisten glaubten bis zuletzt, Ayatollah Khomeini sei ein „Antiimperialist" und man müsse ihn gegen Amerika unterstützen. Sie bekämpften andere linke Gruppen und verleumdeten sie als „Konterrevolutionäre", bis sie selber, als Letzte von allen, vom Mullah-Regime liquidiert wurden. So war es auch Azadehs Onkel gegangen, der 1988 hingerichtet wurde.

Azadeh wollte einfach nur frei sein. Medizin studieren; aber nicht dort. Irgendwo auf der Flucht, in einem türkischen Hotel, wo sie auf den Schlepper wartete, der sie weiterbringen sollte nach Europa, lernte sie Ali kennen, einen Flüchtling wie sie. Sie sind einige Jahre zusammengeblieben. Bis es nicht mehr ging mit ihm.

Ali war von den sogenannten „Revolutionswächtern" ausgepeitscht worden. Die Narben konnte man noch sehen. Weil er, wie er mir sagte, Wodka getrunken (oder auch verkauft) hatte. Oder auch andere Drogen. Die Erzählungen gingen auseinander. Außerdem hatte er auch die Volksmujaheddin ein wenig unterstützt, eine angeblich „links"-islamistische Untergrundorganisation. Dass er und Azadeh nun zusammenlebten, ohne verheiratet zu sein, war unter ihren Fluchtgründen der stärkste. Ein direkter Verstoß gegen die islamische „Moral".

Azadeh und Ali mussten in einem Hotel in Istanbul einige Wochen warten, bis endlich der Schlepper mit den falschen Pässen und Visa kam. In dieser Zeit waren sie ständig von Abschiebung bedroht. Noch im August 1988 hatte die türkische Regierung den iranischen Grenzbehörden 58 Flüchtlinge ausgeliefert, obwohl sie beim UNO-Hochkommissariat in der Türkei um Asyl angesucht hatten. Sofort nach der Übergabe wurden diese Menschen in einer Schlucht zwischen der Türkei und dem Iran von Revolutionswächtern (Pasdaran) erschossen.

Azadeh und Ali wollten daher so schnell wie möglich weiter, und zwar nach Deutschland, wo Azadehs Tante als anerkannter Flüchtling lebte. Aber sie mussten sich notgedrungen nach dem Schlepper richten und warten, bis er endlich mit den falschen Pässen und Visa für Österreich auftauchte. So sind sie zufällig hierher gekommen, in dieses gastfreundliche Land. Unsere Grenzpolizei hielt die beiden sechs Tage am Flughafen fest. im Container. Sechs Tage Angst.

Als ihnen die Erlaubnis zur Einreise erteilt worden war, brachte ich die beiden, gemeinsam mit Babak, mit dem Auto nach Traiskirchen. Es war immer ein Glücksspiel, wer dort aufgenommen wurde. Azadeh und Ali hatten Glück. Babak wurde weggeschickt aufgrund seines Aufenthaltsverbots (das freilich bald aufgehoben wurde; meine Berufung hatte Erfolg – mein erster Sieg als Rechtsvertreter …) So brachte ich Babak brachte eine Weile bei einem evangelischen Pfarrer unter, dann in einer Wohngemeinschaft in Wien; schließlich bei mir.

Ali und Azadeh lebten eine Zeitlang in einer Flüchtlingspension in Wien. Der Wirt, ein Iraner, drohte öfter, sie rauszuschmeißen, weil sie sich nicht alles gefallen ließen von ihm. Weil sie manchmal Gäste hatten und mit ihnen lustig waren. Manchmal musste ich deshalb intervenieren. Schließlich flogen sie doch hinaus, weil das Arbeitsamt ihnen einen Deutschkurs zahlte mit „Deckung des Lebensunterhalts"; ja, das gab es damals wirklich! Sie hatten endlich ein bisschen eigenes Geld. Also raus auf die Straße, aus der Bundesbetreuung entlassen. Sie sind dann auch zu mir gezogen auf ein halbes Jahr.

Ich habe ein kleines Siedlungshaus; nach meiner Scheidung war dort genug Platz. In meinem Garten bauten wir Gemüse an. Hier trafen sich iranische Flüchtlinge aus allen Unterkünften Wiens. Hier konnten sie so sein, wie sie wollten. Miteinander essen und trinken, tanzen und Musik hören. Es war eine schöne Zeit. Babak, Ali und Azadeh vertrat ich im Asylverfahren. Alle wurden in erster Instanz (damals das Asylwerberreferat der Polizei in der Tannengasse) negativ beschieden. Das war üblich so, kaum jemand erhielt schon in erster Instanz Asyl. Die „Bescheide" bestanden aus einer Seite Textbausteine, ohne irgendeine inhaltliche Begründung. Berufungsinstanz war die Fachabteilung des Innenministeriums. Dort hatten Asylsuchende es erst recht sehr schwer, zu ihrem Recht zu kommen.

In den Jahren 1990/91 war es allerdings vorübergehend besser geworden. Zu der Zeit arbeitete Josef Rohrböck im Innenministerium, einer der besten Asylexperten Österreichs. Er versuchte, die Fachabteilung zu einer echten Berufungsinstanz zu machen, faire Verfahren durchzuführen; er legte als Erster eine Länderdokumentation an. Berufungswerbende wurden sogar zu Interviews ins Ministerium eingeladen, was vorher und nachher völlig undenkbar war. Jene Zeit, in der Josef Rohrböck mit einem kleinen engagierten Team die Berufungsverfahren führte, ging rasch vorüber. Rohrböck wurde wegen seiner kritischen Haltung von Manfred

Matzka, dem allmächtigen Sektionschef, strafversetzt. Später war er Mitglied des Unabhängigen Bundesasylsenats (UBAS); ihm verdankten wir gewaltige Fortschritte in der Judikatur.

Babak hatte das Glück, gerade damals an der Reihe zu sein. Ich hatte mit ihm zwei Interviewtermine im Innenministerium, seine beiden in Norwegen asylberechtigten Cousins reisten nach Wien und wurden als Zeugen befragt. Babak erhielt Asyl. Das Verfahren von Azadeh und Ali zog sich länger hin. Ich wollte es aber jedenfalls durchziehen, bevor das neue, verschärfte Asylgesetz am 1. Juni 1992 in Kraft trat.

Massenhaft wurden Säumnisbeschwerden an den Verwaltungsgerichtshof eingebracht, weil die Verfahren beim Innenministerium so lange dauerten. Nach dem Wortlaut des Gesetzes ist die Entscheidung jeder Instanz auf maximal sechs Monate befristet. Beschwerden dagegen kosteten das Ministerium Gebühren. In Summe handelte es sich um eine Menge Geld. Ich kündigte Herrn R., dem zuständigen Beamten im Innenministerium, per Fax meinen Besuch an. Er wolle doch nicht schon wieder eine Säumnisbeschwerde? Und auch keinen Zeitungsbericht? Der Beamte wusste, es war mir ernst. Binnen vierzehn Tagen erhielt ich den Bescheid: Ali und Azadeh wurden als Flüchtlinge anerkannt – nach zwei Jahren Ungewissheit und Angst.

Meine drei Schützlinge fanden Arbeit und eigene Wohnungen. Ali und Azadeh hatten kein Happyend. Azadeh arbeitete und versuchte daneben zu studieren. Ali war die Arbeit zu mühsam, er fing an zu dealen (wobei anzunehmen ist, dass es wohl schon im Iran nicht nur Wodka gewesen sein wird). Azadeh wollte das nicht, er schlug sie; sie kehrte zu mir zurück – zuerst gemeinsam mit ihm, dann ohne ihn. Er versprach mir, sie in Ruhe zu lassen, und hielt sich nicht daran. Einmal warf er mir vor, er habe als Dealer an einem Tag so viel verdient wie ich als Rechtsberater in einem Monat. „Du vertraust den Menschen zu früh, Michael", sagte er, „mir hast du zu früh vertraut."

Den Fehler machte ich dann nicht mehr. Ich sorgte dafür, dass er ihr fern blieb. Sie heiratete einen Dritten: einen Österreicher, der gut für sie sorgte. Sie ist Hausfrau und Mutter geworden. Das Medizinstudium gab sie auf.

„Aktion Grenzenlos" (1990): Soldaten auf Flüchtlingsjagd

Viele Kurdenflüchtlinge, für die wir am Flughafen die Einreise erkämpft hatten, waren nach Deutschland weitergezogen, weil dort ihre Angehörigen oder Gesinnungsfreunde lebten. Am 17. Jänner 1990 führte Österreich unter deutschem Druck die Visumpflicht für türkische Staatsangehörige wieder ein.

Damit war Flüchtlingen aus der Türkei der Weg über den Flughafen Wien versperrt. Visa bekamen sie nicht, man verweigerte sie ihnen regelmäßig mit der Begründung, ihre „Wiederausreise sei nicht gesichert"; ohne Visum kamen sie nicht ins Flugzeug hinein.

Also nahm der Landweg an Bedeutung zu. Er führte über mehrere Grenzen (Bulgarien – Rumänien – Ungarn – Österreich) und war daher gefährlicher und teurer. Die Preise der Schlepper kletterten in die Höhe. Um auch den Landweg abzuschneiden, setzte Löschnak das Bundesheer ein. Die „Flüchtlingsabwehr" wurde militarisiert; Österreich sollte wieder einmal, wie so oft in seiner Geschichte, „Ostmark" einer „Festung Europa" werden. Ein neuer eiserner Vorhang sollte entstehen.

Im September 1990 begann an der Ostgrenze der „Assistenzeinsatz". Junge Rekruten wurden an die „Front" geschickt, um Flüchtlinge zu fangen. Eine bis dahin unerhörte Vorgangsweise. Bis 1989 waren es die Soldaten des Ostblocks, die – nur wenige Meter östlich – Flüchtlinge jagten. Es formierte sich neuer Widerstand: Die Aktion Grenzenlos bestand aus AktivistInnen des Flughafensozialdienstes, der Grünen und anderer Gruppen. Ich schrieb einen Aufruf an die Soldaten; „Freiheitspatrouillen" verteilten ihn im Grenzgebiet:

„Soldaten, jetzt ruft man euch zu Hilfe, weil Herrn Löschnak sein schmutziges Handwerk über den Kopf wächst. Soldaten, ihr habt nach Paragraph 17 Militärstrafgesetz das Recht und die Pflicht, Befehle zu verweigern, die die Menschenwürde verletzen. Soldaten, lasst euch nicht missbrauchen! Verweigert den Befehl!"

Unsere erste Patrouille wurde vom Gendarmerie-Einsatzkommando und zwei vor und hinter uns gelandeten Hubschraubern fachmännisch eingekreist; der Bezirkshauptmannstellvertreter von Neusiedl am See verlas eine „Verordnung" und befahl (wir nahmen es auf Tonband auf), uns „aus dem ganzen Burgenland bis zur Staatsgrenze (!) von Wien" abzuschieben. Dass da noch Niederösterreich dazwischen liegt und Wien kein Staat ist, war ihm in der Aufregung entfallen. Diese Ausweisung österreichischer Staatsbürger aus einem Bundesland hat der Verfassungsgerichtshof später für rechtswidrig erklärt.

Unsere Patrouillen setzten wir auch an den folgenden Wochenenden fort. Die Soldaten durften unsere Flugblätter nicht annehmen und nicht mit uns diskutieren. Einmal sah ich auf einem Hügel einen einsamen Präsenzdiener stehen, der die Grenze beobachtete und dachte, die Gelegenheit sei günstig, mit ihm ins Gespräch zu kommen. Also stieg ich mit meinen Aufrufen bergan. Sogleich stürmten zwei offenbar gut trainierte Soldaten im Laufschritt an mir vorbei, riefen dem Rekruten auf dem Hügel etwas zu und rannten dann gemeinsam mit ihm auf der anderen Seite hinab. Oben angekommen, rief ich ihnen hinterher: „Ja, sagt einmal! Unser ruhmreiches Bundesheer läuft vor einem einzelnen unbewaffneten Zivilisten davon?" Einer der Soldaten drehte sich um und antwortete: „'Tschuldigen S', aber Befehl is' Befehl."

Ich wurde wegen „Aufforderung zu militärisch strafbaren Handlungen, ohne selbst Soldat zu sein", und übler Nachrede gegen Franz Löschnak („schmutziges Handwerk") angeklagt. Ob es letztlich schlimmer war, dass ich selbst nicht Soldat war, oder weniger schlimm, habe ich nie ganz begriffen. Ist aber auch einerlei.

Jedenfalls erläuterte ich im Prozess, dass Ungarn die Genfer Flüchtlingskonvention mit geografischem Vorbehalt unterschrieben hatte. Das heißt, nur für Flüchtlinge aus Europa, nicht aber aus „Europa und anderswo". Also nicht geltend für Flüchtlinge aus der Dritten Welt! Das waren aber die meisten: Sie kamen aus der Türkei, dem Iran, dem Irak … Wenn Österreichs Soldaten sie nach Ungarn zurückschoben, drohte ihnen eine „Kettenabschiebung" von einem Land zum anderen, zurück bis in den Verfolgerstaat. Daher hatten die Soldaten, um nicht mitschuldig zu werden, zur Befehlsverweigerung nicht nur das Recht, sondern sogar die Pflicht.

Meine Löschnak-Nachrede hingegen widerrief ich und erklärte, ich hätte mich geirrt. Von nun an würde ich das Gegenteil behaupten: „Herrn Löschnak wächst sein schmutziges Handwerk nicht über den Kopf. Er setzt es unbeirrbar fort, bis man es ihm legt".

Dem Gericht waren die Feinheiten des Asylrechts nicht bekannt; es vertagte sich nach der ersten Verhandlung, um zu prüfen, ob Ungarn die Konvention wirklich mit Vorbehalt unterschrieben hatte. Zu diesem Zweck richtete es eine Anfrage an das Außenministerium. Ein Zwischenerfolg.

Das Außenamt brauchte über ein Jahr, um die Anfrage zu beantworten. Vor der nächsten Verhandlung nahm ich Akteneinsicht – und war völlig verblüfft, als ich las, was in der Antwort stand. Das Außenamt schrieb nämlich, Ungarn habe die Konvention gemäß Absatz (b) unterschrieben. Das hieße doch: für Flüchtlinge „aus Europa und anderswo". War mir etwas entgangen? Ich richtete sofort eine Anfrage an das UNO-Hochkommissariat für Flüchtlinge (UNHCR); dieses brauchte für seine Antwort nur zwei Tage: Ungarn habe die Konvention gemäß Absatz (a) unterschrieben. Also nur für Flüchtlinge aus Europa, genau wie ich es gesagt hatte. Auch Amnesty International schickte mir ein Schreiben gleichen Inhalts. Das Außenministerium hatte ein Jahr gebraucht, um eine falsche Auskunft zu erteilen!

Das Gericht (durch diese neue, unerwartete Wendung wohl etwas mutlos geworden) vertagte sich wieder. Bei der letzten Verhandlung im Herbst 1992 legte ich eine Dokumentation über die Zustände in Kerepestarcsa, einem berüchtigten Anhaltelager in Ungarn, vor, wo Flüchtlinge oft monatelang unter schrecklichen Umständen eingesperrt waren. In diesem Lager hatten 1956 die Russen gefangene ungarische Aufständische inhaftiert. Es war aber immer noch ein schrecklicher Ort.

Bald nach dieser Verhandlung erhielt ich vom Gericht ein kurzes Schreiben: Das Verfahren gegen mich sei eingestellt. Der Staatsanwalt sei von der Anklage zurückgetreten. In allen Punkten, auch was Löschnaks schmutziges Handwerk betraf. So blieb es dem Gericht erspart, zu entscheiden, ob Ungarn ein „sicherer Drittstaat" sei. Die Einstellung des Verfahrens kommt rechtlich einem Freispruch gleich.

Ungarn hat einige Jahre später die Konvention doch endlich nach Absatz (b) ratifiziert, auch für Drittweltflüchtlinge. Aber besser geworden sind die Zustände dort trotzdem nicht.

1991: Das Innenministerium liquidiert den Flughafensozialdienst

Am Flughafen lief mein Dienstvertrag aus. Das Sozialministerium hätte mich ein weiteres Jahr bezahlt, aber die Damen, die die Passierscheine hatten und im Vereinsvorstand saßen, unterschrieben den Verlängerungsantrag nicht. Ich war also arbeitslos. Dafür setzte ich durch, dass wir zwei neue Mitarbeiter (mit Passierscheinen) bekamen, einen polnischen Flüchtling und eine Iranerin. Und ich wurde in den Vorstand gewählt.

Im Frühjahr 1991 kam es zur Eskalation. Eine Gruppe von Tamilen aus Sri Lanka, dem Bürgerkrieg entronnen, sollte abgeschoben werden. Ihre Fluchtgründe wurden nicht geprüft. Ich verständigte das Fernsehen und rief den AUA-Kapitän an; er versicherte mir: „Wenn die Tamilen zeigen, dass sie nicht freiwillig mitfliegen, nehme ich sie nicht mit." Das richteten wir den Tamilen aus, und sie zeigten sichtbar, dass sie nicht fliegen wollten: Sie klammerten sich schreiend an den Sitzbänken des Transitraumes fest. Am nächsten Morgen wurden unsere Leute von der Polizei am Betreten des Transitraumes gehindert, die Passierscheine eingezogen. Die Tamilen, allein gelassen, ohne Hoffnung auf jegliche Hilfe von unserer Seite, wehrten sich nicht mehr und wurden deportiert.

Gegen Manfred Matzka, der für die Abschiebung verantwortlich war, erstattete ich (auf Rat von Herbert Pochieser) eine Strafanzeige wegen Amtsmissbrauchs und Überlieferung wehrloser Menschen an eine fremde Macht. Wie nicht anders zu erwarten, wurde die Anzeige ergebnislos „zurückgelegt". Die Passierscheine übergab das Innenministerium der Caritas. Seither war am Flughafen alles ruhig.

Damals unternahm ich einen letzten Versuch, Manfred Matzka umzustimmen. Ich schrieb ihm einen Brief, der in alternativen Medien erschien.

Offener Brief an Manfred Matzka (1991)

Wir kennen uns aus anderen Zeiten. Du warst einmal ein Bündnispartner. Beinahe hätte ich gesagt: ein Freund. Aber das wäre übertrieben. Du warst ein Beamter, der versuchte, das Beste zu machen daraus. Damals schon – gespalten. Zwischen Gesinnung und Karriere. Nur damals war die „Lage", die politische, noch nicht so schlimm. Du warst noch nicht vor die Entscheidung gestellt.

Wir arbeiteten zusammen, manchmal: für demokratische Reformen, gegen die Übermacht der Polizei. Für die Menschenrechte. Die Du heute täglich brichst.

Ich weiß schon: nicht Du allein. Der Herr Löschnak, Dein Chef. Und andere mehr. Denen schreibe ich keine Briefe. Ich kenne den Unterschied. Ich weiß, Du stehst unter Zwang. Aber das ändert nichts an Deiner Schuld.

1984 organisierten wir beide die Veranstaltung „Polizeistaat oder Bürgerpolizei" an der Wiener Universität. Du hast damals eine gute Rede gehalten. Erinnerst Du Dich? Du hast ein Verwaltungsrecht gefordert, „das die Menschenrechte garantiert. Vorbeugende Sicherungsmaßnahmen gegen Übergriffe der Polizei".

Damals, 1984, hast Du gewarnt vor dem „Druck der Polizei auf den Innenminister", vor der „Macht der Polizei, die die Regierung nötigen kann, eine Reform zu machen oder bleiben zu lassen".

Und heute? Seit Du im Amt bist, wartest Du nicht, bis man Dich nötigt. Du eilst den Befehlen der Polizei gehorsam voraus. Du weißt, was man erwartet von Dir.

Du warst einmal im Broda-Kreis. Weißt Du noch, wer Christian Broda war?

Er war ein Freund. Nicht nur ein Verbündeter. Immer da, wenn man ihn brauchte. Vielen Flüchtlingen hat er geholfen. Hat für sie gekämpft, wenn die Fremdenpolizei drohte, sie auszuliefern an faschistische Diktaturen. Broda wußte genau, wie sehr der Beamtenapparat (auch nach Jahren sozialistischer Regierung) noch immer durchsetzt war von den Feinden der Demokratie. Du warst stolz darauf, Brodas Schüler zu sein. Aber Dir fehlt sein Format. Dir fehlt so viel von dem, was seine Stärke war.

Er hatte seine Gesinnung bewahrt in der härtesten Zeit. Im Gefängnis, im Untergrund. In Todesgefahr. Der Druck auf ihn war tausendmal stärker als heute der auf Dich. Aber er ist nicht umgekippt wie Du.

Er gehörte zur Gruppe „Soldatenrat" und zersetzte die Wehrkraft der deutschen Armee. Er hat aber auch gegen Stalin protestiert, gegen die Schauprozesse; er nahm es in Kauf, verachtet zu werden von den Mitläufern in den eigenen Reihen; ausgeschlossen, mitten im Kampf, als „Abweichler" und „trotzkistischer Agent"…

Auch als er Minister war, blieb er sich selber treu. Er hat große Reformen gemacht – gegen den Widerstand der reaktionärsten Kreise in Polizei und Justiz, die ihn auf Schritt und Tritt zu sabotieren suchten.

Er wußte auch, daß er uns brauchte. Uns, die außerparlamentarische Opposition. Selbst wenn wir heftig stritten. Ich war bei „Spartakus". Wir kämpften gegen die Erziehungsheime, die „Jugend-KZ". Broda hat sie abgeschafft. Er sprach oft von „Arbeitsteilung" zwischen ihm und uns. Wir erzeugten den Druck der Straße, ohne den Brodas Reformen nicht möglich gewesen wären. Er hat uns dann auch, als wir verfolgt wurden wegen unserer Aktionen, amnestiert.

In seinen letzten Jahren war er uns besonders nah. Als wir den Kampf aufnahmen gegen den Fremdenhaß. Er hat mit uns die „Charta des demokratischen Europa zum Schutz der Flüchtlinge und Gastarbeiter" verfaßt. Er kannte nur zu gut die Gefahr des neuen Faschismus, der sich gegen Minderheiten und Fremde richtet. Diesen letzten Kampf konnte er nicht mehr zu Ende führen.

Sein Lebenswerk ist heute bedroht. Von den Fremdenhassern quer durch die Parteien. Von der „deutschen Fraktion" in der Polizei. Und nicht zuletzt von Mitläufern wie Dir.

Vielleicht bist du nur hineingeschlittert. Dem Löschnak hast Du schon gedient, als er noch im Kanzleramt war, bist mit ihm ins Innenministerium übersiedelt. Er war so farblos, unscheinbar. Man wußte nicht gleich, wohin er geht. Du hast Dich ihm verpflichtet gefühlt. Vielleicht hast Du geglaubt, daß Du dort etwas verändern kannst.

Damals, 1989, erkämpften wir dem Flughafensozialdienst den Zugang zum Transitraum. Ein erster großer Erfolg der Menschenrechtsbewegung in diesem Land. Seither habt ihr viel Beton gemischt, damit die Festungsmauer höher und stärker wird. Visumpflicht für Türken, Kurden, Rumänen, Polen... Das Bundesheer an der Grenze. Für all das bist Du verantwortlich.

Erinnerst Du Dich an die armenische Christin aus dem Iran? Sie war schwanger; Pasdaran („Revolutionswächter") des Mullah-Regimes traten sie in den Unterleib. Sie hat das Kind verloren. Ihren Mann, der an dem Schläger Rache nahm, suchte die Polizei. Sie sind nach Wien geflohen. Du hast gemeint: „Armenischer Christ sein ist kein Verfolgungsgrund." Du wolltest sie zurückschicken in den Iran. „Net sagen S' Flüchtlinge! Des san Leut'!", hast Du zu einem Journalisten gesagt. So denken kann nur ein Beamter in unserem autoritären Staat.

Damals haben wir Dich daran gehindert, daß Du zum Schreibtisch-Mörder wirst. Wir haben das Fernsehen und die Zeitungen zum Flughafen geschickt. Die Öffentlichkeit hat Dich gezwungen, daß Du die Armenierin, ihren Mann und ihrer Begleiter einreisen läßt.

Seither sind viele andere „Leute" am Flughafen Schwechat gelandet. Tamilen vor allem in letzter Zeit. Auf der Flucht vor den Massakern, die die Armee in Sri Lanka verübt. Weißt Du, wie dort die Lage ist? Wie viele Menschen täglich sterben, zu Tode gefoltert, verstümmelt, verbrannt?

Den ersten zwanzig, dreißig haben wir die Einreise erkämpft. Und ich kann Dir versichern: Sie fallen hierzulande niemandem zur Last: Sie sind längst weitergezogen. So wie die Armenier auch. Für viele Flüchtlinge ist Österreich nur ein Durchzugsland.

Genau das wollen die Herren der Festung Europa nicht. Sie haben Euch befohlen, die Lücke zu verschließen. Ihr habt eiligst und untertänigst gehorcht.

Am 15. März 1991 waren siebzehn Tamilen am Flughafen Schwechat. Es war Freitag nachmittag. Der Leiter der Fremdenpolizei am Flughafen versprach uns, übers Wochenende würde nichts passieren. Kaum war er bei der Tür draußen, schleppten Deine Polizisten die ersten ins Flugzeug nach Rom. Herr H. von der Fremdenpolizei entschuldigte sich bei uns: „Mir blieb keine Wahl. Es war eine Entscheidung vom Kabinett. Es tut mir wirklich leid."

Vom Kabinett … Du hast es angeordnet. Obwohl du wissen mußtest, daß Italien kein sicheres Drittland ist. Das UNO-Hochkommissariat versuchte in Rom, den Weitertransport der Flüchtlinge zu stoppen. Vergeblich. Die Italiener schickten sie ohne Verzögerung nach Sri Lanka, ins Verfolgerland. Zum ORF hast Du gesagt, Du würdest wieder so entscheiden, jederzeit.

Ich habe unseren Anwalt gefragt, welche Schritte man gegen dich ergreifen kann, und bin seinem Rat gefolgt. Wir haben dich angezeigt, nach § 103 StGB:

„Wer einen anderen ohne dessen Einwilligung mit Gewalt (oder wenn die Einwilligung durch eine gefährliche Drohung erlangt wurde) einer ausländischen Macht überliefert, ist mit Freiheitsstrafe von zehn bis zwanzig Jahren bedroht."

Brauchst keine Angst haben. Deine Vorgesetzten werden's Dir richten. Das Verfahren wird „zurückgelegt" werden, oder wie man das nennt. Dir wird nichts geschehen. Das Schicksal Deiner Opfer, der Tamilen, ist unbekannt.

Du bist rückfällig geworden, nur drei Wochen danach. Als die nächsten Tamilen in Schwechat waren. Du hast in allen Medien erklärt, daß sie fort müssen. Die Flüchtlinge wehrten sich, sie weinten und schrien. Die AUA weigerte sich, sie abzutransportieren. Mitglieder von Menschenrechtsvereinigungen demonstrierten am Flughafengelände. Die Zeitungen berichteten. Dann hast Du angeordnet, dem Flughafensozialdienst die Passierscheine zu entziehen. So konnte keiner mehr sehen, was im Transitraum geschah.

Keine Zeugen mehr. Hinter verschlossenen Türen. Vier Tamilen habt ihr ins Flugzeug schleppen lassen. Die Flüchtlingsbetreuer standen derweil vor der verschlossenen Tür.

Eine ernsthafte Kraftprobe zwischen dem Ministerium und dem Flughafensozialdienst war in Gang. Schließlich hast du nachgegeben: Am 11. April sind die restlichen Tamilen, dreiundzwanzig, die noch nicht abgeschoben waren, eingereist. Aber die nächsten stehen vor der Tür. Tausende, die hereinwollen nach Europa, weil sie aus ihren Ländern durch Hunger, Gewalt und Ausbeutung vertrieben wurden. Was erwartet sie hier? Wieder Haß und Gewalt.

Ich kann Dir keinen Rat geben. Aber wo wirst Du stehen? Die Zeiten ändern sich. Diktaturen stürzen, die Welt ist in Bewegung. Jeder muß sich entscheiden, welchen Weg er geht. Vielleicht hast du deinen schon gewählt?

Du wolltest einmal als Rechtsreformer in den Geschichtsbüchern stehen. Willst du das noch? Oder nur – als kleiner Überläufer? Als Schreibtischtäter ... Als biederer Beamter, der die Transporte abfertigt. Ist das Deine Zukunft? Spring ab!

In den Straßen Wiens hängen Aufkleber gegen Dich. Einer davon ist makaber. Über Deinem Foto – ein Kreuz. Du bist in Gefahr. Viele hassen Dich, in beiden Lagern. Weil du zwischen den Fronten stehst. Deine mächtigsten Feinde stecken jedoch im Innenministerium, in der Staatspolizei. Die spielen auch gerne mit den Widersprüchen im „linken" Lager. Die vergessen nicht, woher du kommst. Die behalten dich, solange du ihnen dienst. Aber jetzt hast du uns nachgegeben. Und das weißt du doch auch: Gescheiterte läßt man fallen. Steig aus dem Spiel aus. Du kontrollierst es nicht mehr. Hör auf, diesem kopflosen, korrupten Staat zu dienen. Komm zurück in die Reihen der Opposition.

Wir brauchen dich nicht als Sündenbock. Wir brauchen dich als Mitkämpfer. Spring ab, Manfred, noch gibt es die Gelegenheit.

Manfred Matzka hat nicht auf mich gehört. Er hat sich entschieden. Schade für ihn.

Apartheidgesetze (1991–1993): „Gastarbeiter räumen"

Das erste Asylgesetz war seit 1968 in Kraft. In der Ungarn-krise hatte Österreich noch gar keines gebraucht, sondern allen Flüchtlingen prima facie (auf den ersten Blick) Asyl gewährt. Jetzt legten Löschnak und Matzka ein Paket vor, das den Zugang zum Asyl verhindern und den Fremden überhaupt das Leben schwer machen sollte: Asylgesetz 1991, Aufenthaltsgesetz und Fremden-gesetz.

Das Asylgesetz trat am 1. Juni 1992 in Kraft. Nur die Grü-nen, zwei Abgeordnete der SPÖ und Heide Schmidt hatten dage-gen gestimmt. Heide Schmidt war damals Abgeordnete der FPÖ und dachte noch nicht daran, wegzugehen; aber ihr Rechtsemp-finden war so sehr verletzt, dass sie die Klubdisziplin brach.

Dieses Gesetz trieb zahlreiche Flüchtlinge in die Illegalität. Es brachte massivste Verschärfungen mit sich: Drittlandklausel, kein Aufenthaltsrecht während des Verfahrens, Möglichkeit zur Aberkennung der aufschiebenden Wirkung von Berufungen, Ver-bot von Folgeanträgen, Neuerungsverbot. Andererseits brachte es statt der bisher zuständigen Polizei eine zivile Behörde, das Bun-desasylamt, als erste Instanz. Formal ein Fortschritt – in Wirk-lichkeit keine Spur: Denn zum Leiter des Bundesasylamtes Wien wurde Johann Schadwasser (bisheriger Leiter der Asylabteilung der Sicherheitsdirektion) ernannt.

Alle rechtswidrigen Asylbescheide der Sicherheitsdirektion waren auf sein Konto gegangen. Was also sollte anders werden, wenn er jetzt die Leitung der neuen zivilen Behörde übernahm? Es war eine reine Augenauswischerei.

1989 hatte Schadwasser in der Zeitschrift *Der Kriminalbe-amte* ein Pamphlet mit dem Titel „Das Boot ist voll" veröffent-licht. Schweizer Behörden hatten sie in der Nazizeit aufgebracht, um den Judenstempel zu rechtfertigen. Schadwasser forderte eine völlige Änderung der österreichischen Asylpolitik: „Die zuständi-gen Behörden sehen sich einem Dauerbeschuß humanitärer, fort-schrittlicher, demokratischer und alternativer Gruppen ausge-setzt."

Was er alles nicht mochte … Demokratische Gruppen! Er war ein Beamter alten Schlags. Schadwasser forderte, dass „offen-sichtlich unbegründete Asylansuchen sofort zurückgewiesen" und

„die notwendigen fremdenpolizeilichen Maßnahmen" ergriffen werden, um zu vermeiden, „dass der Grenzbalken zu Westeuropa am Walserberg niedergeht und Österreich Richtung Ostblock und Balkan abdriftet."[68]

Schadwasser begnügte sich nicht mit den Möglichkeiten, die ihm das Gesetz in die Hand gab. Mehrmals wurde er (freilich folgenlos) wegen Urkundenunterdrückung angezeigt, weil er Asylwerbern Bescheinigung der vorläufigen Aufenthaltsberechtigung wegnahm, sodass sie keine Ausweispapiere mehr hatten und jederzeit festgenommen werden konnten. Im Mai 1989 ließ er eine internationale Beobachtergruppe mit Polizeigewalt aus seinem Amt entfernen und intervenierte beim ORF (vergebens) gegen die Ausstrahlung eines Berichts darüber.[69]

Und jetzt hatte er im Asylamt Wien in der Schlachthausgasse die Zügel in der Hand. Seine jungen Beamten, die über Menschenschicksale entscheiden sollten, waren völlig überfordert. Einige, die es nicht aushielten, ▇▇▇▇▇▇▇▇▇▇▇▇▇▇ ▇▇▇▇▇▇▇▇▇▇▇▇▇▇▇▇▇▇▇▇▇▇▇▇▇▇▇▇▇▇▇▇▇▇▇▇

Kernstück des Gesetzes war die Drittlandklausel, die aber (doppelt hält besser) in Verbindung mit einer inhaltlichen Abweisung anzuwenden war: „Sie waren in Ungarn sicher, außerdem sind Sie unglaubwürdig." Die Drittlandklausel war nicht auf die Zukunft, sondern auf die Vergangenheit bezogen: Es wurde nicht geprüft, ob das Drittland, durch das der Flüchtling gereist war, ihn auch zurücknehmen und ihm ein faires Verfahren garantieren würde. Berufungen konnte die aufschiebende Wirkung aberkannt werden, sodass die Abschiebung sofort vollstreckbar war. Im Asylamt Wien in der Schlachthausgasse (nomen est omen) stand zu diesem Zweck ein Gitterkäfig (im Amtsjargon „Handzelle" genannt). Berufungsinstanz war das Innenministerium und bestätigte fast alle Bescheide der (an seine Weisungen gebundenen) Erstinstanz.

68   Zitiert aus: Thomas Prader, „Moderne Sklaven. Asyl- und Migrationspolitik in Österreich", Wien 1992, S. 20.
69   Zitiert aus einem Brief der Asylkoordination Österreich an Innenminister Caspar Einem, 28.6.1995.

Neue Ermittlungen im Berufungsverfahren waren vom Gesetz nur dann erlaubt, wenn das erstinstanzliche Verfahren „offenkundig mangelhaft" war; einfache Mängel, wie sie in fast jedem Bescheid vorkamen, waren nicht zu beachten. Asylwerber durften nicht mehr, wenn sie Arbeit gefunden hatten, auf die fremdenrechtliche Schiene wechseln. Bisher hatten sie Visa erhalten, wenn sie gut integriert waren. Jetzt wurde ihnen sogar der Zugang zum Arbeitsmarkt verwehrt.

Parallel zum Asylgesetz 1991 schufen Löschnak und Matzka zwei weitere Gesetze: das Fremdengesetz und das Aufenthaltsgesetz (1992/93). Zahlreiche fleißige, tüchtige Arbeiter verloren mit einem Schlag ihr Aufenthaltsrecht. Weil ihre Wohnungen nicht groß genug waren, oder weil sie die Antragsfrist versäumt hatten. Verlängerungsanträge mussten nämlich nun mindestens vier Wochen vor Ablauf des bisherigen Visums gestellt werden, und zwar nicht wie bisher bei der Fremdenpolizei, sondern bei einer neuen Behörde, der MA 62.

Viele Betroffene wussten das aber nicht. Es war zwar irgendwann in der Zeitung gestanden – aber hier handelte es sich um schwer arbeitende Menschen aus der Türkei oder dem ehemaligen Jugoslawien, denen diese Information entgangen war, weil sie entweder abends zu müde waren zum Zeitunglesen oder nicht gut genug Deutsch konnten, um den Text zu verstehen. Sie erschienen daher, wie jahrelang gewohnt, nach Ablauf des Visums bei der Fremdenpolizei und erfuhren, dass sie hier falsch seien und die Frist außerdem schon abgelaufen sei. Mit einem Schlag waren sie „illegal".

Zusätzlich gab es die „Quadratmeterklausel": Eine „ortsübliche Unterkunft" hatte zehn Quadratmeter pro Person zu umfassen. Ausschlaggebend für das Aufenthaltsrecht war also die Quadratmetergröße der Wohnung, dividiert durch die Anzahl der Familienmitglieder. War aber gerade ein neues Baby geboren, dann ging sich das womöglich nicht mehr aus. Die Verlängerung wurde abgelehnt …

Es gehört ein gewisser Sadismus dazu, um sich so etwas auszudenken. Durch diese Maßnahmen wurden im Lauf der Jahre 1993 und 1994 unzählige Existenzen zerstört. Damals sprach man von „Gastarbeiter räumen". FPÖ-Chef Haider nannte Löschnak seinen „besten Mann in der Regierung" …

Vom Lichtermeer nach Oberwart

Im Jänner 1993 demonstrierten 250.000 Menschen beim „Lichtermeer" auf dem Heldenplatz gegen Jörg Haiders Anti-Ausländervolksbegehren. Veranstalterin der bis dahin größten Massenkundgebung in der Geschichte der Zweiten Republik war die neu gegründete Organisation SOS Mitmensch, deren Vorstand ich seit damals angehöre.

Das „Lichtermeer" wurde ein taktischer Erfolg; ein Beweis dafür, dass es möglich ist, ein wirksames Gegengewicht zu schaffen: Jörg Haider erhielt für sein Begehren, wenige Tage nach dem Lichtermeer, nur 400.000 Unterschriften statt der erhofften Million. Allerdings war das Lichtermeer auch durchsetzt von so mancher Heuchelei. Unterstützt wurde es von Gewerkschaften und Kirchen; selbst rote und schwarze Politfunktionäre saßen in der Vorbereitungsgruppe. Die klare Stoßrichtung fehlte. Es blieb zu beliebig. Zwar wandte es sich gegen Haider, nicht aber gegen die rassistischen Gesetze, die genau damals beschlossen wurden. Selbst Löschnak wollte unbedingt dabei sein! – Das ging uns denn doch zu weit. Wir luden ihn aus. Seine Sicherheit sei nicht gewährleistet. Wie traurig: Er durfte nur eine Kerze ins Fenster des Innenministeriums stellen … Einige Monate später trat sein Aufenthaltsgesetz in Kraft. Das große „Gastarbeiter-Räumen" begann.

Das hat vielen die Augen geöffnet, ebenso wie die „Fälle der Woche", veröffentlicht von der grünen Abgeordneten Terezija Stoisits: Schicksale von Menschen, welche durch Löschnaks Gesetze vor die Hunde gingen. Im Wahlkampf 1994 präsentierte SOS Mitmensch dessen unsterblichen Ausspruch: Er als „Innenminister der Österreicher" sei nicht für „Familien serbisch-türkischer Art mit 18 Kindern" da …

Nach dem Mordanschlag in Oberwart, dem vier Roma zum Opfer fielen, durchsuchte Löschnaks Polizei die Wohnungen – der Opfer! Es war seine letzte Übeltat. Sie löste massive Proteste aus. In einer gemeinsamen Pressekonferenz forderten SOS Mitmensch, Republikanischer Club und Asyl in Not seinen Sturz. Wenige Tage später, am 31. März 1995, trat Franz Löschnak zurück.

Neubeginn (1993): Unterstützungskomitee

Nach dem Ende des Flughafensozialdienstes arbeitete ich bei der Firma Gemüsebote, verkaufte biologische Lebensmittel, ging nach Feierabend ins Stadtteilzentrum Simmering, um dort Flüchtlinge zu beraten und Berufungen zu schreiben, und beteiligte mich nebenbei auch an den Vorbereitungen zum Lichtermeer. Der Gemüsebote ging aber pleite. Ich war wieder einmal arbeitslos. Am 1. Oktober 1993 trat ich meinen Dienst beim „Unterstützungskomitee für politisch verfolgte Ausländer", dem jetzigen Verein Asyl in Not, an.

Dieser Verein war 1985 von iranischen Flüchtlingen gegründet worden, großteils aus den Reihen der Volks-Fedajin, einer linksradikalen Untergrundorganisation, die schon gegen den Schah gekämpft hatte und nun versuchte, den Mullahs Widerstand zu leisten. Sie wurden von österreichischen Künstlern und einigen sozialdemokratischen Funktionären unterstützt. Geschäftsführer war bis 1993 der iranische Exilaktivist Nasser Alizadeh, Obmann war Willi Resetarits (nachmals „Ostbahnkurti") von den „Schmetterlingen".

Der Verein wollte ein Sammelbecken iranischer Flüchtlinge sein und sie mit Deutschkursen, Hilfestellung im Asylverfahren und Information der Öffentlichkeit unterstützen – bis eines Tages das Mullah-Regime stürzen würde und die Rückkehr in einen befreiten Iran möglich wäre. Diese Hoffnung ging leider nicht in Erfüllung, sodass der Verein sich anderen Aufgaben zuwenden musste. Nicht zuletzt deshalb, da sich die Asylpraxis in Österreich zunehmend verschlechterte.

Finanziert wurde das Unterstützungskomitee aufgrund eines Abkommens mit den Ministern Blecha und Dallinger teils vom Innen-, teils vom Sozialministerium (später Arbeitsmarktservice, AMS), also – bis auf wenige Einzelspenden – fast zur Gänze vom Staat. Die Verschärfung des Asyl- und Fremdenrechts unter Löschnak und Matzka hatte zur Folge, dass die rechtliche Beratung und Vertretung der Klienten zunehmende Bedeutung erlangte. Das Unterstützungskomitee entwickelte sich zu einer der führenden Rechtsberatungsstellen für Asylwerber. Die Klientenschaft, die zunächst fast ausschließlich aus dem Iran stammte, weitete sich auf alle Herkunftsländer aus.

1993 war ein kritisches Jahr in der Vereinsgeschichte. Die Verschärfung der Gesetze ließ eine wirksame Rechtsvertretung geradezu aussichtslos erscheinen. Die bisherige Chefjuristin wanderte in den Wiener Integrationsfonds ab. Zugleich gab es Spannungen im Verein. Die bisherigen, rein rechtlichen Mittel reichten nicht mehr aus. Aber für eine innenpolitische Konfrontation, wie sie sichtlich immer drängender wurde, war der Verein nicht geschaffen, waren die meisten seiner österreichischen Mitglieder mental nicht vorbereitet.

Willi Resetarits wirkte stets ausgleichend, aber sein Herz hing vor allem am „Integrationshaus", einem Projekt, das im Unterstützungskomitee erdacht und entwickelt worden war: In diesem Haus sollten Flüchtlinge, vor allem solche mit besonderen Bedürfnissen, zusammenleben und von gut geschultem Personal psychologisch und sozial betreut werden. Dieses Projekt wurde aus dem Unterstützungskomitee ausgegliedert. Dass es heute noch besteht ist das Verdienst von Willi Resetarits, der mit seinem persönlichen Einsatz als prominenter Künstler immer wieder private und öffentliche Unterstützung dafür findet.

Den Vorsitz im Unterstützungskomitee übernahm ein Sozialdemokrat und AMS-Funktionär. Zwischen ihm und Nasser Alizadeh entwickelte sich ein heftiger Gegensatz. Am 25. Jänner 1993 fand eine Vorstandssitzung statt. Die bisherige Chefjuristin berichtete in düsteren Farben über die Auswirkungen der neuen Gesetze; die Möglichkeiten eines Büros, um Asylwerbern zu helfen, würden nun sehr eingeschränkt, da viele gleich nach dem Grenzübertritt oder beim Stellen des Asylantrages in Schubhaft kämen.

Nasser Alizadeh warf ein, gerade aufgrund dieser Situation sei es besonders wichtig, „daß das Büro viel stärker als bisher politische Arbeit und Öffentlichkeitsarbeit leistet". Er überlege sich, die ausscheidende Kollegin „nicht durch einen Juristen nachzubesetzen, sondern durch Michael Genner, der sicherlich viel Erfahrung im Bereich der Öffentlichkeitsarbeit hat und politisch äußerst engagiert ist. Allerdings ist Michael aufgrund seiner Auseinandersetzungen mit Matzka nicht ganz unumstritten. Die Entscheidung darüber wird Nasser nach einem Gespräch mit Michael fällen."[70]

Gegen meine Anstellung gab es massiven Widerstand, insbesondere vom AMS-Vertreter im Vorstand. Umgekehrt unterstützten viele Leute von außerhalb meine Bewerbung, insbesondere mein alter Freund Rainer Klien, damals noch im Sozialministerium, später (1999–2004) Obmann von Asyl in Not, danach Leiter von SOS Mitmensch Burgenland; ihm gilt für viele gute Kämpfe, die wir gemeinsam vollbrachten, mein herzlicher Dank. Also sitze ich seit 1. Oktober 1993 in diesem Büro. Nie zuvor war ich so lange am selben Arbeitsplatz. Im Lauf der Jahre gelang es mir, diesen Verein, in dem ich gelandet war, zu einer NGO „neuen Typs" zu machen – also zu dem, was der Flughafensozialdienst hätte sein können: keine caritative, sondern eine politische Organisation.

Freilich waren meine Möglichkeiten zur Öffentlichkeitsarbeit zunächst beschränkt. Medienkontakte gab es noch kaum. Der Verein verfügte auch über kein eigenes Medium. Und politisches Anecken war beim damaligen Vorstand unerwünscht. Offen gesagt, glaubte ich ursprünglich nicht daran, länger als ein Jahr dort zu bleiben. Ich verstand mich eher als fahrender Ritter, der einmal bei dieser, einmal bei jener NGO nach dem Rechten sah und dann weiterzog. Aber es ist ganz anders gekommen. Durch meine Arbeit als Rechtsberater wurde ich schließlich unentbehrlich; dafür nahm man dann auch meine öffentlichen Auftritte in Kauf.

1994 fiel der Verein in drei Teile auseinander. Willi Resetarits verabschiedete sich mit seinem Integrationshaus, das zu einem (gut geförderten) Vorzeigeprojekt wurde. Nasser Alizadeh gründete das „Unterstützungskomitee zur Integration von Ausländern" (UKI), das Deutschkurse anbot und dank guter Verbindungen zum Sozialministerium auch weiterhin (bis heute) Förderungen erhielt. Ich blieb übrig, mit der Rechtsberatung in der alten Vereinsstruktur … Nicht förderbar! Die anderen, denen ich das gar nicht vorwerfen will, lehnten sich zurück und wünschten mir viel Glück. Sie würden mir beim Sterben zuschauen. So kann man sich irren.

70 Protokoll der Vorstandssitzung vom 25. 1. 1993, im Archiv von Asyl in Not.

Asyl in Not

1994 wurde ich zum Büroleiter ernannt. 1995 fand ich eine wichtige Verstärkung in Robert Schlesinger, einem hochbegabten jungen Journalisten, der vor allem für die liberale Tageszeitung *Der Standard* schrieb. Er wurde Zivildiener bei uns – und berichtete gleichzeitig über unsere Arbeit. Auf seine Initiative änderten wir 1995 den Vereinsnamen auf Asyl in Not. Denn der alte Name, Unterstützungskomitee für politisch verfolgte AusländerInnen, war zu lang, nahm zu viel Platz weg: zwei Zeilen in einer *Standard*-Spalte.

Robert Schlesinger war es, der Asyl in Not in der Öffentlichkeit bekannt machte. Dank ihm setzte sich der neue Name in den Medien durch und wurde zum Markenzeichen für konsequente, kompetente Rechtsvertretung.

Seine erste Veröffentlichung über uns betraf Mehdi Z., einen Flüchtling aus dem Iran. Er war mit seinem minderjährigen Sohn auf der Flucht vor dem Mullah-Regime durch Ungarn nach Österreich gekommen und wollte nach Deutschland weiter, wurde aber an der deutschen Grenze festgenommen und stellte sofort einen Asylantrag. Statt den Antrag an das Bundesasylamt weiterzuleiten, schrieb die Salzburger Bezirkshauptmannschaft einen Brief an die Botschaft der Islamischen Republik Iran und ersuchte „unter gleichzeitiger Übermittlung von 2 Lichtbildern und Kopie der Personenbeschreibung höflichst um Ausstellung eines Heimreisezertifikats". Ein „Heimreisezertifikat" ist ein Papier, das Botschaften ausstellen, um Flüchtlinge zurückzubekommen, die keine gültigen Pässe haben. Zum Glück erfuhr die Salzburger Flüchtlingsgruppe von Amnesty International rechtzeitig davon, schlug Alarm und informierte auch uns. Mehdi wurde aus der Haft entlassen.

Ich erstattete eine Strafanzeige gegen die Salzburger Polizei wegen Amtsmissbrauchs, Verletzung des Amtsgeheimnisses und des Datenschutzgesetzes, versuchter Überlieferung eines wehrlosen Menschen an eine fremde Macht (gleicher Paragraph wie 1991 gegen Manfred Matzka) und überdies wegen versuchter Beihilfe zum Mord. Denn Mehdi musste im Fall seiner Abschiebung mit der Hinrichtung rechnen. Dabei machte ich mir keine Illusionen über den österreichischen Rechtsstaat; natürlich wurde auch diese Anzeige sofort „zurückgelegt" (also nicht weiter behandelt). Aber es war ein willkommener Anlass, um in die mediale Offensive zu gehen.

Robert Schlesinger berichtete am 26. Juni 1995 im *Standard,* unter dem Titel „Menschenrechtsgruppe klagt Fremdenpolizei" und zitierte genüsslich den verantwortlichen Polizeileiter, einen gewissen Reinhold Mayer, der allen Ernstes meinte, „Heimreisezertifikate würden immer so früh wie möglich beantragt, da ihre Ausstellung so lange dauere; so werde die Schubhaft verkürzt, Platz geschaffen und Geld gespart. Gebe es ein Abschiebehindernis, müsse man das Heimreisezertifikat ja nicht verwenden. Auch die Gefährdung der im Iran lebenden Angehörigen des Flüchtlings stehe, so Mayer, in keinem Verhältnis zum Verwaltungsaufwand, der entstehe, wenn man prüfe, ob überhaupt eine Gefährdung vorliege."

Robert war großartig darin, Beamten Aussagen zu entlocken, die sie völlig demaskierten. Zum Schluss zitierte er meine empörte Reaktion: „Von Morden des iranischen Geheimdienstes in Österreich hat Mayer wohl noch nie gehört." 1989 hatte der iranische Geheimdienst drei Kurdenführer in Wien erschossen.

Mehdi und sein Sohn erhielten bald darauf Asyl. Die Salzburger Polizei lernte nichts aus der Affäre, außer dass den Verantwortlichen ohnedies nichts passiert. So ereignete sich nur drei Jahre später genau das Gleiche noch einmal.

Der Fall Mehdi hatte ein vereinsinternes Nachspiel. Bei der nächsten Vorstandssitzung fragte mich der damalige Obmann (nicht mehr der vom AMS, aber auch ein braver Beamter) besorgt, warum ich denn den Vorstand nicht gefragt hätte, bevor ich eine solche Anzeige, immerhin gegen die Polizei, erstattete und in die Medien ging? Ich antwortete ganz ruhig (und alle waren sprachlos): „Weißt du, ich hab mir gedacht, ihr werdet vielleicht dagegen sein." Missstände wie jene, die den Flughafensozialdienst ruiniert hatten, ließ ich hier bei Asyl in Not von Anfang an nicht zu.

Robert Schlesinger wurde bald darauf Vorstandsmitglied und war 1997–1998 Obmann von Asyl in Not. Damit war der Weg für offensive, professionelle Medienarbeit frei.

Stefan wird sterben: Bleiberecht für ein krebskrankes Kind

Gleich nach dem Salzburger Polizeiskandal schickte Asyl in Not allen Abgeordneten, die für Löschnaks Aufenthaltsgesetz gestimmt hatten, einen Brief. Robert Schlesinger hatte ihn verfasst, *Der Standard* veröffentlichte ihn am 28. Juli 1995:

Werter Herr Abgeordneter! Um Sie über die segensreichen Auswirkungen Ihrer Tätigkeit als Volksvertreter nicht im unklaren zu lassen, möchten wir Sie vom Schicksal des jugoslawischen Staatsbürgers Stefan D. in Kenntnis setzen. Stefan ist zwei Jahre alt und seit Geburt krebskrank; heute trägt er einen acht Kilogramm schweren Tumor im Leib und ist nur mehr eingeschränkt bewegungsfähig.

Stefans Vater lebt von einer Unfallrente in der Höhe von rund 5500 Schilling, er hat damit sechs Kinder zu versorgen. Nach den Richtlinien der MA 62, der Wiener Aufenthaltsbehörde, ist dieses Einkommen nicht als ausreichend anzusehen. Darum kann Herrn D. nach dem Aufenthaltsgesetz, dem Sie persönlich am 8. Juli 1992 im Nationalrat Ihre Stimme gegeben haben, die Aufenthaltsgenehmigung nicht verlängert werden. Ein unmündiges Kind aber kann nur ein Visum erhalten, wenn ein Elternteil rechtmäßig in Österreich ist; also darf auch Stefan nicht in Wien bleiben. Die Familie wird nach Serbien zurückkehren müssen.

Daß eine adäquate medizinische Versorgung für Stefan dort nicht möglich sein wird, braucht Sie und uns nicht zu kränken; das Kind wird nämlich gar nicht erst in Serbien ankommen, weil es die Reise nicht überleben wird. Es ist nach Auskunft seiner Ärzte nicht transportfähig.

Da Sie und Ihre Kollegen im Nationalrat es nicht für notwendig gehalten haben, die Gewährung eines Visums – trotz Vorliegen eines Versagungsgrundes – aus humanitären Erwägungen zu ermöglichen, ist die Entscheidung der MA 62 strikt rechtmäßig, ja sie hätte kaum anders getroffen werden dürfen. Stefan wird sterben. Sie tragen daran Mitschuld. Wir wünschen Ihnen eine dicke Haut.

Drei Tage später gab die Behörde nach. Die ganze Familie erhielt ein Aufenthaltsrecht. In das Familieneinkommen wurde nun auf einmal nicht nur die karge Pension des Vaters, sondern auch das

Gehalt des Sohnes und sogar jenes der künftigen Schwiegertochter eingerechnet. Diese Entscheidung war zwar gesetzwidrig, aber menschenrechtskonform. Und wir hatten sie durch unsere Veröffentlichung erkämpft. Auf unserem mühsamen Weg zum Bleiberecht war es ein erster Etappensieg.

Wirft das Asylamt den ersten Stein? Zum Tode Verurteilte vor Abschiebung!

Unter diesem Titel schrieb Robert Schlesinger einen seiner berühmtesten Artikel.[71] Er handelte von Frau K. aus dem Iran. Sie hatte die Ehe gebrochen, ihr drohte die Steinigung. Mit ihrem Mann, der trotz allem an ihrer Seite stand, und ihren beiden Kindern floh sie nach Österreich. Das Bundesasylamt wies ihren Antrag mit der schönen Begründung ab, sie sei ja nur „auf der Flucht vor der in ihrem Lande so verstandenen Gerechtigkeit".

In der Berufung warfen wir dem Asylamt „rassistische Vorurteile" vor: Der Behörde scheine offenbar „die drakonische Unmenschlichkeit der iranischen Gesetze für die dortige Bevölkerung gerade gut genug." Ferner wandten wir ein, Frau K. gehöre einer „sozialen Gruppe" im Sinne der Genfer Flüchtlingskonvention an. Nämlich der Gruppe jener Menschen, die Wert auf sexuelle Selbstbestimmung legen. Und die sich daher den perversen Moralbegriffen gewisser Religionen nicht unterordnen wollen.

Unsere Berufung wurde abgewiesen; die Beschwerde an den Verwaltungsgerichtshof ebenso. Eine „soziale Gruppe der Ehebrecherinnen", schrieb das Innenministerium, sei hieramts unbekannt. Frau K. flüchtete weiter in ein anderes Land. Ich habe nichts mehr gehört von ihr; hoffentlich geht es ihr gut. Damals waren die Computer noch nicht vernetzt und man konnte dort nicht feststellen, ob sie vorher schon in Österreich gewesen war.

Roberts Artikel hatte zwar am Ausgang dieses Verfahrens nichts ändern können, aber er hatte eine öffentliche Diskussion ausgelöst, die für die weitere Entwicklung der Judikatur bahnbrechend war: Einige Jahre später stellte der Verwaltungsgerichtshof fest, dass aufgrund der Verquickung von Staat und Religion im Iran Verletzungen religiöser Vorschriften als Ausdruck oppositio-

71   Der Standard, 6./7./8. 4. 1996

neller politischer Gesinnung angesehen und verfolgt werden. Im Klartext: Ehebrecherinnen gelten im Iran als Staatsfeindinnen, weil sie die Grundlagen des Mullah-Regimes untergraben. Sie werden daher aus politischen Gründen verfolgt.

Später weitete der Verwaltungsgerichtshof diese Judikatur insoweit aus, als er feststellte, afghanische Frauen würden unter den Taliban als soziale Gruppe verfolgt. Der UBAS (Unabhängige Bundesasylsenat) setzte diese Spruchpraxis auch nach der Ablösung der Taliban durch die Mudjaheddin fort und entschied in ständiger Rechtsprechung, die den Frauen von den Islamisten auferlegten Beschränkungen seien von der Intensität ebenso wie vom Grunde (Zugehörigkeit zu einer sozialen Gruppe) her asylrelevant. Verwaltungsgerichtshof und UBAS haben sich also zu der Einsicht durchgerungen, dass derartige Einmischungen des Staates oder der Religion ins Privatleben der Menschen nicht gerechtfertigt sind. Diese Judikaturwende haben wir errungen; Robert Schlesingers Artikel („Wirft das Asylamt den ersten Stein?") war der erste Schritt in diese Richtung.

So wurde Asyl in Not unter Robert und mir in den beiden, für uns untrennbaren Bereichen der Rechtsberatung und der politischen Agitation zur führenden Kraft. Zugleich stellte ich die Finanzierung auf eine neue Grundlage. Unser Hauptanliegen war es, vom Staat unabhängig zu werden.

Unabhängigkeit

Als ich meinen Dienst antrat, galt noch das Blecha-Dallinger-Abkommen. Den Verein finanzierte zur Hälfte das Innenministerium, zur Hälfte das Arbeitsamt. Mir gelang die unternehmerische Leistung, alle Förderungen zu verlieren, die wir jemals hatten – aber auch: sie durch etwas Neues zu ersetzen.

Das Innenministerium stellte 1994 die Zahlungen ein, mit der schönen und durchaus zutreffenden Begründung, wir würden „verfahrensverzögernd wirken". Weil wir nämlich Berufungen schreiben, ja natürlich! Das ist unsere Aufgabe als Rechtsberater. Zugegeben, ohne uns würde man die Menschen, die in Österreich Schutz suchen, viel rascher los. Das war unter Löschnak. Unter seinem Nachfolger Caspar Einem stellten wir einen neuen Antrag und bekamen auch etwas, ich glaube, 500.000 Schilling dürften es gewesen sein. Einems Nachfolger Karl Schlögl zahlte davon nur mehr die Hälfte und der schwarze Minister Ernst Strasser schließlich gar nichts mehr.

Auch das Arbeitsamt, das uns einst fünf Arbeitsplätze finanziert hatte, stellte diese Zahlungen Schritt für Schritt ein und begründete dies ebenfalls einleuchtend: Unsere Klienten, die Asylwerber, dürften nicht mehr arbeiten, seit Löschnak und Matzka die Gesetze geändert hatten. Daher sei unsere Beratungstätigkeit arbeitsmarktpolitisch nicht mehr relevant.

1995 startete ich unsere Geldsammlungen in den Kabaretts. In der „Kulisse" zuerst, dann im „Vindobona" und im „Orpheum". Roland Düringer war der Erste, der nach seiner Vorstellung aufrief, für uns zu spenden, und wir standen mit der Sammelbüchse beim Ausgang. Gunkl kam dazu, Andreas Vitasek, Lukas Resetarits und viele andere. Ihnen allen danke ich sehr.

Unvergesslich bleibt mir Düringers Ansage in der Kulisse, selbst Inländer – und wie viel mehr noch Flüchtlinge – brauchten im Umgang mit Behörden oft genug „a klaane Hilfe – zum Beispiel: a Pumpgun!" Das Publikum lachte und klatschte und spendete – für die Pumpgun … Die wir dann doch nicht kauften, bis jetzt noch nicht jedenfalls.

1996 konnte ich einen zweiten Finanzbereich für Asyl in Not erschließen, der rasch zum wichtigsten wurde: die Kunstauktionen. Mit dem Wissen, dass im Vorjahr der Flüchtlingsdienst der Evangelischen Diakonie so etwas veranstaltet hatte, ging ich zu Michael Bubik, dem Geschäftsführer des Diakonie-Flüchtlingsdienstes, und sagte ihm ganz direkt, von nun an würden wir gerne die Auktionen machen. Die Diakonie sei darauf nicht angewiesen, sie sei größer und reicher als wir. Michael Bubik sagte sofort Ja.

Ich werde das nie vergessen. Es war ein Akt der unmittelbaren, gelebten Solidarität. Bubik übergab mir auch die gesamte Dokumentation. 1996 fand unsere erste Auktion im Museum für Völkerkunde statt und brachte einen Erlös von 500.000 Schilling. Damit konnten wir den Arbeitsplatz eines Rechtsberaters auf ein Jahr finanzieren.

Bubik gebührt unser herzlicher Dank, denn er hat uns damals buchstäblich gerettet, ungeachtet mancher Meinungsverschiedenheiten, die wir offen austrugen. Ob Solidarität dieser Art unter

NGOs heute noch so selbstverständlich wäre, bin ich mir nicht sicher. Immerhin hat daraufhin das Integrationshaus von sich aus erklärt, selber keine Kunstauktion machen zu wollen, sondern eine alljährliche Weinauktion, um uns nicht in die Quere zu kommen. Auch dafür an dieser Stelle: Herzlichen Dank!

Seit 1996 finden unsere Auktionen alljährlich im Herbst statt. Von ihrem Gelingen hängt das finanzielle Überleben im darauffolgenden Budgetjahr ab. Zum weiteren Standbein wurden ab 2000 unsere PR-Maßnahmen: ein vierteljährlicher Rundbrief und das Internet (regelmäßige Aussendungen und die Homepage www.asyl-in-not.org); schließlich seit 2009 auch Facebook. Unsere kleinen, aggressiven Medien dienen sowohl der politischen Agitation als auch der Finanzierung, denn die Menschen lesen die Aussendungen nicht nur, sondern sie zahlen daraufhin Spenden für Asyl in Not. Ein Beweis auch dafür, dass alternative Medien rentabel sein können. Heute ist der Verein so gut wie zur Gänze privat finanziert (wenn man von zeitweiligen EU-Förderungen absieht, über die wir uns freuen, wenn wir sie bekommen, auf die wir aber nicht angewiesen sind).

„Ich kann nichts für euch tun – außer Zeit gewinnen…"

Ich möchte auf ein paar unserer „Fälle" zurückkommen. 1993 trat ich dem Verein bei, zur härtesten Löschnak-Zeit. Eben erst waren seine Gesetze in Kraft getreten. Meinen Klienten sagte ich also stets den gleichen Satz: „Ich kann nichts für euch tun – außer Zeit gewinnen. Ein Rechtsmittel nach dem anderen, bis eines Tages Löschnak fällt und ein anderer Minister kommt, der die Menschenrechte achtet, das Gesetz reformiert und die Beamtenschaft säubert." Viele Menschen, die meine Hilfe suchten, begleitete ich viele Jahre lang durch den Behördendschungel, in der Hoffnung auf bessere Zeiten …

Ilir

Ilir M., ein junger Kosovo-Albaner, lebte seit 1991 bei seinem Bruder und dessen Familie in Wien. Der Bruder, zum Aufenthalt berechtigt, hatte Arbeit und eine Wohnung und sorgte für ihn. Ilir war Deserteur, das war sein Fluchtgrund, er wollte nicht in einer Armee dienen, die sein Volk unterdrückte. Antrag abgewiesen! Wehrdienst ist über Bürgerpflicht! Desertion – ein „rein kriminelles Delikt". Berufung ans Innenministerium – ebenfalls negativ ...

Solche Bescheide produzierten die Behörden am laufenden Band. Eine völlige Missachtung der Genfer Flüchtlingskonvention. Dort steht nirgends ein Wort vom Wehrdienst als Bürgerpflicht, sondern es ist klar und deutlich festgeschrieben, dass Verfolgung wegen politischer Gesinnung zum Asyl führen muss. Was anderes als politische Gesinnung sollte es denn sein, wenn jemand aus politischer Überzeugung den Wehrdienst verweigert oder desertiert?

Nachdem Ilirs Asylantrag in beiden Instanzen abgewiesen worden war, füllte ich für ihn zwei Formulare aus: eines, um Verfahrenshilfe zu bekommen, also einen kostenlosen Rechtsanwalt, der eine Beschwerde an den Verwaltungsgerichtshof einbringen würde; und eines, mit dem Ilir bei der Magistratsabteilung 62 eine Aufenthaltsbewilligung beantragen konnte.

Diese Magistratsabteilung war 1993 geschaffen worden, um über Aufenthaltsanträge zu entscheiden. Erstanträge waren allerdings seither vom Ausland aus zu stellen. Ilir hätte also ausreisen müssen. Diese Regelung hatte früher nicht gegolten, vor 1993 war es selbstverständlich, dass abgewiesene Asylsuchende vom Inland aus ein Visum beantragen durften. Diese Neuerung, die auf Manfred Matzka zurückzuführen ist, bekämpften wir politisch und juristisch. Wir stellten in allen solchen Fällen Anträge bei der MA 62, um die Sache durchzujudizieren. Da ließen wir nicht locker. Die Judikatur bleibt nie, so wie sie ist. Sie konnte sich zum Besseren genauso wie zum Schlechteren wenden. Ausprobieren musste man es jedenfalls.

Ich schickte Ilir also mit dem ausgefüllten Formular zur MA 62. Leider kannte er sich in Wien nicht aus und ging mit dem Formular nicht zum Magistrat, sondern zum Bundesasylamt, weil das auch im dritten Bezirk ist, wo er wohnt. Dort schickte man ihn weg und gab ihm den „guten", völlig rechtsirrigen Rat, doch einfach zur Polizei zu gehen, zum nächsten Wachtposten. Dort werde man ihm dann schon helfen ... Ilir befolgte den Rat, ahnte nichts Böses und ging also zur Polizei – und wurde dort sofort fest-

genommen. Schubhaft! Er war ja seit der Abweisung seines Asylantrages „illegal" …

Ich erhob Beschwerde an den Unabhängigen Verwaltungssenat (UVS). Der Bruder legte eine „Verpflichtungserklärung" vor:
Er unterschrieb vor einem Notar, für Ilirs Lebensunterhalt sorgen zu wollen – was er ja bisher auch schon tat. Ilir wurde freigelassen; der UVS erklärte zwar die Festnahme für rechtens, die
Fortdauer der Haft ab Vorlage der Verpflichtungserklärung hingegen für unzulässig. Also durfte Ilir wieder zu seinem Bruder und
brachte auch endlich seinen Antrag auf Erteilung einer Aufenthaltsbewilligung bei der richtigen Stelle, der MA 62, ein. Bald
darauf wurde er vorgeladen. Die Beamtin der MA 62 „empfahl"
ihm, seinen Antrag zurückzuziehen. Er würde ohnedies bestimmt
abgelehnt, und dann käme die Fremdenpolizei und die – „macht
so!" Die Beamtin kreuzte ihre Hände, wie wenn Handschellen
angelegt werden. Ilir wusste nicht aus noch ein. Er unterschrieb.

Dann erst kam er zu mir und erzählte mir das. Ich schrieb
sofort einen Brief an den Leiter der MA 62 und teilte ihm mit, die
Zurückziehung des Antrages sei nicht rechtens erfolgt, da mein
Mandant unter Druck gesetzt worden sei. Seine Unterschrift sei
null und nichtig. Zugleich erstattete ich gegen die Beamtin eine
Dienstaufsichtsbeschwerde; die natürlich im Sand verlief.

Wie nicht anders zu erwarten, wurde Ilirs Antrag von der
MA 62 abgewiesen, meine Berufung sodann ebenso. Also gingen
wir zum Verwaltungsgerichtshof. Dieser hatte der Beschwerde im
Asylverfahren die aufschiebende Wirkung zuerkannt, sodass Ilir
nicht mehr „illegal" war. Nach einigen Jahren behob der Verwaltungsgerichtshof den Asylbescheid und das Verfahren war wiederum beim Innenministerium anhängig. Das Innenministerium
erließ bald darauf erneut einen negativen Bescheid, wie gewohnt.
Also wieder zum Verwaltungsgerichtshof. Ich glaube dreimal oder
viermal ging das so hin und her.

Ilir arbeitete natürlich schwarz. Er konnte ja seinem Bruder
nicht jahrelang auf der Tasche liegen. Asylsuchende durften aber
nicht arbeiten, sie erhielten seit Löschnaks und Matzkas Gesetzen
keine Beschäftigungsbewilligungen mehr.

Wie viel Geld da dem Finanzamt und der Sozialversicherung
durch Verschulden der Asylbehörden verloren ging, wage ich nicht

zu beziffern; Manfred Matzka, der mit seinen Gesetzen dafür die Verantwortung trug, wurde niemals dafür belangt oder zum Ersatz des Schadens gezwungen.

Erst Anfang 2000 bekam Ilir schließlich mit viel Glück eine Beschäftigungsbewilligung. Erst unter Schwarz-Blau, absurderweise, war das für kurze Zeit möglich – bis der schwarze Minister Bartenstein mit einem Erlass (2004) das Schlupfloch wieder schloss ... Das kam so: 1999, auf dem Höhepunkt des Krieges im Kosovo, als fast alle Asylanträge von Kosovo-Albanern positiv entschieden wurden, lag Ilirs Akt gerade wieder einmal „oben" beim Verwaltungsgerichtshof. Der nicht in der Sache entscheiden, sondern nur Bescheide aufheben kann. Das geschah dann auch, aber leider erst knapp nach Kriegsende, als der Kosovo befriedet war und niemand mehr Asyl erhielt. Ilir hatte wirklich oft Pech. Und dann doch wieder Glück. Er war dann zehn Jahre in Österreich, hatte legale Arbeit und war „gut integriert". Also erhielt er die österreichische Staatsbürgerschaft. Sein noch immer anhängiger Asylantrag wurde nun „als unzulässig zurückgewiesen", weil er ja jetzt kein „Fremder" mehr war. Eigentlich logisch, irgendwie: Inländer brauchen kein Asyl ...

Grenzenlose Liebe

Carmen war Kubanerin, Minh Vietnamese. Eine verbotene Liebe ... Kennengelernt haben sie einander in der ehemaligen Tschechoslowakei, wohin sie in Arbeitskontingenten gekommen waren. Dann war die Tschechoslowakei mit dem Jahr 1989 auf einmal kein sozialistisches Bruderland mehr und die Kontingente wurden abgezogen. Somit hätten sie einander nie mehr wiedergesehen.

Minh floh als Erster nach Österreich. Er kam gut über die Grenze, wurde in die Bundesbetreuung aufgenommen. Schrieb ihr, dass sie nachkommen solle. Der Brief wurde abgefangen. Der Kontingentführer las ihn vor dem ganzen Kollektiv vor, beschimpfte Carmen, drohte ihr mit Gefängnis, wenn sie es wagen sollte, ihrem Freund nachzufolgen. Da flüchtete sie natürlich erst recht ...

Aber sie hatte Pech: an der Grenze zu Österreich wurde sie erwischt. Drei Monate Schubhaft! Obwohl sie versuchte, sofort einen Asylantrag zu stellen; obwohl Minh sich sofort meldete; obwohl auch die Pensionswirtin auf meine Bitte sofort schrieb, dass für Carmen noch Platz bei ihr sei. Nach drei Monaten Gefängnis, ohne Gerichtsurteil und ohne Delikt, wurde Carmen entlassen, mit keinen anderen Papieren als einem Aufenthaltsverbot und der Haftentlassung in Händen.

Ich war damals noch beim Flughafensozialdienst, kümmerte mich nebenbei aber auch schon um Flüchtlinge, die auf dem Landweg kamen. Das Verfahren zog sich über Jahre hin, erst bei Asyl in Not habe ich es zu einem guten Ende gebracht. Gegen Carmens Aufenthaltsverbot schrieb ich eine Berufung und stellte für sie schriftlich einen neuen Asylantrag. Sie war „Republikflüchtling", hatte Kuba den Rücken gekehrt: Allein dafür musste sie mit schwerer Strafe rechnen.

Carmen wartete gemeinsam mit zehn vietnamesischen Flüchtlingen (gleichfalls aus der Tschechoslowakei gekommen) tagelang in der Evangelischen Kirche in Traiskirchen. Erst als ich das Fernsehen hinschickte, wurden sie alle in die Bundesbetreuung aufgenommen. Carmens Asylantrag wurde in der ersten Instanz mit dem damals üblichen Wisch, ohne jede Begründung abgewiesen. Ich schrieb die Berufung und Carmen wurde, kaum zu glauben, in zweiter Instanz vom Innenministerium anerkannt! Eine Beamtin dort zitierte einen Zeitungsbericht über kubanische Republikflüchtlinge, die mit Arbeitslager bedroht waren. Ich hätte es nicht gedacht!

Also Carmen ja – aber nicht Minh! Obwohl beider Fluchtgründe identisch waren: Republikflucht, verbotene Liebe. In Vietnam wurde man dafür genauso hart bestraft wie in Kuba. Trotzdem negativ! Minh nahm einen Anwalt und erhob Beschwerde an den Verwaltungsgerichtshof.

Inzwischen hatten sie geheiratet, eine Eigentumswohnung erworben. Minh arbeitete in einer Fabrik, Carmen in einem Schmuckgeschäft. Sie gingen ins Rathaus und beantragten die österreichische Staatsbürgerschaft. Die Genfer Flüchtlingskonvention sieht für anerkannte Flüchtlinge eine beschleunigte Einbürgerung im Asylland vor; in Österreich war das damals schon nach vier Jahren möglich. Und Carmen war ja als Flüchtling anerkannt. Dann bekamen sie ein Kind, Carmen ging in Karenz, Minh wurde leider arbeitslos. Für das Kind stellte ich einen Asyl-Ausdehnungsantrag, dem eigentlich automatisch stattzugeben war.

Aber nein! Der Antrag wurde abgelehnt – weil nur die Mutter, nicht aber der Vater asylberechtigt war. Das war völlig rechtswidrig. Ich erhob sofort Berufung, sogar das Innenministerium als Zweitinstanz gab uns recht. Der kleine Martin bekam Asyl. Zugleich aber leitete das Bundesasylamt nun gegen Carmen ein Asylaberkennungsverfahren ein! Das ist dann möglich, wenn die Gründe, die zum Asyl geführt haben, wegfallen. Aber war das denn der Fall? War in Kuba Republikflucht plötzlich nicht mehr strafbar? Davon hatte ich nun wirklich nichts gehört.

Das Aberkennungsverfahren hätte Carmen fast um die Staatsbürgerschaft gebracht. Die Beamtin im Rathaus zu Carmen: „Wir können sie nicht einbürgern. Sie haben ja kein Asyl mehr. Erst wenn Sie zehn Jahre in Österreich sind." Völlig falsch natürlich, Carmen hatte immer noch Asyl, es war nur ein Aberkennungsverfahren eingeleitet. Aber einer Beamtin diesen Unterschied zu erklären …! Das Einbürgerungsverfahren dauerte schon über ein Jahr, Minh hatte wieder Arbeit gefunden; ich hatte bei Bürgermeister Zilk interveniert. Der Akt war an einen Stadtrat weitergegangen, der „genaue Prüfung" versprach.

Ich nahm Akteneinsicht im Asylamt, denn ich wollte die Gründe für das Aberkennungsverfahren wissen. Zu meinem Erstaunen stand dort als Begründung nur ein einziger Aktenvermerk: „AI-Bericht 1993, S. 580". Also der Jahresbericht von Amnesty International. Im Büro schaute ich nach, was denn dort stand … Und ich staunte noch mehr: Seite 580 fand ich den Bericht über – Vietnam! Carmen war doch Kubanerin. Sie wurde in Kuba verfolgt. Offenbar meinte die Behörde: Wenn schon Minh kein Asyl bekommt und abgeschoben wird nach Vietnam, kann Carmen doch gleich mit ihm gehen. Ich schrieb eine geharnischte Stellungnahme, dass das Asylamt nicht einmal mehr imstande sei, die Nationalität eines anerkannten Flüchtlings richtig festzustellen, und beantragte, das Verfahren sofort einzustellen. Dann war Funkstille. Eine Kopie meiner Stellungnahme schickte ich der Beamtin im Rathaus, die für Einbürgerungen zuständig war.

Ende März 1995 rief Carmen mich an: „Wir haben heute alle drei die Staatsbürgerschaft bekommen." Gerade rechtzeitig, bevor das Asylamt auf neue Schikanen kommen konnte. Nach so vielen Jahren beamteter Willkür – ein schöner Erfolg …

Familie Kaya

Leyla Kaya, Kurdin aus der Türkei, kam Ende 1992 nach Österreich: Dreimal hatte die türkische Polizei den Bauernhof durchsucht, um ihren Mann zu finden. Sie schlugen sie, bis sie das Bewusstsein verlor. „Das nächste Mal bringen wir deine Kinder um." Leyla wartete nicht auf das nächste Mal. Sie verkaufte Hof und Vieh, um den Schlepper zu bezahlen, und flüchtete 1992 mit den Kindern nach Wien. Ihr Mann erwartete sie bereits.

Leylas Mann war Landwirt und Bauarbeiter in der Provinz Tunceli gewesen, einer Gegend, wo die Kurden vom türkischen Militär seit jeher besonders unterdrückt wurden. Herr Kaya war kein Held, er ging nicht zu den Partisanen, nur zweimal zu Versammlungen einer linksgerichteten Organisation – oft genug, um den Behörden aufzufallen. 1991 übersiedelte er nach Österreich und erhielt ein Visum, ein Bekannter hatte ihn eingeladen. Inzwischen wurde er daheim von den türkischen Militärs gesucht.

Ich stellte für Frau Kaya einen schriftlichen Asylantrag und begleitete sie zur Einvernahme; im Asylamt Wien stießen wir auf Herrn A., der mir dann noch oftmals unterkam. Er wies Frau Kayas Antrag mit der lapidaren Begründung ab, sie sei durch Ungarn gekommen und dort vor Verfolgung sicher gewesen. In der Berufung machte ich geltend, dass Ungarn Kurden zurückschiebt. Ungarn hatte damals die Genfer Flüchtlingskonvention nur mit Vorbehalt unterschrieben: nicht für Flüchtlinge aus der Dritten Welt.

Meine Berufung wies das Innenministerium mit der Begründung ab, die türkische Polizei hätte Leyla „nicht aus den in der Genfer Flüchtlingskonvention genannten Gründen verhört und misshandelt", sondern nur (!), „um von ihr den Aufenthaltsort ihres Gatten und anderer Dorfbewohner zu erfahren", zu denen sie „soziale Kontakte" unterhielt, weswegen man bei ihr ein „Sonderwissen" vermutete. Diesen (auch in den Medien oft zitierten) Bescheid hatte ein gewisser Dr. Romanoski von der „Fachabteilung" des Innenministeriums auf dem Gewissen.

Wir erinnern uns: Josef Rohrböck, Österreichs Asylpionier, hatte einst versucht, diese Fachabteilung zu einer echten Berufungsinstanz zu machen und war von Matzka geschasst worden. Seither hatten dort Leute wie dieser Romanoski das Sagen.

1993 lief Herrn Kayas Visum ab. Den Verlängerungsantrag stellte er zu spät. Damals trat gerade Herrn Löschnaks berüchtigtes Aufenthaltsgesetz in Kraft: Man musste den Antrag jetzt vier Wochen vor Ablauf des Visums stellen; viele tausend Gastarbeiter versäumten, wie Herr Kaya, diese Frist und verloren von einem Tag auf den anderen ihr Aufenthaltsrecht. Um diese Zeit kam ein Brief aus dem Dorf: zwölf junge Männer aus der Gegend seien erschossen worden von der Polizei. Jetzt stellte auch Herr Kaya einen Asylantrag.

Die Kayas hatten keine Aufenthaltsbewilligung, denn sie waren „nicht direkt", sondern über Ungarn gekommen. Daher waren sie jederzeit von Abschiebung bedroht. Sie waren nicht in Bundesbetreuung, sondern privat untergebracht. Zunächst (zu sechst in einem Zimmer) im „Ernst-Kirchweger-Haus", einem von „Autonomen" besetzten früheren Parteihaus der KPÖ. Die hygienischen Bedingungen dort waren unerträglich. Eine Ärztin, zu der ich Leyla Kaya schickte, stellte Tuberkulose fest. Die Kinder gingen im Bezirk Favoriten in die Schule. Eine Lehrerin kümmerte sich sehr um die Familie, sammelte Kleider, organisierte einen Eiskasten, sammelte Unterschriften …

Das Asylverfahren dauerte zehn Jahre. Dreimal behob der Verwaltungsgerichtshof (VwGH) die rechtswidrigen Bescheide des Innenministeriums. Jedes Mal erließ das Ministerium den gleichen Beharrungsbescheid. Leylas Mann hatte, wie gesagt, nur an zwei Versammlungen teilgenommen. Aber das Innenministerium behauptete, er werde als „Sympathisant einer politischen und dem bewaffneten Kampf verschriebenen Gruppierung" verfolgt. Dies sei „keine politische, sondern eine legitime strafrechtliche Verfolgung", wie sie „auch in westlich-demokratischen Gesellschaften notwendig" sei. Dieser Bescheid stammte von Mag. Benda, der später beim Unabhängigen Bundesasylsenat unterkam und jetzt beim Asylgerichtshof sein Wesen treibt.

Rechtsanwalt Dr. Herbert Pochieser erhob Beschwerden an den Verwaltungsgerichtshof. 1995 saß Herr Kaya in Schubhaft; nur durch massiven Protest und eine von Dr. Pochieser eingebrachte Beschwerde konnten wir seine Deportation verhindern. Der Verwaltungsgerichtshof gab den Beschwerden nach zwei Jahren statt, woraufhin das Innenministerium im Mai 1996 abermals negativ entschied, wogegen Dr. Pochieser abermals Beschwerden an das Höchstgericht erhob. Parallel zum Asylverfahren stellte ich – rechtlich aussichtslose – Anträge auf Aufenthaltsbewilligungen bei der MA 62, die natürlich abgewiesen wurden und ebenfalls zu den Höchstgerichten wanderten. So überbrückten wir die Zeit, wie in vielen anderen Fällen auch.

Schließlich erreichten wir die Aufnahme der Familie in das damals eben von Willi Resetarits gegründete Integrationshaus, wo sie endlich auch angemessene psychologische Betreuung und regelmäßige ärztliche Hilfe erhielten. An der ständigen Ungewissheit über die Zukunft änderte sich dadurch aber nichts.

1998 wurde der UBAS gegründet; nun gab es erstmals die Chance auf ein rechtsstaatliches Verfahren. Aber die neue Berufungsinstanz hatte tausende Altfälle zu bearbeiten; bis die Kayas an der Reihe waren, verging wieder einige Zeit. Dann endlich, 1999, fand eine öffentliche Verhandlung statt, zu der ich Herrn Kaya begleitete. UBAS-Mitglied Dr. Balthasar hielt uns vor, die Verfolgungsgefahr wegen der beiden Versammlungen im Jahre 1991 sei nicht mehr aktuell. Ja freilich, so lange hatten die Beamten im Innenministerium die Sache verzögert und verschleppt …

Daraufhin machte ich Gruppenverfolgung der gesamten kurdischen Bevölkerung geltend. Kurz vorher war der Leiter der Kurdischen Arbeiterpartei (PKK), Abdullah Öcalan, verhaftet worden. In den kurdischen Provinzen führte das türkische Militär ethnische Säuberungen durch. Das Dorf, wo die Kayas einst gelebt hatten, war nun fast menschenleer. Dr. Balthasar vertagte die Verhandlung, um unsere Angaben von einem Vertrauensanwalt der österreichischen Botschaft in der Türkei überprüfen zu lassen. Das dauerte zwei Jahre. Inzwischen fand Herr Kaya mit Hilfe des Integrationshauses Arbeit, erhielt eine Beschäftigungsbewilligung und beantragte die österreichische Staatsbürgerschaft.

Im Oktober 2001 waren wir wieder beim UBAS und erfuhren, dass Herrn Kayas Angaben über die Lage in seiner Herkunftsregion zwar für richtig befunden worden, für die Asylgewährung aber nicht ausreichend seien. Herr Kaya hatte aber in den vergangenen Jahren in der Gemeinschaft der in Wien ansässigen Kurden Fuß gefasst und sich im Rahmen seiner Möglichkeiten politisch engagiert. Er hatte an Demonstrationen und Versammlungen als Ordner teilgenommen, hatte Flugblätter verteilt und sich bei Diskussionen zu Wort gemeldet; viele Jahre lang, sodass es den Spitzeln der türkischen Botschaft nicht verborgen geblieben sein konnte. Dies bestätigte ein zur dritten UBAS-Verhandlung am 18. Jänner 2002 als Zeuge geladener Funktionär eines kurdischen Exilvereins. Auch der länderkundige Sachverständige, den der UBAS bestellte, führte in seinem Gutachten aus, Herr Kaya habe zwar nur untergeordnete Tätigkeiten ausgeführt, diese würden aber von den türkischen Behörden als Unterstützung einer separatistischen Organisation gewertet. Herrn Kaya drohe daher im Falle seiner Heimkehr Verhaftung und Folter durch die Antiterror-Einheit der türkischen Polizei.

Dr. Balthasar verkündete daraufhin den positiven Bescheid. In der Folge erhielten auch seine Frau und seine Kinder Asyl und bald darauf auch die österreichische Staatsbürgerschaft.

So war eine scheinbar unendliche Geschichte zum guten Ende gelangt. Freilich mit bitterem Beigeschmack. Denn natürlich hätten die Kayas schon 1992 – und zwar „prima facie", ohne weiteres Verfahren – Asyl erhalten müssen. Kurden sind bekanntlich in der Türkei seit vielen Jahren schwerster Unterdrückung ausgesetzt. Und diese Unterdrückung ist auch nicht weniger intensiv als es die der Menschen in den Oststaaten war, die doch alle Asyl erhielten, als Österreich noch ein Asylland war.

Familie Kaya war ein Opfer der systematischen Zerstörung des Asylrechts in der Löschnak-Matzka-Zeit. So wie viele andere Menschen, deren Existenz durch rassistische Gesetze und eine fremdenfeindliche Beamtenschaft vernichtet worden ist.

Die beiden Tänzerinnen

Thérèse Maloba und Marie Kadila waren Tänzerinnen aus Zaire (heute: Demokratische Republik Kongo). Sie traten bei Propagandaveranstaltungen des Diktators Mobutu auf. Jahrelang wurden sie von Funktionären des Regimes sexuell missbraucht.

Sie wurden Mitglieder der Vereinigten Lumumbistischen Partei (PALU, Parti Lumumbiste Unifié), einer Oppositionsbewegung, die sich auf die Ideen des ermordeten Freiheitskämpfers und ersten Ministerpräsidenten des Kongo, Patrice Lumumba, berief. Als sie sich an den ersten Frauendemonstrationen in Zaire beteiligten, wurden sie verhaftet und gefoltert. Frau Kadila hatte Schnittwunden an den Armen, Spuren der Folter mit Rasierklingen. Ihre Beine wurden mit kochendem Wasser verbrüht, auch davon sah man noch Spuren.

Die beiden Frauen flüchteten nach Österreich und beantragten Asyl. Bei der ersten Einvernahme in Traiskirchen sagten sie nichts von den Vergewaltigungen. Sie schämten sich vor dem männlichen Beamten. Heute können vergewaltigte Frauen verlangen, von einer weiblichen Beamtin befragt zu werden, diesen gewaltigen Fortschritt haben wir mittlerweile erkämpft; damals (1992) gab es diese Möglichkeit noch nicht. Ihre Schnittwunden zeigte Frau Kadila zwar vor, aber sie wurden nicht protokolliert. Obwohl jeder sie sehen konnte, der hinschaute. Eigentlich hätte der Beamte von sich aus fragen müssen, was das für Narben sind. Beide Asylanträge wies das Asylamt in erster Instanz ab.

Frau Maloba versäumte die Berufungsfrist. Sie war schlecht untergebracht, schlecht beraten, erhielt den Bescheid zu spät vom Postamt, kam dann auch noch zu spät zu uns, sodass nicht einmal mehr ein Wiedereinsetzungsantrag möglich war.

Frau Kadila kam rechtzeitig zu mir, ich schrieb eine Berufung, protestierte gegen die skandalöse Behandlung einer vergewaltigten Frau – das Innenministerium wies die Berufung in kürzester Zeit ab. Frau Kadila sei unglaubwürdig, weil sie die Vergewaltigungen nicht gleich erwähnt hatte. Es stehe ihr nicht zu, stand wörtlich im Bescheid, „die Sensibilität und Diskretion eines österreichischen Beamten" infrage zu stellen! Sie hatte mittlerweile ihren Mitgliedsausweis vorgelegt, zum Beweis, dass sie wirklich Mitglied der Lumumbistischen PALU-Partei war. Und zwei Vorladungen wegen regimefeindlicher Tätigkeit, die ihr nach ihrer Flucht zugestellt worden waren. Uninteressant, meinte das Innenministerium. Sie hätte „Gelegenheit genug gehabt, sich zu äußern", war im zweitinstanzlichen Bescheid zu lesen.

Beide Frauen beriet und unterstützte ich jahrelang. Sie waren nicht in Bundesbetreuung, fanden eine kleine Privatwohnung und finanzierten ihren Lebensunterhalt als Friseurinnen. Natürlich privat und schwarz.

Die Fremdenpolizei verlangte einen Nachweis ihres Lebensunterhalts. Frau Kadilas Verfahren hing beim Verwaltungsgerichtshof; Frau Maloba war völlig „illegal" und hätte jederzeit abgeschoben werden können. Ich fand einen Ausweg: Die beiden Frauen traten auch in Wien manchmal als Tänzerinnen für einen afrikanischen Kulturverein auf. Dieser Verein stellte ihnen Bescheinigungen aus, dass sie auch als Friseurinnen für ihn tätig wären, um kunstvolle afrikanische Frisuren und Perücken anzufertigen, was als Kunsthandwerk zu werten sei. Dieses Schreiben und Honorarnoten, die die beiden dem Kulturverein stellten, legte ich der Fremdenpolizei vor. Mit einem Begleitschreiben von mir über den hohen Stellenwert der Freiheit der Kunst. Seither wurden sie in Ruhe gelassen.

1997 erreichte ich, dass Frau Maloba (die mittlerweile einen anerkannten Flüchtling geheiratet hatte) im Rahmen einer Legalisierungsaktion für Langzeitasylwerber ein Visum erhielt. Frau Kadila wurde erst 2000 nach Durchführung einer mündlichen Verhandlung, in der sie ihre Fluchtgründe glaubhaft und detailreich schilderte, vom Unabhängigen Bundesasylsenat (UBAS) als Flüchtling anerkannt.

Mbemba Funsu

Mbemba Funsu war Sekretär des Botschafters von Zaire (heute: Demokratische Republik Kongo) in Wien. Er arbeitete aber auch für die Opposition, kopierte brisante Akten und warnte Emigranten vor Mordanschlägen des Diktators Mobutu. Vielen Menschen rettete er das Leben. Bis er aufflog und abberufen wurde. Da er wusste, was ihn daheim erwartete, blieb er in Wien und stellte 1992 einen Asylantrag.

In der Schlachthausgasse geriet er an denselben Beamten, Herrn A., der auch Frau Kaya „negativ machte". Also wieder das gleiche Spiel: Abgewiesen in erster Instanz, Berufung, negativ auch beim Ministerium, Beschwerde an den VwGH, behoben, wieder negativ … Und so weiter, ping-pong, hin und her. Auch Mbemba wohnte, wie die Kayas, mit sechs anderen in einem kleinen Zimmer im Notquartier. Auch er saß monatelang in Schubhaft.

Er war 60 Jahre alt, zum ersten Mal in seinem Leben im Gefängnis; sehr kalt sei es dort gewesen, erinnerte er sich später, zu essen habe es meist nur wässrige Suppe gegeben und trockenes Brot. Eine einstweilige Anordnung des Europäischen

Gerichtshofes in Straßburg rettete ihn vor der Abschiebung in den sicheren Tod. Aber damit war es nicht getan. Das Verfahren dauerte noch viele Jahre lang. Aber wir schützten Herrn Mbemba, bis das Gesetz geändert war.

Einmal, nachdem der Verwaltungsgerichtshof wieder einmal einen rechtswidrigen Bescheid des Innenministeriums behoben hatte, begleitete ich Herrn Mbemba ins Asylamt. Dort wurde er drei Tage verhört. Von einem Kriminalbeamten, den ich von früheren ähnlichen Anlässen her ganz gut kannte. Diesmal übertraf er sich selbst. Das Innenministerium hatte 46 Fragen ausgearbeitet, mit dem Hinweis, dass Herr Mbemba mit „auftretenden Widersprüchen sofort zu konfrontieren" sei. Der Beamte verstand dies als Auftrag, Widersprüche aktiv herbeizuführen, also Mbemba so zu verhören, dass Widersprüche unweigerlich auftreten mussten.

Es gehört überhaupt zu den fundamentalen Irrtümern der Asylbehörden, dass sie glauben, Flüchtlinge müssten ihre Erlebnisse „widerspruchsfrei" erzählen können. Kein Mensch erzählt dasselbe Ereignis immer wieder genau gleich. Auch Menschen, die miteinander ein für beide einschneidendes Ereignis erlebten, werden es trotzdem in unterschiedlichen Versionen erzählen. Genau das beweist, dass sie ihre Geschichte nicht auswendig gelernt haben, sondern sie so erzählen, wie sie ihnen in Erinnerung sind. Die Asylbehörden (nicht nur in Österreich!) glauben das Gegenteil und beweisen damit immer wieder, wie nutzlos sie für die Wahrheitsfindung sind.

Im Fall Mbemba benahm sich der Kriminalbeamte genauso, wie seine Auftraggeber es sich von ihm erhofften. Ich musste während der Befragung mehrmals intervenieren, um auf richtiger Protokollierung zu beharren. Anfangs wollte er mir verbieten, Herrn Mbemba Fragen zu stellen; er musste dann aber zur Kenntnis nehmen, dass meine Fragen und Herrn Mbembas Antworten genauso zu protokollieren sind wie seine eigenen Fragen. Irgendwann während dieser Einvernahme – Mbemba erzählte gerade, dass er eine bestimmte Reise mit dem Flugzeug unternommen hatte – verstieg sich der Beamte zu dem Zwischenruf: „Warum mit dem Flugzeug? Bei euch in Afrika gibt es doch diese Kamele!"

Daraufhin lehnte ich diesen Beamten wegen rassistischer Befangenheit ab. Ich diktierte ins Protokoll, dass er schon wegen seines Vorlebens als Kriminalbeamter befangen sei und meinem Klienten nicht wie einem Schutzbedürftigen, sondern wie einem Verdächtigen und Beschuldigten gegenübertrete. Da der Beamte die Vernehmung weiterführte, kündigte ich an, ich würde das im Falle eines negativen Ausgangs als schwerwiegenden Verfahrensmangel geltend machen.

Und so war es dann auch. Das Innenministerium entschied wieder negativ. Den Bescheid hatte Ulrike Michel auf dem Gewissen, eine für unzählige (später als rechtswidrig aufgehobene) Bescheide bekannte Beamtin. Es war 1997, kurz bevor an Stelle des Innenministeriums der Unabhängige Bundesasylsenat (UBAS) für Berufungssachen zuständig wurde. Offenbar hatte Michel den Auftrag, vollendete Tatsachen zu schaffen. Auftrag von wem? Vielleicht gar von Matzka? Oder war es gar kein Auftrag? Tat sie es aus eigenem Trieb?

Auch Versuche, Mbemba im Rahmen einer Gnadenaktion für Langzeitasylwerber zu „legalisieren", scheiterten am direkten, persönlichen Widerstand Matzkas. Erst 2000, nach acht Jahren, erhielt Mbemba dann doch endlich vom UBAS Asyl.

Aber der Staat Österreich, in Verbindung mit Mobutus Schergen, hatte sein Leben zerstört. Mbemba erhielt dann, nach dem positiven Bescheid, ein Schreiben des ministeriellen „Integrationsfonds", er könne jetzt einen Deutschkurs bekommen und sich integrieren. Mbemba war damals 66 Jahre alt, ein müder und gebrochener Mann.

Wenn Flüchtlinge lügen …

1993 wurde ich von einer Krankenschwester im Wilhelminenspital angerufen: ein junger Mann aus einem afrikanischen Land, noch minderjährig, liege dort; er sei nach Hungerstreik aus der Schubhaft entlassen worden, es gehe ihm schlecht, er habe Folternarben am Körper und im Gesicht. Ob ich ihm helfen könne?

Ich fuhr sofort hin. Er lag teilnahmslos im Bett, ziemlich abgemagert, mehrere Schnittnarben am Kopf. Es gelang mir, mich auf Englisch mit ihm zu unterhalten: Er sei 18 Jahre alt, heiße Henry und stamme aus Somalia; seinen Vater habe ein Warlord umgebracht, er selbst sei von diesem Warlord gefangen gehalten und gefoltert worden, schließlich aber entkommen. In Österreich hatte man ihn bald nach seiner Ankunft auf der Straße aufgegriffen und in die Schubhaft gesteckt. Durch den Hungerstreik war er haftunfähig und ins Spital gebracht worden.

Ich stellte für ihn anhand seiner Angaben einen schriftlichen Asylantrag, legte einen Bericht des Wilhelminenspitals über seine Folterspuren bei und sorgte für seine Unterbringung bei der Caritas in der Robert-Hamerling-Gasse. Später begleitete ich ihn zur Einvernahme ins Bundesasylamt, Außenstelle Wien. Eine junge Kollegin vom Jugendamt kam auch mit, da er noch minderjährig war und das Jugendamt daher die gesetzliche Vertretung innehatte. Ein ausführliches Vorbereitungsgespräch hatte ich auf Englisch mit ihm geführt.

Vor Beginn der Einvernahme plauderten wir im Wartezimmer mit der Amtsdolmetscherin. Sie versuchte ein paar Worte auf Somali mit ihm zu wechseln und stellte fest, dass er kein Wort verstand. Die Dame hatte Mitleid mit dem jungen Mann: Sie bat die Schreibkraft, dem Beamten A., der die Einvernahme leiten sollte, auszurichten, ihr sei plötzlich sehr schlecht geworden, sie sei krank und müsse nach Hause fahren. Aber der Beamte A. war schlau; er wartete mit der Einvernahme ein bisschen, rief sie dann zu Hause an, drückte Henry den Hörer in die Hand und ließ sie ein paar Fragen stellen; der junge Mann brachte keinen Ton heraus. Es war meine größte Blamage in meiner ganzen Laufbahn; ich wäre im Bundesasylamt vor Scham am liebsten in den Erdboden versunken.

Trotzdem habe ich meinen Klienten nicht fallen gelassen. Die Einvernahme wurde auf einen anderen Termin verschoben. Wieder begleitete uns die Kollegin vom Jugendamt. Wir waren abermals beim Beamten A.; Henry beharrte darauf, nur englisch zu sprechen, weil er in einer englischsprachigen Gemeinde aufgewachsen sei. Auch machten wir geltend, er sei schwer traumatisiert und selbstmordgefährdet; tatsächlich hatte er versucht, sich in der Robert-Hamerling-Gasse aufzuhängen, war aber heruntergeschnitten worden und seither in Behandlung, nahm schwere Antidepressiva und war kaum verhandlungsfähig. Herr A. teilte uns mit, er sei überzeugt, dass Henry aus Nigeria stamme; fast alle Nigerianer kämen zum Zweck des Drogendealens nach Österreich.

Die Kollegin vom Jugendamt fragte mich, was sie tun könne, um diesen offenbar voreingenommenen Beamten loszuwerden; ich riet ihr, ihn wegen Befangenheit abzulehnen. Das gaben wir so zu Protokoll; Herr A. brach daraufhin die Einvernahme ab. Mit der Erlassung des (natürlich negativen) Bescheids wartete das Asylamt, bis Henry großjährig war. Ich erhob Berufung und begründete sie im Wesentlichen mit der Befangenheit des Beamten.

Unterdessen lernte Henry eine österreichische Dame, Frau K., kennen, die an ihm Gefallen fand, ihm zuhörte, ihn ermunterte, seine Lebensgeschichte zu erzählen. Er vertraute ihr an, er stamme aus einem anderen afrikanischen Land, die Geschichte habe sich dort abgespielt. Nach einiger Zeit und zusätzlichen Gesprächen mit mir gab er zu, das Land sei Nigeria. Der Vater sei Offizier gewesen, habe an einem Putschversuch gegen das herrschende Diktaturregime teilgenommen, sei getötet worden, er selber habe für den Vater Kurierdienste verrichtet, sei verhaftet und gefoltert worden und schließlich mit Hilfe von Kameraden geflüchtet.

Das Ganze klang sehr glaubhaft (aber ich hatte ihm die Somalia-Geschichte ja auch geglaubt ...); ich fand auch bei Recherchen in einem Zeitungsarchiv Hinweise auf einen Putschversuch zur angegebenen Zeit, wenn auch ohne Erwähnung des Namens des Vaters. Also schrieb ich eine Berufungsergänzung, mit dieser neuen Version.

Einige Zeit später rief mich Frau K. verzweifelt an: Henry sei verhaftet worden, unter dem Verdacht, Dealer zu sein. Frau K. intervenierte, wo sie nur konnte, verbürgte sich für ihn, erreichte seine Haftentlassung; seither wohnte er bei ihr. Beim Prozess wurde er freigesprochen; Zeugen hatten ihn nicht identifiziert.

Ich war erleichtert; der Pauschalverdacht des Beamten A. – Nigerianer seien Dealer – war aus meiner Sicht nicht haltbar. Ich führte aber mit Mathew ein ernsthaftes Gespräch und erklärte ihm (und auch Frau K.), dass ich nur deshalb bereit sei, den Fall weiterzuführen, weil dieser Verdacht entkräftet worden war. Drogendealer würde ich grundsätzlich nicht vertreten.

Henry brachte mir ein Beweismittel: eine Seite der nigerianischen Zeitung *Guardian*, freilich nur in Kopie. Darauf befand sich sein Steckbrief. Er werde wegen Beteiligung an staatsfeindlichen Aktivitäten gesucht. Dazu der Briefumschlag, mit dem dieses Dokument aus Nigeria an Frau K. geschickt worden war. Da es das Vorbringen meines Klienten bestätigte, schickte ich es also an das Innenministerium, damals zweite Instanz. Zugleich brachte ich den Fall in der Gemeinsamen Flüchtlingskommission ein, einem Gremium von NGOs, das über Fälle abgewiesener und von Abschiebung bedrohter AsylwerberInnen beriet und sie, wenn ein einheiliger Beschluss gefasst wurde, unter Schutz stellte, sodass sie in der Regel auch einen Schutzbrief des UNHCR erhielten.

Vor der Sitzung der Kommission nahm mich Wolfgang Taucher (damals noch nicht Leiter des Bundesasylamtes, sondern Leiter der Rechtsabteilung der Caritas-Flüchtlingsberatung) zur Seite und zeigte mir etwas Unangenehmes. Er hatte Ermittlungen angestellt und vom Institut für Afrikakunde in Hamburg ein Exemplar jener Ausgabe des *Guardian* bekommen. Dort, wo auf meinem Exemplar der Steckbrief meines Klienten geprangt hatte, befand sich eine Limonadenreklame. Unser Beweismittel war offensichtlich gefälscht.

Natürlich legte ich meinen Antrag an die Kommission aufs Eis und schrieb auch einen Brief an das Innenministerium, in dem ich bekannt gab, ich sei durch eigene Nachforschungen zum Schluss gekommen, das Beweismittel sei gefälscht, sodass ich es mit Bedauern zurückziehe. Ich fügte aber hinzu, dass mein Mandant auf meinen Rat hin versucht hatte, Beweise für sein Vorbringen zu finden, und zu diesem Zweck Bekannte in der Heimat kontaktiert hatte; dass es aber selbstverständlich seine Absicht war, ein echtes und kein falsches Beweismittel vorzulegen. Er sei genauso getäuscht worden wie ich.

Das Innenministerium beauftragte die Erstinstanz, eine ausführliche ergänzende Befragung durchzuführen, zu der ich Henry begleitete. Er schlug sich sehr gut, seine Angaben waren widerspruchsfrei; der Beamte L., der die Befragung durchführte – derselbe, der Herrn Mbemba befragt und den ich damals wegen rassistischer Befangenheit abgelehnt hatte – fand nichts, wo er ansetzen konnte.

Das Verfahren war nun schon im dritten Jahr. Im Sommer 1996 wurde Henry wieder verhaftet. Mit vielen Kugeln Heroin im Mund. Es gab jetzt keinen Zweifel mehr. Er hatte die ganze

Zeit über ein falsches Spiel gespielt. Dank Frau K.'s Intervention wurde er auf freien Fuß gesetzt, wurde dann aber auch noch gegen Frau K. aggressiv, weil sie ihm Vorwürfe machte, worauf sie ihn vor die Türe setzte.

Jetzt reichte es mir, ich teilte den Asylbehörden mit, dass ich meine Vollmacht niederlege. Henrys Berufung wurde nun sehr rasch in zweiter Instanz abgewiesen; ich lehnte es ab, ihm einen Anwalt zu vermitteln, sondern ließ ihm ausrichten, er müsse sich selber bemühen. Ich habe nichts mehr von ihm gehört. Das Innenministerium (das ich selbst von der Unechtheit des Zeitungsartikels informiert hatte) konstruierte eine Strafanzeige gegen mich wegen Beweismittelfälschung; ich musste zur Polizei gehen, gab alles so an, wie es war; die Staatsanwaltschaft legte die Anzeige gegen mich sofort zurück.

Henry hatte mich sehr enttäuscht. Er hatte ganz genau gewusst, dass genau das nicht passieren durfte. Er hatte bei Frau K. ein angenehmes Leben geführt, materiell hatte ihm nichts gefehlt, er dealte nicht aus Not. Aber natürlich war es gegen seinen Stolz, von einer Frau ausgehalten zu werden. Durchs Dealen stand er sozusagen auf eigenen Füßen. Seine Fluchtgeschichte kann trotzdem gestimmt haben, oder auch nicht. Die Folterspuren waren ja echt. Aber vielleicht waren sie ihm von seinen Dealerkollegen zugefügt worden, um ihn zu diesem Job zu zwingen, oder von einer rivalisierenden Bande – ich weiß es nicht. Es ist auch egal. Diese Sache, aus der ich viel gelernt habe, hat mich nicht von meinen Überzeugungen abgebracht. Einer hatte mich enttäuscht – dafür können die anderen nichts.

Ich bin auch nach wie vor überzeugt, dass Flüchtlinge das Recht haben, zu lügen; warum sollen sie Behörden oder auch unsereins vertrauen? Aber ich halte auch daran fest, dass ich es bin, der das Verfahren führt. Und das mache ich auch allen klar: Wenn jemand etwas gegen meine Anordnungen tut und dadurch das Verfahren gefährdet oder gegen meine Wertvorstellungen verstößt oder meinem Ansehen oder dem meiner Organisation schadet, ist es mein Recht, ihn oder sie fallen zu lassen. Bei Henry hätte ich das Recht gehabt, es schon früher zu tun.

Shahnaz

Die Iranerin Shahnaz gehörte zu den Volks-Fedajin, einer linksradikalen Untergrundbewegung, die erst gegen den Schah, dann gegen die Mullahs kämpfte. Wenn sie kein politischer Flüchtling war – wer sonst? Unter beiden Regimen war sie eingekerkert und wurde schwer gefoltert. Die gesundheitlichen Folgen spürte sie noch viele Jahre nachher. Im Asylverfahren gab sie folgendes an:

„Ich wurde mit geflochtenen Peitschen auf den Unterleib geschlagen. Mein Kopf wurde in eine Schädelpresse eingespannt. Davon trug ich Quetschnarben hinter den Ohren davon, die man heute noch sieht. Während ich in Haft war, wurden fortwährend andere Häftlinge plötzlich aus der Zelle geholt und hingerichtet. Auch ich musste ständig damit rechnen, dass mir das Gleiche geschieht."

Sie musste sich nach ihrer Haftentlassung regelmäßig bei der Behörde melden und war ständig in Gefahr, neuerlich verhaftet zu werden. Schließlich erhielt sie mit Hilfe ihres Schwagers, eines hohen Beamten, der mit dem damaligen Präsidenten Rafsandjani verwandt war, die Ausreiseerlaubnis und (dank einer „Verpflichtungserklärung" hier ansässiger Parteifreunde) auch ein Visum für die Reise nach Österreich. Das war 1985.

Es war für sie ein unerwartetes Glück. Eines, das die Vorstellungskraft österreichischer Beamter übersteigt. Ja, richtig geraten: Deshalb wurde ihr Asylantrag dann abgelehnt! Wenn man sie ausreisen ließ, dann konnte sie ja nicht so verfolgt sein … Selbstverständlich nutzte sie diese einmalige Gelegenheit (auch ihre Gesinnungsgenossen rieten ihr dringend dazu) und reiste nach Österreich. Ihre Gesundheit war angegriffen durch Gefängnis und Folter, sie brauchte Behandlung und Ruhe. Einen Asylantrag stellte sie nicht: Erstens hatte sie ja ein gültiges Visum, das die Fremdenpolizei alljährlich verlängerte (damals, vor Matzkas Zeit, reichte eine „Verpflichtungserklärung" aus), sodass sie in Österreich – vorläufig jedenfalls – vor Verfolgung durch das iranische Regime sicher war. Zweitens wollte sie auch deshalb keinen Asylantrag stellen, weil sie (so gab sie später zu Protokoll) gehört hatte, „dass Flüchtlinge in Österreich nicht gut behandelt werden". Diese richtige Erkenntnis sollte sie dann viele Jahre lang begleiten.

Shahnaz besuchte zunächst einen (damals noch!) vom
Arbeitsamt finanzierten Deutschkurs, dann war sie für die Caritas als Heimhelferin tätig. Für Honorare, also nicht hundertprozentig legal und nicht ganz arbeitsamtkonform. 1989 (da begannen schon die Verschärfungen, damals schrieb der Asylbeamte
Schadwasser: „Das Boot ist voll"!) erklärte die Fremdenpolizei, ihr
Visum werde nur dann verlängert, wenn sie eine Arbeitserlaubnis
oder einen Asylantrag nachweisen könne. So gedrängt, beantragte
sie politisches Asyl. Damals war sie seit vier Jahren im Land. Sie
fiel niemandem zur Last. Sie abzuschieben, hätte niemandem –
außer dem islamischen Mullah-Regime! – einen Nutzen gebracht.
Ihr Asylantrag wurde in beiden Instanzen abgelehnt.

Das Innenministerium als Berufungsbehörde schrieb, mit der
„bloßen Behauptung", sie sei Sympathisantin der Volks-Fedajin,
sei „über ihre tatsächliche Zugehörigkeit nichts ausgesagt". Die
„nicht weiter konkretisierte Behauptung, Flugzettel verteilt und für
die Organisation und deren politische Ideen geworben zu haben",
genüge den Anforderungen der Asylgewährung nicht. Außerdem
lägen die früheren Folterungen und Haftzeiten zu lange zurück. Es
sei auch „unglaubwürdig", dass Shahnaz trotz der früheren Inhaftierung den Iran unbehelligt habe verlassen können. (Ach so, dafür
lag ihre Haft auf einmal nicht zu lange zurück!). Des Weiteren
hätte sie doch sicher, wäre sie wirklich verfolgt, gleich nach ihrer
Ankunft in Österreich einen Asylantrag gestellt und nicht erst, als
ihr Visum nicht verlängert werden sollte.

Dass sie vorher, eben wegen ihres gültigen Visums, das sie
schützte, überhaupt keinen triftigen Grund hatte, irgendjeman-
dem hierzulande etwas über ihre politische Arbeit zu erzählen,
überstieg natürlich den Horizont eines österreichischen Beamten. Überhaupt ist in Österreich die irrige Annahme vorherr-
schend, Flüchtlinge, die „zu uns" kommen, „wollten etwas" von
„uns" und hätten „uns" daher über ihre Fluchtgründe Auskunft
zu geben. Tatsächlich ist die Reihenfolge aber genau umgekehrt.
Menschen flüchten hierher, lassen sich hier nieder oder versuchen
es jedenfalls – und dann wollen diese Amtspersonen etwas von
ihnen. Nämlich ganz genau wissen: warum! Obwohl es sie im
Grunde (nämlich gerade bei hochpolitischen Flüchtlingen) nicht
das Geringste angeht.

Aber zurück zu Shahnaz: Sie hatte in ihrem ersten Interview sogar sehr ausführliche Angaben über ihre illegale Arbeit bei den Volks-Fedajin gemacht, die keineswegs nur im Verteilen von Flugzetteln bestand. Der Bescheid des Innenministeriums war also schlicht und einfach „aktenwidrig" (so lautet der juristische Fachausdruck). Außerdem wussten so gut wie alle Angehörigen der iranischen Exilszene in Wien über Shanaz' politische Rolle Bescheid. Ein iranischer Kollege, der für uns dolmetschte, sagte zu mir: „Wenn die Mullahs Shahnaz in die Hände bekommen, zerhacken sie sie." Aber zugegeben: Solche Zeugenaussagen machte ich erst im zweiten Rechtsgang geltend, als ich die Vertretung übernahm. Vorher hatte ich Shahnaz nur flüchtig gekannt.

Damals aber überzeugte ich ihre Gesinnungsgenossen, oder was heißt: ich überzeugte? Ich verpflichtete, ich zwang sie, alles zu Protokoll zu geben, was sie über Shahnaz und ihre politische Arbeit wussten. Und das tat ich gegen meine eigene tiefinnerste Überzeugung, dass man solche Fakten den Behörden niemals mitteilen darf. Weil es sie nichts angeht und weil man nicht wissen kann, ob etwas durchsickert. Es war die einzige Möglichkeit, Shahnaz vor der Abschiebung zu retten. Aber eigentlich hätte auch genügen müssen, was sie selber im ersten Rechtsgang ausgesagt hatte. Bei nur halbwegs gutem Willen der Behörden. Aber der war einfach nicht da.

Der Bescheid des Innenministeriums aus dem Jahr 1992 war also aktenwidrig, rechtswidrig, eine einzige Frechheit. Shahnaz hätte nun einen Rechtsanwalt nehmen und eine Beschwerde an den Verfassungs- oder Verwaltungsgerichtshof einbringen können. Sie hätte auch zur MA 62 gehen können wegen einer Aufenthaltsbewilligung. Nur – wozu?

Shahnaz tat nichts mehr dergleichen. Sie lebte einfach weiter wie bisher: in ihrer privaten Wohnung, mit ihrem Freund, einem Iraner, der die österreichische Staatsbürgerschaft erworben hatte, mit dem Meldezettel als einzigem gültigen Papier – zwei Jahre lang. „Illegal". Als Aktivistin des iranischen Widerstands war sie weiterhin aktiv. Sie war Vorstandsmitglied des Iranischen Studentenverbandes Österreichs, der den Volks-Fedajin nahestand. Und sie stand jedes Jahr beim Maiaufmarsch mit einem Infostand der

Volks-Fedajin auf der Wiener Ringstraße beim Burgtheater gegenüber vom Parlament.

So auch am 1. Mai 1994. Diesmal kam ein Störtrupp der iranischen Botschaft vorbei, fotografierte und bedrohte sie, wurde aber rasch davongejagt. Im Sommer 1994 wurde sie verhaftet in einem Supermarkt in Wien wegen angeblich „versuchten Diebstahls"; davon wurde sie bald darauf rechtskräftig freigesprochen. Aber damals im Supermarkt stellte sich heraus, dass sie „illegal" war. Ihr Meldezettel galt nicht mehr, weil sie amtlich abgemeldet worden war, als sie auf Urlaub gewesen war und ein amtlicher Brief ihr zugestellt werden hätte sollen … Sie kam sofort in Schubhaft.

Ich erhob Beschwerde an den Unabhängigen Verwaltungssenat, legte eine „Verpflichtungserklärung" ihres Lebensgefährten vor, der für sie sorgte, und den Meldezettel, ihr einziges Papier, von dem sie bis zuletzt überzeugt gewesen war, dass es immer noch gültig sei. Und wir mobilisierten die Öffentlichkeit, im *Standard* erschien ein Artikel. Der Unabhängige Verwaltungssenat hob die Schubhaft nach zwei Wochen auf.

Shahnaz bekam dann einen neuen Meldezettel. Dafür stritt ich lang mit einer Beamtin auf dem Meldeamt. Shahnaz wollte nur bekommen, was ihr zustand und was das Gesetz von ihr verlangte: einen Meldezettel, auf dem draufstand, wo sie wohnte. Aber die Beamtin wollte das nicht einsehen. Sie beugte sich erst, als ich mit der Öffentlichkeit drohte. Dergleichen Beamte gibt es heute noch und sie sind derer immer noch zu viele. Aus genau diesen Gründen, war Shahnaz zwei Jahre lang auf kein Amt mehr gegangen. Weil sie Demütigungen dieser Art nicht mehr ertragen konnte.

Bald nach ihrer Haftentlassung stellten wir für Shahnaz wegen ihrer exilpolitischen Arbeit einen neuen Asylantrag. Shahnaz' Rettung war ein neues Gremium:

Die Gemeinsame Flüchtlingskommission (GFK): „Wo der Staat Unrecht spricht, sprechen wir Recht!" Das UNO-Hochkommissariat für Flüchtlinge (UNHCR) war über die Zustände in Österreich besorgt. 1994 trat unter seiner Obhut in Traiskirchen das erste UNHCR-NGO-Forum zusammen: NGOs aus ganz Österreich berieten über eine gemeinsame Strategie. Wichtigstes Ergebnis war die Bildung der Gemeinsamen Flüchtlingskommisssion (GFK). Sie bestand aus neun NGOs (darunter Amnesty

International, die Asylkoordination, Asyl in Not, Caritas, Deserteursberatung, Diakonie, Helping Hands); UNHCR nahm mit beratender Stimme teil. Ihre Aufgabe war es, Fälle „illegaler", von Abschiebung bedrohter Asylwerber zu prüfen und gegebenenfalls die Flüchtlingseigenschaft festzustellen. Die Kommission führte also nichtstaatliche Asylverfahren durch! Ein bis dahin unerhörter Schritt.

Als ersten Fall brachte ich Shahnaz ein. Sie wurde von der Kommission als Flüchtling anerkannt, von UNHCR interviewt und erhielt, in Ermangelung anderer Dokumente, einen Schutzbrief („protection letter") des UNHCR ausgestellt. Solche Schutzbriefe gibt es nur in Ländern ohne rechtsstaatliches Asylverfahren, etwa in der Türkei oder in Pakistan. Österreich war der einzige EU-Staat, in dem UNHCR eine solche Maßnahme nötig fand.

Natürlich hatte der Schutzbrief keine Rechtswirksamkeit. Aber UNHCR intervenierte oft im Innenministerium, schließlich mit Erfolg: 1996 erhielt Shahnaz Asyl. Damals war Franz Löschnak nicht mehr im Amt.

Auf einer Pressekonferenz im August 1997 zogen wir NGOs gemeinsam mit UNHCR über die Arbeit der GFK Bilanz: „Wo der Staat Unrecht spricht, dort sprechen wir Recht", formulierte ich das Motto unserer Kommission.[72] Wir hatten bis dahin 29 Fälle bearbeitet, also keine große Zahl. Jeder Fall wurde sehr sorgfältig, oft monatelang, geprüft. Jede NGO war bestrebt, nur solche Fälle einzubringen, von denen sie hundertprozentig überzeugt war.

Ich hatte außer Shahnaz noch den Nigerianer Henry eingebracht, an dessen Flüchtlingseigenschaft ich wirklich glaubte. Als ich sah, dass der Steckbrief falsch war, stellte ich sein Verfahren ruhend; als ich seine Vertretung niederlegte, zog ich den Fall natürlich auch aus der GFK zurück. Später brachte ich den Fall eines Iraners ein, der einer kleinen linken Widerstandsgruppe angehört hatte; meine Berufung hatte das Innenministerium abgewiesen, die Beschwerdefrist an den Verwaltungsgerichtshof hatte sein prominenter Asylanwalt versäumt.

---

72   APA 11. 8. 1997: „Flüchtlingskommission kritisiert Österreichs Asylpraxis. ‚Wo der Staat Unrecht spricht, dort sprechen wir Recht.'"; Der Standard, 12. 8. 1997, Salzburger Nachrichten, 12. 8. 1997.

Die Gemeinsame Flüchtlingskommission erkannte ihn jedoch an; er wurde wie Shahnaz von UNHCR zu seinen Fluchtgründen befragt und erhielt einen Schutzbrief. Mittlerweile war auch seine Frau nach Österreich geflüchtet. Ich vertrat auch sie im Asylverfahren, das beim neu gegründeten Unabhängigen Bundesasylsenat (UBAS) landete. UNHCR übermittelte den Akt ihres Mannes dorthin und nach einer mehrstündigen Berufungsverhandlung erhielt sie Asyl; ihr Mann in der Folge durch Erstreckung ebenso.

Mit der Einrichtung des UBAS als unabhängiger Berufungsbehörde schienen uns die GFK-Verfahren nicht mehr notwendig zu sein; es gab ja jetzt erstmals rechtsstaatliche Asylverfahren. Daher stellte die Gemeinsame Flüchtlingskommission Anfang 1999 ihre Tätigkeit ein.

„... bis ein anderer Minister kommt, der die Menschenrechte respektiert..."

Löschnak wurde Anfang 1995 gestürzt, als Spätfolge des Lichtermeeres und wegen seines skandalösen Vorgehens gegen die Roma in Oberwart. Wir hatten ihn jahrelang bekämpft, seinen Abgang schrieben wir auf unsere Fahnen. Nur leider: Manfred Matzka, sein furchtbarer Jurist, blieb uns erhalten. Getragen vom Schwung der Bewegung, die zu Löschnaks Sturz geführt hatte, leitete der neue Innenminister Caspar Einem (1995–1997) eine Gesetzesreform ein. Alle NGOs waren eingebunden. So entstand das dritte Asylgesetz; beschlossen leider erst, in verwässerter Form, unter Einems Nachfolger Schlögl. Trotzdem – ein gewaltiger Schritt nach vorn.

Das Asylgesetz 1997 brachte als neue Berufungsinstanz den Unabhängigen Bundesasylsenat (UBAS) – und damit erstmals so etwas wie ein faires Verfahren. Weiters ein vorläufiges Aufenthaltsrecht im ordentlichen Verfahren. Es entschärfte die Drittlandklausel, die nun nicht mehr vergangenheits-, sondern zukunftsorientiert war: Es kam nicht mehr darauf an, ob der Flüchtling durch einen Drittstaat gezogen „war", sondern ob er künftig in diesem Staat sicher sein würde.

Während Einems Amtszeit galt noch das alte Gesetz. Und es gab auch noch dieselben Beamten wie unter Löschnak – allen voran Manfred Matzka, der jeder Änderung im Wege stand. Im Asylamt gab wie bisher Johann Schadwasser den Ton an; die Bescheide waren schonungslos wie eh und je. Wir NGOs forderten eine Reform der Beamtenschaft „an Haupt und Gliedern". Einem lehnte mit den Worten ab: „Ich lasse keine Köpfe rollen". Bis sein eigener nach nur zwei Jahren rollte …

Immerhin richtete Einem neben dem alten Apparat eine kleine parallele Struktur ein: Kabinettschef Christian Weißenburger nahm unsere Beschwerden und Interventionen an. So verhinderten wir Abschiebungen und retteten Leben.

Mit der von Caspar Einem begonnenen Gesetzesreform (Asylgesetz 1997) und der Einrichtung des UBAS als erstmalig rechtsstaatlicher Berufungsbehörde im Asylverfahren wurde die Gemeinsame Kommission überflüssig und stellte 1999 ihre Arbeit ein.

Aktion Notruf Asyl

Shaba Sedu aus Zaire (Demokratische Republik Kongo), in der Heimat gefoltert, mit Mühe entronnen, kam am 30. Mai 1995 (naturgemäß mit falschen Papieren) per Flugzeug nach Wien, wo sein Cousin als anerkannter Flüchtling lebte. In der Schlachthausgasse (Asylamt Wien) wurde er sofort verhaftet. Nach der Einvernahme bekam er den abweisenden Bescheid in die Hand gedrückt (aufschiebende Wirkung ausgeschlossen!) und wurde ins Polizeigefangenenhaus überstellt.

Schadwasser, Leiter des Asylamtes Wien, „rechtfertigte" das damit, Herr Sedu sei „illegal eingereist; das erklärt alles." Da Flüchtlingen meist keine Wahl bleibt, als illegal zu reisen, waren Verhaftungen in der Schlachthausgasse offenbar die Regel. Von den meisten erfuhren wir nie. Die Opfer verschwanden spurlos. Shaba Sedu hatte das Glück, einen Cousin zu haben, der mich informierte, sodass ich Berufung erhob und die Öffentlichkeit mobilisierte. Sonst wäre er abgeschoben worden. In den sicheren Tod.

Asyl in Not und SOS Mitmensch starteten eine „Aktion Notruf Asyl", die erste dieser Art: Faxe und Anrufe legten die Leitungen des Ministeriums lahm. Sedu wurde aus der Haft entlassen und erhielt wenige Tage später mit Bescheid des Innenministeriums Asyl. Das war Einems Handschrift; unter Löschnak wäre es undenkbar gewesen. Es war auch Schadwassers Stolperstein. Dieser eine rollende Kopf war uns wenigstens vergönnt.

Bisher Leiter der Wiener Außenstelle, bewarb sich Schadwasser um die Gesamtleitung des Bundesasylamtes. Dagegen protestierte Asyl in Not und im *Standard* erschien ein Kommentar von Herbert Langthaler (Asylkoordination), der Einems Reformversprechungen, sollte Schadwasser bestellt werden, jegliche Glaubwürdigkeit absprach: Es entstehe „der Eindruck, dass dem Innenminister sein Vorgehen vom Apparat, dessen Chef er sein sollte, diktiert wird."[73]

Schadwasser wurde im Jänner 1996 versetzt, Wolfgang Taucher, vorher Leiter der Asylrechtsabteilung der Caritas, zum Leiter des Bundesasylamtes bestellt. Ein symbolischer Erfolg, denn

---

73 Der Standard, 28. 7. 1995: Herbert Langthaler, „Der rechte Mann am rechten Ort?"

Taucher kam nicht aus der Polizei, sondern quasi aus einer NGO. Er hatte allerdings schon in der Caritas seine Aufgabe in der Spaltung der Flüchtlinge gesehen. Rechtliche Vertretung erhielten nur jene, die nach einer internen Selektion als „echte" Flüchtlinge galten. „Aussichtslose Fälle" wurden an andere NGOs weitergereicht. (Viele dieser „aussichtslosen" Verfahren hat Asyl in Not dann erfolgreich zu Ende geführt). Trotzdem war es Einems wichtigste Personalentscheidung, der Apparat hat sie ihm nie verziehen. Im Asylamt wurde es unter Taucher etwas besser; nach Einems Sturz kehrte es zu den altgewohnten Zuständen zurück.

Einem hätte wissen müssen, dass sein Ministeramt ein Ablaufdatum hatte. Und er hätte die kurze Zeit, die ihm gegeben war, nutzen müssen, um vollendete Tatsachen zu schaffen. Das erwarteten wir von ihm. Daran ist er gescheitert. Und in diesem Scheitern liegt, weil es nicht notwendig war, auch ein gerüttelt Maß eigener Schuld. Auf dem Höhepunkt der Diskussionen über die Neuordnung des Asylrechts unter Caspar Einem schrieb ich in der Zeitschrift der Asylkoordination einen Grundsatzartikel über den Flüchtlingsbegriff der Genfer Konvention:

Wer ist Flüchtling?

Sag mir, du Beamter in deiner Tintenburg, der du niemals auf der Flucht warst, niemals ums nackte Überleben kämpfen mußtest, niemals ernste Probleme hattest im Vergleich zu den Problemen jener, die du nun beurteilen sollst – sag mir: Wer ist Flüchtling? Wer bestimmt das überhaupt?

Ist die Ehebrecherin aus dem Iran, von den Mullahs zur Steinigung verurteilt, nach Europa entkommen mit knapper Not, ein Flüchtling? Welche Rechte stehen ihr zu?

Und der 19jährige Deserteur, der kein Held sein wollte, der keinen Widerstand leistete, der nur nicht auf seine eigenen Leute schießen wollte und der daher davonlief eines Nachts und nach Österreich entkam – ist der ein Flüchtling? Die Wehrpflicht betrifft doch nicht nur ihn, steht im Bescheid des Bundesasylamts. Sondern alle gleichermaßen. Also, was soll mit ihm geschehen?

Oder – Preisfrage: der kurdische Bauer aus der Türkei, dessen Dorf überflutet wurde vom Atatürk-Stausee, dem Prestigeprojekt der türkischen Regierung, gebaut von der VÖEST, betrieben von der österreichischen Verbund AG – jeder weiß, daß dieses Projekt der Absiedlung der Kurden dient, daß es nicht nur ein gigantomanisches, umweltzerstörerisches Kraftwerk, sondern auch ein Instrument der ethnischen Säuberung ist. Dieser Bauer, der kein Held ist, der auch nicht auf Menschen schießen will, geht also nicht in die Berge zu den Partisanen der PKK. Er geht auch nicht nach Istanbul in die Elendsquartiere am Stadtrand. Sondern er flüchtet nach Wien, wo schon der Cousin mit seiner Familie lebt und arbeitet. Preisfrage: Ist dieser Bauer ein politischer oder ein Wirtschaftsflüchtling?

Er ist vor den Folgen unserer Wirtschaftspolitik geflüchtet, unserer verbrecherischen Komplizenschaft mit einem Mörderregime. Er hat Anspruch auf Wiedergutmachung durch Österreich. Aber er landet, statt bei seinem Cousin, in der Schubhaft. Hoffnungslos.

Die Herrschenden im reichen Norden haben am Flüchtlingsbegriff herumgedeutet, bis nichts mehr davon übriggeblieben ist.

So kann es nicht sein. Wir Flüchtlinge bestimmen selber, wer wir sind. Ich sage: wir, denn ich war auch schon illegal und auf der Flucht. Ich habe aber keinen Asylantrag gestellt, sondern einfach so meine Zeit in der Schweiz und in Frankreich verbracht, bis ich dann von Kreisky amnestiert worden bin. Asyl hätte ich kaum gekriegt, ich kam ja aus einem „sicheren Herkunftsland".

Prüfen wir die Glaubhaftigkeit. Ein neuer Dreh, ein neuer Schmäh. Wir Berater sollen die Drecksarbeit erledigen. So stellen sich das manche vor.

Warum, sagt mir einmal, soll ein Flüchtling glaubhaft sein? Glaubhaft – für wen? Wem und warum soll er die Wahrheit sagen? Hat er sich zu rechtfertigen für seine Flucht, und warum und vor wem? Vor dem Asylamt, oder gar vor der Caritas? Was für eine Arroganz! Was für eine Heuchelei!

Flüchtlinge lügen. Ja, und? So ist ihr Leben. Die Lüge ist ein notwendiger Teil davon. Die Lüge ist notwendig, um die Verfolger zu täuschen. Die Verfolger daheim, die Verfolger in der Fremde. Ohne Lüge kommen wir nicht fort. Ohne Lüge kommen wir nicht durch. Ohne Lüge glaubt ihr uns nicht. Warum eigentlich sollen wir euch glauben? Seid ihr glaubhaft für uns? Was habt ihr für uns getan? Wer seid ihr überhaupt, daß ihr über uns richten wollt?

Erste Voraussetzung, damit ihr für uns glaubhaft werdet: Hört auf, zu definieren, wer ein Flüchtling ist. Das steht euch nicht zu. Das ist nur unsere Sache. Wir allein, wir Flüchtlinge, wir Illegalen, können sagen , wer ein Flüchtling ist. Wir allein bestimmen, wer wir sind.

Wenn ihr das erkannt habt, ihr Beamten vom Asylamt, von der UNO, ihr „unparteiischen" Berater… Dann lebt einmal drei Jahre im Exil oder im Untergrund. Wenn ihr dann noch motiviert seid, dann macht weiter. Vielleicht werdet ihr für uns dann glaubhaft sein.

Einems Sturz

Einem war weder imstande, Manfred Matzka abzuschaffen, noch setzte er sich gegen Sicherheitsdirektor Michael Sika durch. 1997 trat er zurück. Der Apparat hatte ihn zermürbt. Ich schrieb einen Nachruf, der in der Zeitschrift der Asylkoordination erschien.

„Adieu, Caspar!"

Er war ein guter Mensch. Nur leider – zu schwach. Für das Amt des Innenministers, und vielleicht überhaupt: für Zeiten wie diese. Er ist zwar noch da, aber wie? Auf dem Abstellgleis. Wir waren doch froh, als er Minister wurde. Er schien der Garant zu sein dafür, daß es besser würde. (…) Ich konnte, wenn ein Flüchtling in Schubhaft saß, im Ministerbüro anrufen. Christian Weißenburger, Einems Kabinettschef, sorgte dafür, daß meine Klienten frei kamen. Man soll das nicht unterschätzen: konkrete Hilfe im Einzelfall.

Denn Schubhaft hier in Österreich bedeutet: Monatelang eingesperrt sein, ohne zu wissen, warum. Eingesperrt, aus keinem anderen Grund, als weil man sich retten wollte. Schubhaft bedeutet: Monatelang die Wäsche nicht wechseln. Gestank, Ekzeme, Verzweiflung, Hungerstreik. Brüllende

Wächter. Schläge. Für jeden einzelnen, den Caspar Einems Kabinettschef befreite, danken wir sehr.

Nur – erhofft hatten wir viel mehr. [...] Die Gesetze wurden nicht geändert. Die Beamten sind immer noch da. Caspar Einem hat dreimal Entwürfe zur Reform des Fremdenrechts vorgelegt – und mußte zurückstecken, jedesmal.

Er hatte einen günstigen Augenblick versäumt: Nach dem 1. Mai 1995. Er war noch nicht lange Minister. Die Einheitsfront von Kronenzeitung, Haider und dem aggressivsten Teil der Polizei forderte grölend Einems Sturz. Aber er blieb, getragen von einer Welle der Sympathie, von einer breiten Bewegung, deren Höhepunkt die Maikundgebung war.

Nach diesem Erfolg hätte Einem handeln müssen. Die Dynamik war für ihn, der Augenblick war da, Spreu vom Weizen zu scheiden in der Beamtenschaft, die Schlimmsten, drei oder vier, exemplarisch zur Verantwortung zu ziehen – und den Ausländer-raus-Kurs mit Verordnungen zu korrigieren, sofort, ohne auf die Änderung der Gesetze zu warten.

Aber er hatte nicht die Kraft dazu. So verging der richtige, entscheidende Augenblick. Clausewitz, der große Meister der Strategie, sagte einmal:

„Nun könnten menschenfreundliche Seelen meinen, es gäbe so etwas wie ein künstliches Entwaffnen oder Niederwerfen des Gegners, ohne zu viel Wunden zu verursachen. So gut sich das auch ausnimmt, so muß man doch diesen Irrtum zerstören. Denn in so gefährlichen Dingen, als der Krieg eins ist, sind die Fehler, welche aus Gutmütigkeit geschehen, gerade die schlimmsten."

Einem ist nicht nur ein guter, sondern auch ein gutmütiger Mensch. Darum hat er versagt. Versagt im Kampf gegen einen gnadenlosen Feind: gegen den Rassismus, gegen die reaktionärsten Elemente im Staatsapparat.

Seinen Nachfolger, den Bürgermeister von Purkersdorf, kennen wir noch nicht. Vielleicht ist er in Ordnung. Vielleicht zieht er Reformen durch, an die Einem sich nicht gewagt hätte. Vielleicht ist er auch nur ein biederer Beamter, wie Löschnak, der seine „Pflicht tut" und – die Weichen stellt.

Einems Nachfolger Karl Schlögl hatte ein gutes erstes Jahr. Er kooperierte mit uns NGOs bei der Sanierung einer Anzahl von Altfällen: Langzeitasylsuchende bekamen nun Aufenthaltstitel. Und vor allem: Er zog die Gesetzesreform durch.

Das neue Asyl- und Fremdenrecht beruhte großteils auf den Entwürfen und Ideen, die unter Einem formuliert worden waren – aber in verwässerter Form. Immerhin brachte es mit dem Unabhängigen Bundesasylsenat (UBAS) erstmals eine Berufungsinstanz, die diesen Namen verdiente und garantierte erstmals so etwas wie ein faires, rechtsstaatliches Asylverfahren. Es war Einems Gesetz, trotz allem; bis 2004 blieb es in Kraft und ermöglichte uns gewaltige Fortschritte in der Judikatur.

Was die Amtszeit Schlögls betrifft, war es das schon; mehr Gutes ist über ihn nicht zu berichten. In den folgenden zwei Jahren war er ein Spielball der reaktionärsten Elemente in der Beamtenschaft.

„Rückkehr zur moslemischen Kultur"

Sofort nach Einems Sturz probierten die reaktionärsten Elemente im Bundesasylamt aus, wie weit sie gehen konnten. In Afghanistan herrschten seit 1996 die Taliban. Welche Gräueltaten sie verübten, ist der ganzen Welt bekannt. Aber das Bundesasylamt Traiskirchen lehnte Asylanträge afghanischer Flüchtlinge mit folgendem, stets gleichem Textbaustein ab:

„Die Taliban haben für ihren Machtbereich die Rückkehr zur moslemischen Kultur und damit eine Abkehr von westlichen Verhaltensmustern beschlossen. Ein solches Vorgehen kann naturgemäß nicht ohne Unterdrückung und Gewaltanwendung gelingen. Daraus jedoch eine Verfolgung aus Konventionsgründen abzuleiten, wäre verfehlt, da diese Maßnahmen die Allgemeinheit betreffen. Mag es dabei auch zu Härtefällen kommen, so darf doch nicht übersehen werden, daß ein erheblicher Teil der Weltbevölkerung nach diesen Verhaltensmustern lebt."

Bei afghanischen Frauen kam noch ein Absatz dazu. Unsere Klientin, Frau H., hatte nämlich angegeben, sie sei zweimal mit Metallkabeln geschlagen worden, weil sie ohne Begleitung eines Mannes auf der Straße gegangen war. Dem Asylamt fiel Folgendes dazu ein:

„Die Taliban achten darauf, daß sich Frauen gemäß den Normen der traditionellen islamischen Gesellschaft verhalten und kleiden und im öffentlichen Leben äußerste Zurückhaltung üben. Halten sich die Frauen an diese Vorgaben, sind sie jedenfalls keinen Gefahren ausgesetzt, die über das Maß der Gefährdung hinausgehen, dem Frauen in Afghanistan allgemein ausgesetzt sind."[74]

Kurz gesagt: Selber schuld! Abgesehen vom Zynismus, der aus diesen Bescheiden spricht, zeigt sich hier das völlige Unverständnis eines großen Teils der Beamtenschaft für den Inhalt der Genfer Flüchtlingskonvention: Diese Beamten glauben allen Ernstes, je mehr Menschen von Verfolgung betroffen sind, desto weniger brauchen sie internationalen Schutz. In Afghanistan werden alle Frauen unterdrückt. Also hat die einzelne keinen Anspruch auf Asyl. Diese Spruchpraxis wurde aber seit 1998 durch den Unabhängigen Bundesasylsenat (UBAS) abgeschafft. Dazu haben wir beigetragen und darauf sind wir stolz.

---

74 Beide Textbausteine: Der Standard, 22. 9. 1997: „Bescheide aus dem Baukasten".

Der Unabhängige Bundesasylsenat (UBAS)

Die größte Wohltat, die das neue Gesetz mit sich brachte, war der UBAS. Und das sage ich, obwohl wir natürlich viele Konflikte mit ihm (oder mit einzelnen seiner Mitglieder) austrugen. Denn er war es, der nun statt dem Innenministerium über unsere Berufungen entschied! Mit der Konsequenz, dass die völlig rechtswidrigen, ohne Verhandlungen und ohne Ermittlungsverfahren erlassenen Bescheide der „Fachabteilung" ein Ende hatten. Erstmals gab es so etwas wie rechtsstaatliche, öffentliche Berufungsverfahren.

Das war aber nicht selbstverständlich, der UBAS hätte auch in eine ganz andere Richtung gehen können. Er hätte (und gewichtige Kreise im Innenministerium wollten das) auch ein durch und durch Abhängiger Bundesasylsenat, ein ABAS, werden können. Es kam nämlich ganz und gar auf seine Zusammensetzung an. Und was da zunächst an Vorschlägen kam, ließ uns nichts Gutes hoffen. Dagegen führten wir 1997 einen erbitterten Kampf.

Für den Vorsitz des UBAS bewarb sich allen Ernstes Helmut Bernkopf, bisheriger Leiter der unsäglichen innenministeriellen Fachabteilung. Und als seine Stellvertreterin: Ulrike Michel, aus demselben Stall! Wir schrieben daher (Robert Schlesinger als Obmann, ich als Geschäftsführer von Asyl in Not) einen geharnischten Brief[75] an Bundeskanzler Viktor Klima, der für die Ernennungen zuständig war:

> Herr Bernkopf ist als Leiter der Fachabteilung verantwortlich für viele tausende rechtswidrige Bescheide, durch die unzählige Flüchtlinge rechtlos gemacht wurden. Bescheide, die die Hoffnungen zehntausender schutzsuchender Menschen zerstörten.
>
> Herr Bernkopf ist verantwortlich dafür, daß – ein in den westlichen Demokratien einzigartiger Skandal – selbst vom UNHCR anerkannte Mandatsflüchtlinge in Österreich kein Asyl erhielten. So etwa der afghanische Diplomat Wayssuddin N., dessen Verfahren beim VwGH anhängig ist, oder der iranische Flüchtling M. S., der von Österreich abge-

75 Brief vom 29. 8. 1997, Archiv von Asyl in Not (Auszüge)

wiesen wurde, erfreulicherweise jedoch mittlerweile in den USA Asyl erhielt.

Herr Bernkopf persönlich läßt sich (wie wir direkt aus dem Bundesasylamt wissen) alle Asylanträge vergewaltigter Frauen vor der erstinstanzlichen Entscheidung vorlegen und gibt sie mit einem Kommentar versehen zurück. [...] Dementsprechend viele Fälle vergewaltigter Frauen, die – trotz Vorlage ärztlicher Zeugnisse und dem Erlaß des ehemaligen Innenministers Einem zum Trotz – nicht Asyl erhielten, sind uns bekannt.

Herr Bernkopf ist verantwortlich für die Haltung seiner Unterbeamten. Zum Beispiel: für jenen unsäglichen Oberkommissär, der sich anmaßte, einem seit sechs Jahren in Österreich lebenden iranischen Asylwerber (nunmehr zum dritten Mal beim Verwaltungsgerichtshof) auszurichten: „Sie können sich beim Verwaltungsgerichtshof beschweren, so oft Sie wollen. Bei mir werden S' immer wieder negativ!"

So sind die Zustände in der Fachabteilung III/13, der Zweitinstanz im Asylverfahren. Der Leiter dieser Abteilung soll jetzt Vorsitzender der neuen Zweitinstanz werden, und noch dazu unabhängig von Weisungen und auf Lebenszeit?

So würde die von uns ausdrücklich begrüßte Einrichtung des Unabhängigen Bundesasylsenats zu einer Farce degradiert.

In einem weiteren Brief[76] hielten wir fest, die Bestellung von Ulrike Michel zur stellvertretenden Leiterin des UBAS sei „aus den gleichen Gründen unakzeptabel wie die Bestellung von Herrn Bernkopf. Der Grund liegt in ihren skandalösen Bescheiden. Einen solchen Asylsenat könnten wir leider nicht als unabhängig anerkennen."

Robert Schlesinger veröffentlichte im *Standard* einen Artikel über die Spruchpraxis dieser Michel, die unmittelbar vorher (ich weiß nicht zum wievielten Mal!) Herrn Mbemba negativ beschieden hatte.[77]

---

76 Brief vom 9. 9. 1997, Archiv von Asyl in Not

77 Der Standard, 17. 12. 1997: „Asyl in Not warnt Ministerium: Kongo/ Kinshasa nicht sicher"

Ungewöhnlich scharf warnte aber auch der Leiter des UNHCR-Büros für Zentraleuropa, Werner Blatter, davor, „alten Wein in neue Flaschen zu gießen. Wir sprechen hier nicht über Waschpulver, es geht hier um Menschen". Um ein „seriöses und glaubwürdiges System" zu gewährleisten, solle der neue Vorsitzende oder wenigstens sein Stellvertreter eine Person sein, „die nicht aus dem Verwaltungsbereich kommt", sondern etwa aus der Justiz oder einer Flüchtlingsorganisation.[78]

Unsere Proteste waren erfolgreich: Bernkopf und Michel fielen durch. UBAS-Vorsitzender wurde Harald Perl (ein, wie wir hörten, „Sicherheitsexperte", über den wir aber zunächst nichts weiter sagen konnten), Stellvertreterin Mag. Wintersberger. Aber vor allem wurde Josef Rohrböck Senatsmitglied.

Rohrböck war der geistige Vater des UBAS, er gab sein Engagement für die Menschenrechte und sein immenses Wissen an junge Senatsmitglieder weiter, er schulte sie und durchflutete diese neue Einrichtung mit dem Geist der Genfer Flüchtlingskonvention. Darum war er den Flüchtlingsfeinden aller Schattierungen stets besonders verhasst. Senatsmitglied wurde auch Alexander Balthasar. Ich weiß, dass viele NGO-Menschen nicht mit ihm konnten. Ich schon. Er war brillant und wunderbar. Das Asylamt betrachtete ihn geradezu als Staatsfeind Nummer eins. Alle anderen, die dazu beigetragen haben, dass der UBAS zu einer wirklich unabhängigen Asylinstanz wurde, mögen mir verzeihen, wenn ich sie hier jetzt nicht alle nennen kann, weil es den Rahmen sprengt. Sie haben Gewaltiges geleistet, um Österreich nach der finsteren Löschnak-Zeit wieder zu einem Asylland zu machen.

In den folgenden Jahren versuchte das Innenministerium immer wieder, das verlorene Terrain zurückzugewinnen. Jede Erweiterung, jede Neubesetzung wurde genützt, um Beamte aus dem Ministerium in den UBAS hineinzubringen. Der gewaltige, vom Innenministerium verursachte Rückstau an unbewältigten Altfällen hatte zur Folge, dass auch anfangs hochmotivierte Senatsmitglieder mutlos wurden. Auch daher nahm die Qualität der Entscheidungen im Lauf der Jahre ab. Trotzdem blieb der UBAS

---

78 Der Standard, 17. 9. 1997: „Ringen um Vorsitz beim Bundesasylamt" (sic! Gemeint natürlich Bundesasylsenat)

ein Bollwerk des Asylrechts bis zuletzt; krasse Fehlentscheidungen, die wir in Einzelfällen massiv bekämpften, bestätigten die Regel.

Freilich funktionierte der UBAS nur deshalb so einigermaßen gut, weil er immer zwischen zwei Feuern stand: auf der einen Seite wir NGOs, auf der anderen der Verwaltungsgerichtshof (VwGH). Noch immer mussten wir Fälle hinauftragen, wenn die UBAS-Verfahren mangelhaft waren oder die Entscheidungen in krassem Widerspruch standen zu den Menschenrechten oder zur Genfer Flüchtlingskonvention. Auch jetzt noch gingen manche Fälle mehrmals zwischen Zweitinstanz und Höchstgericht hin und her.

Wir NGOs hatten die Aufgabe, unsere Klienten im UBAS-Verfahren parteiisch zu vertreten. Asyl in Not stellte sich zusätzlich die Aufgabe, als Auge der Öffentlichkeit über die Verfahren zu berichten. Dabei griffen wir weiterhin das Bundesasylamt, aber auch Fehlentscheidungen des UBAS massiv an. Als Instrument dienten uns in gewissem Maße die Berichte großer Medien (insbesondere *Standard* und *ORF*) und zunehmend das Internet. Unsere Öffentlichkeitsarbeit und der Verwaltungsgerichtshof waren die beiden „Ruten im Fenster" des UBAS, die eine grundlegende Verbesserung der Judikatur möglich machten.

Zehn Jahre danach wurde der UBAS in einen Asylgerichtshof umgewandelt, der nicht mehr der Kontrolle des Verwaltungsgerichtshofes unterliegt. Mit zum Teil katastrophalen Folgen. Als Gegenkraft stehen wir seither allein.

Nacht und Nebel

Das neue Gesetz trat am 1. Jänner 1998 in Kraft. Gleich darauf wollte die Fremdenpolizei ihren Spielraum austesten.

Anfang 1998 wurden dutzende irakische Schubhäftlinge in einer nächtlichen Aktion aus ihren Zellen geholt und zur slowakischen Grenze gebracht. Durch dieses Land seien sie gekommen, dorthin sollten sie zurück. Das Vorgehen der Bezirkshauptmannschaft Neusiedl am See war rechtswidrig: Nach dem neuen Gesetz durften Asylwerber im laufenden Verfahren weder in ihr Heimatland ab- noch in ein Drittland zurückgeschoben werden.

Im Polizeigefangenenhaus Hernalser Gürtel waren elf Iraker, die sich fest aneinander klammerten, brutal auseinandergerissen, auseinandergeprügelt worden. Eine irakische Frau war schwer behindert. „Die sind alle geistig behindert", so der Kommentar der Bezirkshauptmannschaft Neusiedl am See ... Durch Einsatz der Öffentlichkeit stoppten wir die Deportation.[79] Eine Strafanzeige, die ich gegen die schuldigen Neusiedler Beamten erstattete, verlief im Sande. Die Bezirkshauptmannschaft rechtfertigte sich damit, laut Innenministerium sei es unklar gewesen, wie das neue Gesetz auszulegen sei ...!

In einem offenen Brief an Innenminister Schlögl forderte ich, „die gesamte fremdenpolizeiliche Abteilung der Bezirkshauptmannschaft Neusiedl am See einstweilig aufzulösen. Sollte weiter nichts geschehen, dann werden wir die Ausstellung von Haftbefehlen beantragen, denn in dieser Bezirkshauptmannschaft besteht akute Wiederholungsgefahr."[80]

Nun, geschehen ist trotzdem nichts. Aber wir hatten das Interesse der Medien geweckt. Das wirkte, wie immer. Solche Deportationsversuche fanden nun eine Weile lang nicht mehr statt. Dass es ausgerechnet irakische Flüchtlinge waren, die deportiert werden sollten, zeigt die ungeheure Heuchelei, die damals wie heute die amtliche Flüchtlingspolitik bestimmte: Im Irak war Saddam Hussein an der Macht. Die westlichen Medien waren sich einig, Saddam war ein Despot, ein Massenmörder, er gehörte weg. Aber die

---

79 Der Standard, 18. 2. 1998: „Proteste verhinderten Massenabschiebung. Strafanzeige gegen Fremdenpolizei".
80 APA, 18. 3. 1998

Menschen, die vor ihm flohen, wanderten bei uns ins Gefängnis. Sie waren hierzulande unerwünscht.

Einer der Iraker, die in Wien in Schubhaft saßen, war in seiner Heimat mit Elektroschocks gefoltert worden, ein Rückenwirbel war gebrochen, er war unter großen Schmerzen nach Österreich geflüchtet. Er klagte darüber, dass er seine Beine nicht mehr zu spürte, wie uns eine Schubhaftbetreuerin berichtete. Er trat in den Hungerstreik. Eine neurologische Untersuchung lehnte das Innenministerium ab, da dies eine Verschwendung von Steuergeldern sei.[81]

Allein diese Tatsache zeigt, welche schrecklichen Folgen der Wechsel von Einem zu Schlögl mit sich brachte. Unter Einem hätte ein Anruf von mir bei Kabinettschef Weißenburger genügt und der Mann wäre aus der Haft entlassen worden. Jetzt bedurfte es massiven medialen Drucks. Immerhin wurden aber auch diese Abschiebungen von Karl Schlögl durch Weisung gestoppt.

Künftigen Zurückschiebungen in die Nachbarländer schob der UBAS einen Riegel vor. Er erklärte die Slowakei, Ungarn, Tschechien und Slowenien aufgrund der dort herrschenden Verfahrensmängel zu nichtsicheren Drittstaaten. Die Drittlandklausel wurde so für einige Jahre zu totem Recht.

Als ich den Chef der slowakischen Asylbehörde, Vladimir Belo-Caban, interviewte, rief er auf meine Frage, was er mit Asylwerbern, die Österreich zurückschob, anzustellen gedenke, wütend aus: Diese Leute hätten durch ihre Weiterflucht ihr Desinteresse an seinem Land gezeigt; er schiebe sie weiter, „ins Ungewisse". Ein Protokoll darüber legte ich dem UBAS vor.

Später reisten, wie böse Zungen berichten, Helmut Bernkopf (nach wie vor Chef der Fachabteilung des Innenministeriums, da der UBAS ihn nach unseren Protesten lieber doch nicht genommen hatte) und Wolfgang Taucher (Leiter des Bundesasylamts) nach Bratislava, um Cabans Nachfolger zu einer Änderung der Linie zu bewegen. Nicht nur blitzten sie ab; als sie in ihr schönes (auf dem Parkplatz vor dem slowakischen Innenministerium abgestelltes) Dienstauto einsteigen wollten, war es leider (samt ihren Pässen!) nicht mehr da, sodass sie in einem (für die Abschie-

81 APA, 18. 3. 1998

bung undokumentierter Fremder bestimmten) Polizeiwagen nach Österreich rückgeführt wurden.

So hat es mir jedenfalls ein UBAS-Mitglied genüsslich erzählt; wenn es nicht wahr sein sollte, hat er es zumindest gut erfunden. Seither fanden offenbar auch jene beiden, dass die Slowakei noch nicht überaus sicher sei.

Und wieder Salzburg: Versuchte Beihilfe zum Mord

Im November 1998 erhielt ich einen dringenden Hilferuf von der Amnesty-Flüchtlingsgruppe Salzburg: Zwei Flüchtlinge aus dem Iran, ein Mann und eine Frau, saßen in Schubhaft. Und wieder, wie im Fall Mehdi Z., übermittelte die Polizei ihre Daten an die iranische Botschaft in Wien, mit der Bitte um Ausstellung von Heimreisezertifikaten. Die Abschiebung der beiden hätte ihren Tod bedeutet; sie waren beide politisch engagiert und dem Mullah-Regime verhasst.

Auch diesmal erstattete ich eine Strafanzeige gegen die Salzburger Polizeidirektion: wegen Verdachts des Amtsmissbrauchs, der Verletzung des Datenschutzes, der versuchten Überlieferung zweier durch ihren Zustand wehrloser Menschen an eine fremde Macht und der versuchten Beihilfe zum Mord. Die Medien berichteten[82]; die Abschiebung wurde verhindert. Die beiden Flüchtlinge erhielten Asyl. Die Anzeige gegen die Polizei wurde wie gewöhnlich „zurückgelegt".

Aber die Affäre hatte ein Nachspiel. Bei SOS Mitmensch gab es damals ein Vorstandsmitglied, das sich durch gute Kontakte zur Polizei hervortat und in Linz einen Verein mit ähnlichem Namen (SOS Mitmensch Oberösterreich) betrieb. Dieser Mann schrieb einen Leserbrief an den *Standard*: Er wundere sich über die „Geduld" der Polizei, weil sie noch nicht gegen mich vorgegangen sei.[83]

---

82 Der Standard, 16. 11. 1998: „Abschiebung trotz Asylverfahrens", Salzburger Nachrichten, 21. 11. 1998: „Asylwerber-Daten an Botschaft verraten", Profil, 47/1998: „Amtshilfe der Woche".

83 Der Standard, 20. 11. 1998: „Pro und Contra. Flüchtlingsschicksale und Feindbildpolitik".

Er gehörte bald darauf dem Vorstand von SOS Mitmensch nicht mehr an und galt seither bei uns als Denunziant. Sein Linzer Verein musste, um Verwechslungen zu vermeiden, den Namen auf „SOS Menschenrechte" ändern. Nach einigen Jahren verzichtete dieser auf die Mitarbeit des Besagten, der sodann (ab 2003) einen gut dotierten Auftrag des Innenministeriums erhielt. Dazu gründete er einen neuen Verein, wieder mit ganz ähnlichem Namen: Verein Menschenrechte Österreich.

Dieser Verein „berät" Schubhäftlinge über die Aussichtslosigkeit ihrer Lage. Schubhäftlinge, so der Besagte, versuchten, sich „als besonders hilfsbedürftig darzustellen"; sie nützten, nach dem „Kindchenschema", „das Mitgefühl aus".[84] Aber da seien sie bei ihm an der falschen Adresse. Seit er den Auftrag übernahm, kamen mindestens drei Gefangene ums Leben. Drei, von denen man weiß: Yankuba aus Gambia verdurstete in der Isolierzelle, der Inder Gagendeep verhungerte, ein Afghane hängte sich auf. Ein vierter, der Maghrebiner Fethi, wäre beinahe verbrannt, kam aber mit dem Leben davon.

Gagendeep war ein fleißiger Arbeiter, hatte nie etwas Unrechtes getan; er war nur leider ohne legalen Aufenthalt. Dafür kam er ins Gefängnis. Er starb nach sechs Wochen Hungerstreik. Die Angestellten des Vereins Menschenrechte konnten „mit freiem Auge" keine Gefahr für sein Leben erkennen …

Geiselhaft

1999 führte Asyl in Not im Auftrag der Europäischen Kommission das Projekt „mobile Rechtsberatung" durch. Wir besuchten einmal wöchentlich die Flüchtlingsunterkünfte im Burgenland. Dort waren meist afghanische und irakische Flüchtlingsfamilien untergebracht. Diese Familien waren alle inkomplett: Es fehlte der Vater. Der saß im Gefängnis – aber nicht in Afghanistan oder im Irak, sondern in Schubhaft in Österreich.

Innenminister Schlögl begründete das so: Diese Flüchtlinge sähen Österreich als Transitland. Sie wollten eigentlich nach Deutschland oder in andere EU-Staaten. Um das zu verhindern, müsse Österreich ein Mitglied der Familie, am besten das Ober-

84 Interview des Besagten für die Zeitschrift MO.

haupt, einsperren. Der Vater wurde als Geisel für das Wohlverhalten seiner Angehörigen eingesperrt! Geiselnahme ist ein vom Völkerrecht geächtetes Verbrechen. Der wahre Grund, so zynisch es klingt, war aber ein anderer, nämlich das Gegenteil: Die Schubhaft durfte nicht länger als zwei Monate dauern. Wenn der Vater freikam und in Österreich nichts anderes erlebt hatte als das Gefängnis – was würde er dann wohl tun? Sich zu seiner Familie ins Burgenland durchschlagen, mit dem letzten Geld einen Schlepper besorgen – und erst recht westwärts in andere Länder der EU ziehen. So schlecht wie in Österreich konnte es sonst nirgends sein!

Schlögls Geiselnahmen dienten genau dem Zweck, den sie angeblich verhindern sollten. Es sollte den Leuten in Österreich nicht gut gehen, damit sie nicht dablieben. So stand es in meinem Bericht an die Europäische Kommission, die sich darüber gar nicht freute. Dieser Missstand wurde dann für einige Jahre abgestellt.

Manfred Matzka: Abschaffung der Genfer Flüchtlingskonvention!

1998 lag die EU-Präsidentschaft bei Österreich. Manfred Matzka legte einen Plan zur Abschaffung der Genfer Flüchtlingskonvention vor: Sie sei „Ballast" geworden. Stattdessen verlangte er einen „Übergang zu weniger rechtstaatsorientierten, sondern eher politisch orientierten Schutzkonzepten".[85] Das Recht des Flüchtlings, Asyl zu beantragen, sollte abgeschafft und durch ein „politisches Angebot des Aufnahmelandes" ersetzt werden. Dieses Konzept wurde zwar nicht beschlossen, aber es gab die Linie vor, an der sich die europäische Asylpolitik fortan orientierte.

Mord im Flieger?

Am 1. Mai 1999 töteten Fremdenpolizisten den Flüchtling Markus Omofuma aus Nigeria, dessen Asylantrag abgewiesen worden war, während seiner Abschiebung im Flugzeug mit einem um Mund und Körper gewickelten Klebeband. Der Terror gegen „Fremde" erreichte damit seinen Höhepunkt. Proteste der schwarzen Community wurden unterdrückt, „Operation Spring" stellte

---

85 Karl Kopp, Europäische Asyl- und Migrationspolitik im Übergang von Maastricht nach Amsterdam", 1999.

eine ganze Bevölkerungsgruppe unter Generalverdacht. Vergebens forderte SOS Mitmensch Schlögls Rücktritt; er war jetzt Haiders bester Mann in der Regierung.

Ob Marcus Omofuma ermordet wurde, hat kein unabhängiges Gericht je geprüft; denn dieses Delikt wurde von der weisungsgebundenen Staatsanwaltschaft gar nicht angeklagt. Jedem klar denkenden Menschen muss einleuchten, dass diese Art der Knebelung mit großer Wahrscheinlichkeit zum Tode führt. Hatten also die Fremdenpolizisten Omofumas Tod wissentlich in Kauf genommen? Das wäre „bedingter Tatvorsatz", der eine Verurteilung wegen Mordes zur Folge haben müsste.

Aber wir sind in Österreich; dergleichen „Justiz-Irrtümer" haben hierzulande Tradition. Schon der Naziburschenschafter, der Ernst Kirchweger umbrachte, wurde nicht wegen Mordes verurteilt, sondern nur wegen „Notwehrüberschreitung". Aber Mord verjährt nicht. Es ist also noch nicht vorbei …

Auf einer meiner Reisen, die ich unternahm, um Omofumas Recht zu fordern, kam ich nach Innsbruck, wo ich am 18. Oktober 1999 einen Vortrag an der Franzens-Universität hielt. Damals lernte ich Julia kennen. Wir fanden sofort zu einander und haben dann so vieles gemeinsam vollbracht.

Die Wahlen im Herbst 1999 standen im Zeichen rassistischer Hetze und brachten ein Regime an die Macht, das nicht nur dem Asylrecht, sondern den Grundrechten insgesamt feindlich gegenüber stand. Wider Erwarten ging es aber mit der Abschaffung des Asylrechts nicht so schnell voran, wie zunächst vermutet.

Unerwartet gute Jahre (2000–2003)

Die schwarz-blaue Machtergreifung löste eine gewaltige Volksbewegung aus. Menschen, die vorher nie etwas Politisches getan hatten, gingen im Februar 2000 auf die Straße, um die Demokratie zu schützen. Auf dem Höhepunkt demonstrierte eine Viertelmillion Menschen auf dem Heldenplatz.

War diese Bewegung ein Erfolg? Es gelang uns zwar nicht, das neue Regime zu stürzen; auf eine solche Herausforderung war die Zivilgesellschaft nicht vorbereitet. Aber der Sinn und Nutzen politischer Aktionen ist auch daran zu messen, was alles nicht geschieht: Schüssel und Haider wagten damals noch nicht, das

Asyl- und Fremdenrecht zu verschärfen. Caspar Einems Gesetz blieb in Kraft. Ja, so seltsam es klingt: Die Lage der Flüchtlinge wurde sogar besser. Schlögl und Matzka waren nicht mehr da und der neue Innenminister Ernst Strasser (ÖVP) zeigte sein wahres Gesicht erst nach Schüssels Wahlsieg 2002.

Der Verwaltungsgerichtshof und der Unabhängige Bundesasylsenat hatten einige Jahre Zeit, die Judikatur zu entwickeln: Eben noch hatte Matzka die Genfer Flüchtlingskonvention abschaffen wollen; jetzt wurde ihre Auslegung den modernen Fluchtursachen angepasst. Die Asylanerkennungsrate erreichte europaweit ein vorbildliches Niveau. Wir NGOs trugen durch konsequente Rechtsvertretung unseren Teil dazu bei.

Zu den wichtigsten Errungenschaften gehörte die Anerkennung der Frauen als soziale Gruppe im Sinne der Genfer Flüchtlingskonvention. Darum hatten wir jahrelang gekämpft. Noch zu Matzkas Zeit, wir erinnern uns, hatten Bundesasylamt und Innenministerium einer von Steinigung bedrohten Ehebrecherin aus dem Iran Asyl verweigert; sie sei ja nur vor der „in ihrem Lande so verstandenen Gerechtigkeit" geflohen. Und noch 1997, kurz vor der Einrichtung des UBAS, hatte das Asylamt unter Schlögl völlig rücksichtslos die Rückkehr der Taliban zur islamischen Kultur gepriesen und den Frauen geraten, sich zurückhaltend zu benehmen, dann würde ihnen schon nichts Schlimmeres (?!) geschehen …

Derart dreisten Verletzungen der Genfer Flüchtlingskonvention schob der UBAS nun einen Riegel vor. Ab jetzt wurden afghanische Frauen als Flüchtlinge anerkannt. Und auch nach dem Sturz der Taliban hielt der UBAS daran fest: Auch unter dem prowestlichen Karzai-Regime ist die Unterdrückung der Frauen in Afghanistan asylrelevant.

Das war nicht zuletzt das Verdienst des UBAS-Sachverständigen Sarajuddin Rasuly, der in seinen Gutachten die schreckliche Lage der Frauen in Afghanistan beschrieb. Und es war ein Erfolg unseres politischen Kampfes, den wir seit Robert Schlesingers Veröffentlichungen permanent führten. Viele von mir vertre-

tene Frauen erhielten nun Asyl. Aus einem UBAS-Bescheid[86] vom
5. November 2001:

> „Die massiven Diskriminierungen von Frauen in Afghanis-
> tan knüpfen allein an das Element der Geschlechtszugehö-
> rigkeit an und sind für sich genommen bereits ausreichend,
> um eine asylrelevante Bedrohungssituation der Gruppe der
> Frauen in Afghanistan anzunehmen. Ausschlaggebend ist
> somit die Tatsache, dass Frauen an sich allein aufgrund ihrer
> Zugehörigkeit zur Gruppe der Frauen – somit aufgrund ihrer
> Geschlechtsmerkmale – eklatante Diskriminierungen bzw.
> die Versagung ihrer in der EMRK verbrieften Rechte sowohl
> de iure als auch de facto erleiden müssen."

Die neue Judikatur stärkte auch die Position der Frauen innerhalb
ihrer Familien: Nach dem Sturz der Taliban hatten viele afghanische Männer, deren Asylverfahren oft seit Jahren anhängig waren,
plötzlich keine Fluchtgründe mehr. Sie waren ja aus Furcht vor
den Taliban geflohen und hätten nun ins angeblich befreite Afghanistan heimreisen sollen. Ihren Frauen hingegen drohte in Afghanistan gleich schlimme Verfolgung wie unter den Taliban. Wenn
sie noch dazu während ihrer Zeit in Österreich eine „westliche
Lebensweise", oder wie immer man das nennen soll, angenommen
hatten, umso schlimmer für sie.

Daher stellten wir in allen diesen Fällen neue, eigene Asylanträge für die Frauen. Sie waren jetzt die Hauptantragstellerin-
nen, die Männer hingegen nur mehr „Erstreckungswerber". Für
die Frauen wurde es schon aus Gründen des Asylrechts nützlich,
sich zu emanzipieren. Ihre Männer wiederum mussten lernen, dass
ihr weiterer Verbleib in Österreich vom Asylverfahren der Frauen
abhing.

Vielen Beamten alten Schlags war die neue Rechtsprechung
ein Dorn im Auge: Als ich mit einer modern denkenden, kulturell
aktiven Afghanin ins Asylamt Eisenstadt kam, um für sie einen
neuen Asylantrag zu stellen, schlug der Amtsdirektor auf den Tisch
und schrie: „Das Asylgesetz ist doch eine Hure!" Auf meine Frage,
wieso: „Weil es euch so missbräuchliche Anträge erlaubt. In jedem
anderen Land würde diese Frau sofort abgeschoben." Natürlich

veröffentlichte ich das im Internet. Die Afghanin erhielt Asyl und mit ihr viele andere Frauen, die sich der islamischen Moral nicht beugen wollen.

Wohlgemerkt, nicht alle Beamten dachten noch so wie der Eisenstädter Amtsdirektor. Siehe dazu das folgende Verfahren, das ich im Asylamt Wien gewann. Dort war Herr Pichler zuständig, den ich überaus zu schätzen lernte; heute ist er Referent im Asylgerichtshof.

Sima[87] war achtzehn Jahre alt, als sie aus Afghanistan nach Österreich kam. Ihre Familie wollte sie zwangsverheiraten mit ihrem Cousin, einem bigotten Mudjahed. Darum ist sie geflüchtet; kurz vorher hatte sie geheiratet. Mit ihrem Ehemann ging es ihr aber auch nicht gut: Es passte ihm nicht, dass sie in Wien einen Deutschkurs besuchte und den Hauptschulabschluss machen wollte. Er schlug sie, sie trennte sich von ihm. Er wurde gerichtlich verurteilt, stand aber nach drei Monaten wieder vor ihrer Tür und entschuldigte sich. Sie verzieh ihm damals – für eine dauerhafte Trennung war sie noch zu schwach.

Also lebten sie wieder zusammen, „gezwungenermaßen", wie sie vor dem Bundesasylamt aussagte. Gezwungen durch die Tradition. Er wollte eigentlich zurück nach Afghanistan, aber das wäre undenkbar für sie. Dort wäre sie „völlig rechtlos, seine Putzfrau", wie sie bei der Einvernahme im Bundesasylamt erklärte. Hier in Österreich werde er wenigstens bestraft, wenn er sie schlage.
Ich vertrat Sima im Asylverfahren und machte geltend, dass sie als Frau verfolgt wird und der afghanische Staat weder in der Lage noch willens ist, sie zu schützen. Der Mann dürfte sie dort nach Herzenslust schlagen; er dürfte ihr den Zugang zur Weiterbildung ungestraft verwehren. Herr Pichler folgte meinen Argumenten und erkannte sie als Flüchtling an. Simas Mann erhielt Asyl durch Erstreckung und verhielt sich eine Weile ruhig; denn er wusste genau, dass er sein Asyl nur ihr verdankte und es sehr rasch wieder verlieren könnte. Aber er wurde bald rückfällig, schlug sie wieder, sie ließ ihn wegweisen und reichte auf meinen Rat hin dann doch die Scheidung ein. In der Zwischenzeit hatte sie einen Computerkurs absolviert, sie spricht mittlerweile fließend Deutsch, enga-

87   Name geändert

giert sich im afghanischen Kulturverein – und geht als selbstbe-
wusste junge Frau ihren Weg.

Als Asylgrund anerkannt wurde auch genitale Verstümme-
lung von Frauen. Sippenhaft hingegen wollte der UBAS nicht
anerkennen, aber der Verwaltungsgerichtshof zwang ihn dazu:
Auch die Familie ist eine „soziale Gruppe" im Sinne der Konvention. Erfreulich entwickelte sich auch die Rechtsprechung für
tschetschenische Flüchtlinge, seit 2002 die größte Gruppe. Während Deutschland Tschetschenen nur selten Asyl gewährt, lag bei
uns die Anerkennungsrate jahrelang bei nahezu 100 Prozent.

2001 führten wir eine Kampagne für einen „neuen Gesell-
schaftsvertrag" („Österreich für alle gleich"). Über dreißig NGOs
forderten eine Änderung des Artikels 7 der Bundesverfassung:
Künftig sollten nicht mehr die Staatsbürger, sondern alle Menschen vor dem Gesetz gleich sein. Damit einher ging die Forderung nach dem allgemeinen Wahlrecht und gleichen sozialen
Rechten für alle Menschen in diesem Land. Der öffentliche Diskurs wurde kurze Zeit von uns bestimmt. Es waren also, trotz
allem, gute Jahre. Wir lebten im euphorischen Gefühl, wir hätten
den Angriff des Gegners zurückgeschlagen; Schwarz-Blau würde
nur eine kurze Episode sein und bei der nächsten Wahl von einer
rot-grünen Welle fortgespült werden. So kann man sich irren.

Polizeiterror

Teilen der Polizei waren wir stets ein Dorn im Aug'. Sie versuchten, ihre Freiräume zu nützen: So wurde Imre B., Held vieler Kämpfe der zweiten Generation gegen Neonazis, von einem Polizisten erschossen, der bei einer Drogenfahndung (den Finger am Abzug) plötzlich einen „Greifreflex" bekam. Imres überlebender „Komplize" wurde vom Vorwurf des Drogenhandels freigesprochen, Imres Tod nie aufgeklärt.

2002 fand der Prozess gegen jene drei Fremdenpolizisten statt, die Marcus Omofuma auf dem Gewissen hatten. Einer ihrer Verteidiger war der frühere FPÖ-Justizminister Harald Ofner. Sie wurden zu lächerlich geringen Strafen auf Bewährung „verurteilt". Der Prozess war eine Verhöhnung des Opfers, das Urteil ein Freibrief für alle jene Elemente, die die Tötung eines „Schwarzen" für ein Kavaliersdelikt hielten.

Eine der Folgen war die Tötung Seibane Wagues im Stadtpark am 15. Juli 2003. Auch das war natürlich „kein Mord" ... Innenminister Strasser stellte sich voll hinter seine Beamten. Bei der Demonstration am 25. Juli 2003 forderten tausende Menschen: „Strasser muss weg!" Gegen das Schandurteil im Omofuma-Prozess protestierte ich mit folgendem Rundbrief im Internet:[88]

Rassenjustiz

Es gibt kein Recht in diesem Land. Das Verbrechen bleibt ungesühnt. Die kleinen Schergen, die die Tat ausführten, kommen mit bedingten Strafen davon. Ihnen konnte „kein Vorsatz nachgewiesen" werden, behauptet das Gericht. Sie werden weiter ihren Dienst tun, lachend, reuelos, als wäre nichts geschehen. Ihre Anwälte triumphieren: „ein 99-prozentiger Sieg!" Auch ihre Hintermänner, all die Löschnaks und Schlögls, die Sikas und Matzkas laufen frei herum – lebendige Symbole eines mörderischen Systems.

Wie viele tausende „Gast"-Arbeiter wurden durch die rassistischen Gesetze der Neunzigerjahre um ihre Existenz gebracht? Wie vielen Verfolgten verweigerte Österreich den vom Völkerrecht garantierten Schutz? Der Mord an Marcus Omofuma war die Spitze des Eisbergs. Ein Verbrechen besonderer

Art, gerechtfertigt nun in einem unsagbar zynischen Prozeß, der das Opfer als Angeklagten erscheinen ließ.

Wer war schon Marcus Omofuma? Ein Schwarzer. Ein Wilder, ein Tier. Sogar gestöhnt hat er wie ein Tier, als sie ihm die Luft verklebten. Und um sich geschlagen, die Beamten mussten sich fürchten vor ihm. Sie handelten in „Notwehr". Er war selber schuld. Ein Wirtschaftsflüchtling, Asylbetrüger. Er gehörte selbst vor Gericht, wegen Widerstands gegen die Staatsgewalt, behauptete der F-Anwalt, für den nach eigener Aussage „das Dritte Reich die Heimat"[89] war …

Marcus Omofuma war ein fleißiger Arbeiter, der für seine Familie sorgte, der den Seinen Anteil zu schaffen versuchte für kurze Zeit, bescheidensten Anteil am Wohlstand der Festung Europa – einem Wohlstand, der nicht zuletzt auf jahrhundertelanger Ausbeutung der Dritten Welt beruht.

Marcus Omofuma musste sterben. Für ihn gab und gibt es keine Gerechtigkeit. Sein Tod dient einem klaren Zweck: der Abschreckung. Dem abschreckenden Terror gegen die Habenichtse aus der Dritten Welt. Der faktische Freispruch der Täter verfolgt das gleiche Ziel.

Tausende Menschen verschwinden in der Schubhaft Jahr für Jahr. Sie haben nichts verbrochen. Ihr einziges „Delikt" ist eine Verwaltungsübertretung: der illegale Aufenthalt. Hinter Gitter! Aber wer einen Schwarzen zu Tode quält, verlässt das Gericht als freier Mann.

Preisfrage an alle, die noch an den „Rechtsstaat" glauben: Was würde drei Schwarzen geschehen, die einen österreichischen Polizisten – einen, der sich auszeichnete durch besondere Brutalität, zum Beispiel bei der berüchtigten Razzia in Traiskirchen vor zwei Jahren – so knebelten, wie es Marcus Omofuma geschah? Welche Strafe würden sie erhalten – selbst wenn der Mann nicht stürbe? Zwanzig Jahre? Lebenslang?

Marcus Omofuma starb als Opfer eines rassistischen Systems. Wir werden ihn nicht vergessen. Nicht ihn, und auch nicht die vielen anderen, die der Festung Europa zum Opfer gefallen sind. Wir vergessen auch die Schuldigen nicht.

---

89   Harald Ofner laut Profil vom 11. 2. 1980

Polizeiskandal im Menschenrechtsbeirat

Bülent Öztoplu leitete die Jugendinitiative „Echo" und gab die gleichnamige Zeitschrift heraus. Er versuchte, die zweite und dritte Generation der Eingewanderten zu selbständigem Handeln anzuleiten. Und er war Mitglied einer Kommission des Menschenrechtsbeirats. Er war unbequem. Ein scharfer Kontrollor. 2001 wurde er verhaftet. Von Polizisten eines Kommissariats in Wien, das er besonders genau zu beobachten pflegte. Wegen eines 17 Jahre zurückliegenden angeblichen Mordversuchs an einem deutschen Polizisten.

Dieser Polizist hatte zu einer Gruppe von Beamten in Zivil gehört, die – in betrunkenem Zustand und ohne ihre Dienstmarken vorzuweisen – provokant und aggressiv gegen junge Türken vorgegangen waren. Die Türken waren – nicht ganz zu Unrecht! – der Meinung, sie hätten es mit einem neonazistischen Schlägertrupp zu tun, und setzten sich zur Wehr. Bülent wurde von dem Polizisten, den er angeblich verletzt hatte, niedergeschossen.

Soweit zu den deutschen Verhältnissen. Aber das war 17 Jahre her. Bülent lebte nun seit langem in Österreich, stand im öffentlichen Leben, die deutschen Behörden hatten keinen Versuch unternommen, seiner habhaft zu werden. Erst jetzt, offenbar auf Betreiben des von Bülent kontrollierten Wiener Kommissariats, grub man die alte Sache wieder aus.

Nun hätte man annehmen dürfen, der Menschenrechtsbeirat würde sich mit seinem Kommissionsmitglied solidarisieren und seine sofortige Haftentlassung fordern. Wenn er nicht einmal dazu imstande war, wie sollte er dann die Rechte anderer Menschen schützen! Aber weit gefehlt: Der Menschenrechtsbeirat kündigte sogar Bülents Dienstvertrag auf. Bülents Kommissionsleiter war der Rechtsanwalt Georg Bürstmayr. Und zugleich sein Verteidiger. Aber nicht mehr lange.

Asyl in Not ergriff sofort, als eine der ersten NGOs, für Bülent Partei. In einer Stellungnahme, die ich am 14. September 2001 im Internet verbreitete, schrieb ich, Bülents Verhaftung stehe „in Zusammenhang mit einer verschärften fremdenfeindlichen Hetze" und sei ein Schlag gegen uns alle. Hingegen behauptete Rechtsanwalt Bürstmayr am 17. September in einem an mich und andere verschickten E-Mail, Bülents Festnahme habe „NICHTS

(!) mit fremdenfeindlichen oder anderen politischen Motiven zu tun". Sie sei „allem Anschein nach auch nicht aus Österreich veranlaßt, gesteuert oder ähnliches". Mit „Verschwörungstheorien" sei Bülent „in keiner Weise gedient". Ebenfalls am 17. September behauptete Bürstmayr in einem Schreiben an den Menschenrechtsbeirat, Bülent habe selbst erklärt, mit der Auflösung seines Dienstvertrages einverstanden zu sein.

Diese Erklärung gab der Anwalt im Namen der Kommission ab, obwohl er von deren Mitgliedern nicht dazu legitimiert worden war. Bülent saß im Gefängnis und konnte sich nicht wehren. In Wirklichkeit hatte er lediglich einem „Einfrieren" seines Dienstvertrags auf Dauer seiner Haft zugestimmt.

Wie der *Falter* (43/01) berichtete, ließ der Beiratsvorsitzende Holzinger[90] die – falsch informierten – Mitglieder per Umlaufbeschluss über den Hinauswurf des Verhafteten (der nicht einmal Parteiengehör erhielt) abstimmen. Bülent wurde schon nach drei Wochen aus der Haft entlassen. Die Proteste, zu denen ich den Anstoß gegeben hatte, hatten Wirkung gezeigt. Trotzdem ersuchte ihn der Menschenrechtsbeirat nicht, seine Tätigkeit in der Kommission wieder aufzunehmen. SOS-Mitmensch-Sprecher Max Koch sprach von einer „Nagelprobe" des Beirats angesichts eines „derartigen Umgangs mit seinen Mitgliedern". Aber Bülent blieb vom Dienst suspendiert.

In einer Aussendung am 25. Oktober 2001 forderte ich daher eine öffentliche Sitzung von Menschenrechtsbeirat und NGOs, auf der das Verhalten der Beiratsmitglieder erörtert und Maßnahmen zur Unterstützung Bülents beschlossen werden sollten; angesichts des Schadens, den das Ansehen des Menschenrechtsbeirats nun schon genommen habe, liege Dringlichkeit vor. Zwei Monate später, im Dezember 2001, hob das deutsche Gericht den internationalen Haftbefehl gegen Bülent Öztoplu auf. In einer Aus-

---

90 Holzinger wurde dann Präsident des Verfassungsgerichtshofes und trägt für dessen skandalöse Spruchpraxis – zum Beispiel gegen Arigona Zogaj – die volle persönliche und juristische Verantwortung.

sendung unter dem Titel „Polizeiskandal Öztoplu: Wir fordern Konsequenzen"[91] erhob Asyl in Not drei Forderungen:

1.) Selbstverständlich muß Bülent Öztoplu seine Arbeit im Menschenrechtsbeirat wieder aufnehmen. Seine Suspendierung ist aufzuheben. Unverzüglich und mit dem Ausdruck des Bedauerns. Aber das ist nicht genug.

2.) Wir fordern auch eine Untersuchung der Machenschaften, die zu Bülents Verhaftung geführt haben. Ganz besonders das Kommissariat, für dessen Kontrolle Bülent zuständig war und von dessen Beamten er verhaftet wurde, wird einer genauen Überprüfung zu unterziehen sein: Wir wollen wissen, welche Kontakte es vor Bülents Festnahme zwischen diesem Kommissariat und den deutschen Behörden gab.

3.) Aber es muß auch Konsequenzen im Menschenrechtsbeirat geben. Eingerichtet nach dem Mord an Marcus Omofuma, um Verbrechen dieser Art zu verhüten, ist er nun selbst Bestandteil eines Polizeiskandals. Hier sind tiefgreifende Reformen nötig: Diesem Gremium sollen unabhängige Persönlichkeiten aus den Reihen der NGOs angehören, die die Gewähr bieten, stets für das Recht einzutreten – keine Wetterfahnen, die sich nach dem Wind drehen.

Von den Forderungen wurde nur die erste verwirklicht, aber erst viel später und ohne Bedauern. Erst am 20. März 2002 fand die von mir geforderte gemeinsame Sitzung im Wiener Büro von Amnesty International statt. Georg Bürstmayr war dazu eingeladen, blieb jedoch unentschuldigt fern. Daher setzte ich nun meine schärfste Waffe, den elektronischen Pranger, ein.

Elektronischer Pranger: Das Internet als Waffe

Unter dem Titel „Skandal im Menschenrechtsbeirat: Die Intrige gegen Bülent Öztoplu"[92] berichtete ich am 21. März 2012 über die Sitzung bei Amnesty vom Vortag. Diese Sitzung bestätigte unseren Verdacht:

---

91 Siehe: http://www.asyl-in-not.org/php/polizeiskandal_buelent_oeztoplu__wir_fordern_konsequenzen,12311,4885.html

92 Siehe: http://www.asyl-in-not.org/php/skandal_im_menschenrechtsbeirat,12310,4892.html

Es war Bülents eigener Kommissionsleiter, sein eigener Rechtsanwalt (den er auch für seinen Freund hielt) Georg Bürstmayr, der den Menschenrechtsbeirat falsch in formierte. Wie sich nun herausstellte, war Rechtsanwalt Bürstmayr selbst vom Vorsitzenden des Menschenrechtsbeirates, dem Verfassungsrichter Gerhart Holzinger, unter Druck gesetzt worden – offenbar mit dem Zweck, das lästige „Problem" Bülent so schnell wie möglich zu bereinigen.

Ich verwies auch auf das Fernbleiben Bürstmayrs von der Sitzung; er habe dadurch die Möglichkeit, sich zu rechtfertigen, verwirkt. Aber zugleich warnte ich davor,

Georg Bürstmayr zum alleinigen Sündenbock zu machen. Es war der Vorsitzende Holzinger, der den Kommissionsleiter zu seinem Fehlverhalten antrieb. Und es war die sonderbare Struktur des Menschenrechtsbeirats, die einen solchen Skandal überhaupt möglich machte. Dieser Beirat ist keine unabhängige Kommission, die imstande wäre, die Behörden wirksam zu kontrollieren. Er ist vielmehr vom Innenminister ernannt. Die fünf NGOs, die im Beirat vertreten sind, wurden vom Innenminister nach eigenem Gutdünken ausgesucht. Mehrere Mitglieder des Beirats sind sogar Behördenvertreter!

Aus diesen Gründen habe ich personelle und strukturelle Konsequenzen verlangt. Personell: das heißt, daß Bürstmayr und Holzinger sofort zurücktreten müssen. Sie haben ihre Pflicht verletzt und sind untragbar geworden. Und natürlich auch: daß sich der Menschenrechtsbeirat in aller Form bei Bülent Öztoplu entschuldigt. Und ihn einlädt, seine Arbeit in der Kommission wieder aufzunehmen. (Ob er dazu noch Lust haben wird, nach allem, was war, wird sich dann zeigen). Strukturell: Wir wollen eine wirkliche Menschenrechtskommission, die vom Staat unabhängig ist, keinen Beirat von Gnaden des Ministers. Eine Kommission, die der Öffentlichkeit Rechenschaft schuldet und nicht dem Staat. Wir wollen Gremien, die imstande sind, Gegenmacht auszuüben gegen Übergriffe und Willkür der Behörden.

Dabei halten wir uns an den Grundsatz der Gemeinsamen Flüchtlingskommission, die zu Löschnaks Zeiten angetreten war, um Verfolgte zu schützen: „Wo der Staat Unrecht spricht, sprechen wir Recht!"

Georg Bürstmayr antwortete darauf (und auch seine Antwort veröffentlichte ich im Internet[93]): Mein Bericht hinterlasse in ihm „ob Form und Inhalt einige Betrübnis". Unter „Bericht" verstehe er eine von Kommentar streng getrennte Textsorte. Immerhin räumte er ein, dass sein „Verhalten in dieser Sache nicht fehlerlos" war. Und dann wörtlich:

Ob Herr Öztoplu mich damals oder heute „für seinen Freund hielt" oder hält, tut nichts zur Sache. An dieser Stelle vermengen Sie politische bzw. öffentliche Angelegenheiten mit sehr Persönlichem. Freundschaften – und was immer sie belastet haben könnte – diskutiere ich mit meinen Freunden, aber nicht öffentlich.

Was den Inhalt der bewußten Erklärung von Herrn Öztoplu betrifft, habe ich den Menschenrechtsbeirat nicht falsch informiert, sondern diesen richtig weitergegeben.

Die entsprechende Erklärung läßt bzw. ließ allerdings zwei Interpretationen zu. Ich bin mittlerweile informiert, dass Herr Öztoplu nicht ausdrücken wollte, dass er seinen Werkvertrag als Kommissionsmitglied – unabhängig davon, wie das gegen ihn in der BRD geführte Strafverfahren ausging – auf DAUER zurücklegen wollte. Davon wurde der Menschenrechtsbeirat mittlerweile in Kenntnis gesetzt.

Darauf antwortete ich mit einem offenen Brief:[94]

Ich bin vielleicht ein altmodischer Mensch; jedenfalls halte ich an Grundsätzen fest, mit denen ich aufgewachsen bin. Einer davon lautet, daß man das Private nicht vom Politischen trennen soll. Das war eines der Leitmotive der Bewegung von 1968, die mich geprägt hat, und ich versuche noch immer, mich daran zu halten, wohl wissend, daß das oft sehr mühevoll ist.

93   Zur Gänze nachzulesen: http://www.asyl-in-not.org/php/menschen-rechtsbeirat_stellungnahme_von_rechtsanwalt_buerstmayr,12310,4894.html

94   http://www.asyl-in-not.org/php/antwort_an_georg_buerst-mayr,12310,4895.html

Sie schreiben mit Recht, daß Ihr Verhalten „nicht fehlerlos" war. Aber Sie weigern sich, zu erkennen, daß Sie der Öffentlichkeit (und nicht nur Bülent, und nicht nur den Mitgliedern Ihrer Kommission) dafür Rechenschaft schuldig sind. Sie, Herr Mag. Bürstmayr, waren in einer Interessenkollision: Einerseits waren Sie als Bülents Rechtsanwalt zu seiner parteilichen Vertretung verpflichtet; andererseits waren Sie als Leiter seiner Kommission zugleich der Vertreter seines Dienstgebers, der bemüht war, ihn loszuwerden.

Dieser Kollision versuchten Sie sich dadurch zu entziehen, daß Sie Bülents Vertretung niederlegten. Nur leider hatten Sie unterdessen eine Handlung gesetzt, die zum Nachteil Ihres Mandanten war und die nur durch den inneren Zwiespalt erklärbar ist, in dem Sie sich befanden: Sie hatten nämlich Ihren Mandanten (mit Verspätung, aber immerhin) im Gefängnis besucht und ihm jene Erklärung abverlangt, die Sie dann in Ihrem Schreiben an den Menschenrechtsbeirat zitierten; unrichtig zitierten, wie wir alle wissen – was die Auflösung von Bülents Dienstvertrag zur Folge hatte.

Wenn Sie nun vorbringen, Sie hätten zwar den Inhalt von Bülents Erklärung richtig wiedergegeben, diese ließe allerdings zwei Interpretationen zu, so wissen Sie als Anwalt nur zu genau, auf wie schwachen Beinen diese Ihre Verteidigung steht. Wie Sie selbst schreiben, wollte Bülent eben nicht ausdrücken, daß er seinen Werkvertrag auf Dauer zurücklegt. Er hatte sich lediglich auf Dauer seiner Haft für verhindert erklärt und einem „Einfrieren" des Werkvertrags auf Haftdauer (und das waren schließlich nur drei Wochen!), keineswegs aber einer Vertragskündigung zugestimmt.

Wenn Sie das (angeblich jetzt erst) ohnedies wissen – wie können Sie dann behaupten, Sie hätten den Beirat richtig informiert? Vor allem aber: Warum haben Sie Bülent überhaupt dazu geraten, eine solche Erklärung abzugeben, die (mit welchem Wortlaut immer) keineswegs in seinem Interesse lag?

Meinen Sie nicht, daß Sie als sein Anwalt (wenn schon nicht als sein Mitstreiter, um nicht zu sagen: sein Freund) geradezu die Pflicht hatten, ihn vor einem solchen Schritt (der seine Eliminierung erleichterte) ausdrücklich zu warnen? Ihn davon abzuhalten?

Ihr Schreiben an den Menschenrechtsbeirat – einerlei ob Sie ihn nun falsch informiert oder „nur" Bülent falsch interpretiert haben – hatte für Ihren Mandanten schwerwiegende Folgen. Sein Dienstvertrag wurde aufgelöst; Bülent war damit – abgesehen vom finanziellen Schaden, den er davontrug – in der Öffentlichkeit vorverurteilt. Daran tragen Sie ein gerüttelt Maß Schuld, und das meine ich mit der Verletzung Ihrer Pflicht. Denn als sein Rechtsanwalt, ich wiederhole es, hatten Sie Bülents Interessen (und ausschließlich diese) parteilich wahrzunehmen, ohne Rücksicht auf die Interessen seines Dienstgebers, des Menschenrechtsbeirats.

So weit zum Formal-Rechtlichen. Aber das ist es nicht allein. Was ich Ihnen vorwerfe, geht viel weiter: Bülents Verhaftung war ein politischer Akt, ein Akt der staatlichen Repression gegen die Zivilgesellschaft. Er sollte nicht nur Bülent treffen, sondern der Einschüchterung und Abschreckung anderer dienen. Diesen Zweck hat er teilweise erreicht; auch darüber wurde beim Treffen am vergangenen Mittwoch diskutiert.

Auf Bülents Verhaftung war daher politisch zu reagieren. Manche haben das getan; andere haben versucht, sich herauszuhalten. Nur nicht anstreifen! Es könnte ja doch etwas dran sein … Sie, Mag. Bürstmayr, gehören zu einer dritten Kategorie: nämlich jenen, die noch ein Schäuferl nachgelegt haben zum Nachteil Bülents. Dazu gehört auch Ihr Rundschreiben vom 17. September, in dem Sie jeden politischen Zusammenhang abstritten; dafür gibt es nur ein Wort: Desinformation. Dazu gehört auch Ihre Bemerkung in jenem Schreiben, Bülent sei „unschuldig, solange er nicht rechtskräftig verurteilt werden sollte".

Sollte ich eines Tages aus politischen Gründen vor Gericht stehen (wie Sie vielleicht wissen, wäre es nicht das erste Mal), dann wünsche ich mir ganz gewiß keinen Anwalt, der mich nur so lange für unschuldig hält, bis ich verurteilt worden bin. Sondern einen, der an meiner Seite steht und kämpft.

Sie hätten als Bülents Anwalt öffentlich seine Unschuld vertreten, seine Haftentlassung fordern und die Auflösung seines

Dienstverhältnisses anprangern können. Stattdessen traten Sie als verlängerter Arm des Beiratsvorsitzenden Holzinger auf, der – statt sich mit Bülent zu solidarisieren – seine Beseitigung aus der Kommission betrieb.

Wie ich Ihrem Schreiben entnehme, möchten Sie auch in Zukunft zivilgesellschaftliche Aufgaben wahrnehmen. Dann müssen Sie aber akzeptieren, daß die Zivilgesellschaft Ihre charakterliche Eignung diskutiert.

Wir führen einen ständigen Kampf gegen Übergriffe und Willkür der Behörden. Als Nichtstaatliche Organisationen – ohne Macht, ohne Geld, ohne Apparat – stehen wir dem Staat gegenüber: einem Staat, dessen Beamtenschaft von antidemokratischen, fremdenfeindlichen Elementen so sehr durchsetzt ist, daß unser Bemühen, ihn zu verändern und zu verbessern, jedem von uns eine gewisse Bereitschaft zum persönlichen Risiko abverlangt. Dabei werden manche schwach. Das kann ich gut verstehen. Ich bin auch oft müde und mutlos. Aber dann ist es besser, man zieht sich eine Zeitlang zurück. Statt anderen zu schaden. Sie, Kollege Bürstmayr, sind auch schwach geworden. Aber sie haben daraus die falsche Konsequenz gezogen. Sie haben die Arbeit des Gegners besorgt. Sie sind ein Bestandteil geworden der gegen Bülent (und gegen uns alle) gerichteten Aktion.

Wir, die Nichtstaatlichen Organisationen, haben in einem solchen Fall nur ein einziges Sanktionsmittel: die öffentliche Kritik. Diese Kritik übe ich jedenfalls mit aller gebotenen Härte. Aus Gründen der Generalprävention: Verrat darf sich nicht lohnen.

Bülent wurde am 6. Dezember 2002 von einem Gericht in Deutschland freigesprochen. SOS Mitmensch verlieh ihm den Ute-Bock-Preis für Zivilcourage. Im März 2003 wurde er wieder Mitglied einer Kommission.

Ansonsten aber gab es keinerlei Konsequenzen. Der Menschenrechtsbeirat blieb bis zu seiner Eingliederung in die Volksanwaltschaft (2012) eine Zweigstelle des Innenministeriums. Holzinger wurde zwar als Vorsitzender abgelöst (2003), avancierte aber 2008 zum Präsidenten des Verfassungsgerichtshofes, wo er die Verantwortung für krasse, systematische Fehlentscheidungen trägt. Georg Bürstmayr versah noch viele Jahre als Kommissionsleiter seinen Dienst. Er wurde erst 2012 durch den Arzt und Menschenrechtsexperten Ernst Berger ersetzt. Kurz vorher fiel Bürstmayr noch dadurch auf, dass er gegen ein (von Asyl in Not und vielen anderen gefordertes) Verbot der jährlichen Zeremonie der Burschenschafter auf dem Heldenplatz zu Felde zog.

Hans-Henning Scharsach, einer der besten Kenner des österreichischen Rechtsextremismus, schreibt in seinem umfangreichen Werk *Strache im braunen Sumpf*, „die Nachkriegsgeschichte der neonazistischen Gewalt in Österreich" sei „in Wirklichkeit eine Geschichte der Burschenschaften und der FPÖ".[95]

Georg Bürstmayr hingegen vermeinte allen Ernstes, gegen das Nazi-Verbotsgesetz verstießen diese Leute nicht …[96] Uns allen, die deren Umtriebe verhindern wollen, unterstellte er „ein erschreckend falsches Verständnis von unseren Grundrechten". Und er warnte uns, dankenswerterweise, vor jenen Paragraphen im Strafgesetzbuch, die uns bedrohen würden, falls wir uns erdreisten sollten, die Versammlungen dieser Burschen zu stören.

Ob wir ihn wohl eines Tages als Anwalt von Küssel und Strache wiedersehen?

95   Hans-Henning Scharsach, „Strache im braunen Sumpf", Wien 2012, S. 309. Zur Ideologie und Praxis der Burschenschaften siehe auch S. 66-79.
96   Der Standard, 17. 5. 2012: Georg Bürstmayr, „Bitte aufwachen, liebe ‚Heldenplatz-Befreier!'"

Ein Angriff auf die Pressefreiheit

Zwischendurch gab es auch erheiternde Episoden. Wider Erwarten hatte uns das Innenministerium für das Jahr 2002 eine kleine Förderung (20.000 Euro) zugedacht. Das Geld war zur Kofinanzierung unserer (ansonsten eigenfinanzierten) Rechtsberatung gedacht.

Der Vertrag wurde von uns freudig unterschrieben und retourniert; danach warteten wir lange vergeblich auf unser Geld. Im September 2002 (wir waren wirklich geduldig!) fragten wir nach – und erfuhren, die Zahlung sei gestoppt. Der zuständige Sektionschef Wolf Szymanski verweigere seine Unterschrift. Es bestehe kein Vertrauen mehr zu uns. Man habe nämlich soeben im Internet einen Artikel entdeckt, den ich am 25. Dezember 2000 (!) veröffentlicht hatte.

In diesem Artikel („Fall des Jahres 2000 – Frau K. hat Asyl") berichtete ich über das Schicksal einer Frau aus dem Irak, die in Saddam Husseins Gefängnissen jahrelang eingekerkert gewesen, von den Wächtern immer wieder vergewaltigt worden war und die in der Haft ein Kind zur Welt gebracht hatte, das ihr sofort nach der Geburt weggenommen worden war. Als sie in Österreich Asyl beantragte, traf Frau K. auf den Beamten A., der ihren Antrag als „unglaubwürdig" abwies. Es war derselbe A., der einst Herrn Mbemba, Frau Kaya und Herrn Shaba Sedu negativ beschieden hatte. Und unzählige andere auch. In unserer Berufung griffen wir A. direkt an und warfen ihm Befangenheit vor. Wir legten ein Gutachten eines bekannten Psychotherapeuten vor, der bezeugte, dass Frau K. ein Vergewaltigungsopfer sei. Der UBAS gab unserer Berufung Folge und gewährte Frau K. Asyl.

Darüber schrieb ich in unserer Weihnachtsaussendung am 25. Dezember 2000 und nannte Herrn A. einen „Schreibtischtäter", „wie es viele gegeben hat in der blutigen Geschichte dieses Landes"; er habe „das Leben vieler Menschen zerstört". Ich schloss mit den Worten: „Herr A. muß aus dem Bundesasylamt hinaus. Sein Maß ist voll."

Dieser Artikel war dem Innenministerium angeblich unbekannt geblieben, obwohl er im Internet an tausende Adressen verschickt worden war. Jetzt sollte er als Vorwand dienen, um unsere

(nicht etwa für die Öffentlichkeitsarbeit, sondern für die Rechtsberatung bestimmte) Subvention nicht auszuzahlen.

Ich besuchte Szymanski im Innenministerium und versuchte,
ihm den hohen Stellenwert der Pressefreiheit in modernen Demo-
kratien zu erläutern. Aber er beharrte darauf, mein Artikel müsse
„aus dem Netz genommen werden". Wie das technisch funktio-
nieren sollte, blieb sein Geheimnis; der Artikel war von tausenden
Menschen gelesen und unzählige Male weiterverbreitet worden.
Ein Text verschwindet nicht einfach aus dem Netz. Im übrigen
war ich zu einer solchen Selbstzensur natürlich nicht bereit.

Szymanski – ein roter Beamter, der einer Umfärbung durch
den schwarzen Minister Strasser bisher entgangen war – meinte
dann noch en passant, er verstehe nicht, warum wir immer nur
die roten Minister angegriffen hätten … Das war unbesonnen,
denn ich konnte es mir nicht verkneifen, diese Aussage zu veröffentlichen, worauf er einen Rüffel von oben bekam und dem
Standard gegenüber erklärte, er werde nie wieder ein Wort mit
mir sprechen. Auch das stand am nächsten Tag in der Zeitung;
Robert Schlesinger und ich waren wirklich ein gutes Team. Zum
Drüberstreuen veröffentliche ich eine weitere zynische Polemik
im Internet:[97]

Kaiser Josef und die Schreibtischtäter
Eine Abschweifung in die Geschichte, Herrn Szymanski
gewidmet, von Michael Genner, Asyl in Not
Mein lieber Szymanski!
Im „Standard" vom 24. September muß ich lesen, daß Sie
mit mir „kein Wort mehr reden" wollen. Das ist ein bißchen
schade, denn es war immer amüsant, mit Ihnen zu plaudern.
Manchmal freilich war ich bestürzt über Ihre – sagen wir:
eigenwilligen Auslegungen der Genfer Flüchtlingskonvention, die bei solchen Unterhaltungen hervorkamen.
Schade ist es noch aus einem anderen Grund. Hätten Sie
mich nämlich gefragt, was ich mit „Schreibtischtäter" meine,
dann hätte ich es Ihnen erklären können und sie hätten sich
vielleicht eine Blamage erspart.

97 Siehe: http://www.asyl-in-not.org/php/kaiser_josef_und_die_schreib-
tischtaeter,12310,4907.html

Wie ich lesen muß, meinten sie zur APA, ich hätte Herrn A. „als ‚Nazischergen bezeichnet", weil ich ihn einen „Schreibtischtäter" nannte. Sie seien „nicht in der Lage, das anders zu interpretieren". Sie nehmen ja nicht an, „daß Schreibtischtäter zur Zeit Josefs II. gemeint waren".

Aber, aber! Ich habe Herrn A. ziemlich viel vorgeworfen. Das können sie nachlesen im Internet. Einen „Nazischergen" habe ich ihn nicht genannt. Ich wäge meine Worte stets sehr genau.

Allerdings – der Ausdruck „Nazischerge" (den Sie geprägt haben, nicht ich!) wird an Herrn A. hängen bleiben. Er ist in allen Zeitungen gestanden; Sie, Herr Szymanski, haben dafür gesorgt. Herr A. kann sich dafür bei Ihnen bedanken, nicht bei mir. Wer Sie zum Freund hat, mein lieber Szymanski, braucht keine Feinde mehr.

Sabotage und „Meuterey"

Schreibtischtäter hat es viele gegeben in der blutigen Geschichte dieses Landes. So steht es in meinem Artikel, und so meine ich es auch.

Schreibtischtäter gab es schon in der Zeit der Gegenreformation, als Österreich mit Feuer und Schwert, aber auch mit Gesetzen und Verordnungen „katholisch gemacht" wurde. Schreibtischtäter gab es zu Metternichs Zeit, im Austrofaschismus und in der Nazizeit. Es gab sie unter den Parteigängern der russischen Besatzungsmacht. Es gibt sie auch heute noch.

Aber weil Sie Kaiser Josef II. erwähnen: Er hat Großes geleistet für dieses Land. Er hat die Bauern aus der Leibeigenschaft befreit; er hat Juden und Protestanten die Ausübung ihrer Religion gestattet. Er hat auch die Pressefreiheit eingeführt. Die Pressefreiheit war damals schon vielen Schreibtischtätern ein Dorn im Aug. Es erschienen nämlich zahlreiche Druckschriften und Zeitungen voll heftiger Angriffe auf die Kirche und das Feudalsystem – zum Entsetzen des Polizeiministers Pergen, der meinte, das viele Zeitunglesen entfache „beim Pöbel den Geist der Meuterey".

Gescheitert ist Kaiser Josef beim Versuch, die Bauern auch von den Grundlasten (Zehent und Robot) zu befreien – gescheitert an der Sabotage durch eidbrüchige beamtete Schreibtischtäter seiner Zeit, über deren „Mangel an der wahren Gedankensart, Willen und Eifer" er sich heftig beklagte. Und das, obwohl Kaiser Josef aus härterem Holz geschnitzt war als Caspar Einem in unserer Zeit, der auch an der Sabotage durch die eigenen Beamten gescheitert ist.

Und Sie, Szymanski ? Verzeihen Sie meine Abschweifung. Aber sagen Sie – was für ein Täter, mein lieber Szymanski, sind eigentlich Sie?

Sie meinen: Bundesbetreuung könne nur jenen Flüchtlingen gewährt werden, „deren Asylantrag auch gute Aussichten auf positive Erledigung hat" („Die Presse", 28. 9. 2002).

Ja, wer entscheidet denn das, ob der Asylantrag gute Aussichten hat? Ihr Herr A. vielleicht, der einer jahrelang in Saddam Husseins Kerkern inhaftierten, von den Wärtern oftmals vergewaltigten Frau jede Glaubwürdigkeit absprach? Herr A., der einen Flüchtling aus Zaire im Bundesasylamt verhaften ließ und einer Berufung die aufschiebende Wirkung aberkannte, sodaß mein Mandant beinahe seinen Verfolgern ausgeliefert worden wäre?

Zwei Beispiele unter vielen, wo das Bundesasylamt unseren Klienten „keine guten Aussichten" attestierte. Beide erhielten aber, wie Sie wissen, in zweiter Instanz Asyl.

Jetzt lese ich gerade, Sie hätten „die Lage im Griff", nachdem 130 Asylwerber, unter ihnen Frauen und Kinder, aus dem Lager Traiskirchen auf die Straße gesetzt wurden. Haben Sie geprüft, ob deren Anträge „gute Aussichten" haben? Nach welchen Kriterien? „Sichere" Herkunftsländer? Diesen Begriff finden Sie nirgends in der Genfer Flüchtlingskonvention. Sie verweigern den Menschen ein faires Verfahren. Weil Sie sie rasch wieder loswerden wollen.

Buschtrommeln

Am liebsten ist es Ihnen, die Flüchtlinge kommen gar nicht erst hierher. Sie sollen in den „Regionen" bleiben, in den Nachbarstaaten ihres Heimatlandes. Als tausende verzwei-

felte Afghanen auf der Flucht vor den Taliban zu den österreichischen Botschaften in Teheran und Islamabad strömten,
da verstiegen Sie sich zu der Behauptung, der Iran und Pakistan seien sichere Drittstaaten. Bei unserem letzten Gespräch
korrigierten Sie sich dann: Sichere Drittstaaten im Sinne des
Asylgesetzes zwar nicht gerade – aber Schutz gefunden hätten
die Leute dort schon!

Zum „Standard" (16. 10. 2001) meinten Sie: der Iran sei „für
Moslems sicher". Sie mokierten sich über die „Buschtrom-
meln", von den die Flüchtlinge aus Afghanistan gehört hätten, es gebe in Österreich eine Aufnahmeaktion …

Wie sicher der Iran ist, hat mein Mandant, Herr N. aus
Afghanistan, am eigenen Leib erlebt. Er wurde dreimal vom
Iran nach Afghanistan abgeschoben und kam nur mit Mühe
und mittels Bestechungsgeld mit dem Leben davon. Er hat
nun in Österreich Asyl erhalten, obwohl Sie, Herr Szymanski, vermeint hatten, dies wäre nicht wahrscheinlich.

Mit solchen Mutmaßungen, die sich dann als unzutreff-
end herausstellen, sind Sie oft schnell zur Hand. Ich erinnere mich nur zu gut, was Sie einem (völlig unbescholtenen)
Österreicher nigerianischer Herkunft unterstellten, dem in
der alten Heimat sein Paß gestohlen worden war. Die österreichische Botschaft weigerte sich rechtswidriger Weise, ihm
einen Ersatz auszustellen – bis ich die Medien informierte;
dann ging es auf einmal. Sie, Herr Szymanski, meinten
damals zum „Standard" (5. 12. 2000):

„Ein österreichischer Pass, in dem ein Schwarzafrikaner abge-
bildet ist, ist in Nigeria Gold wert. Den kann man auch selber verkaufen." Derlei geschehe dort offenbar regelmäßig.

Natürlich entbehrte Ihr Untergriff jeder Grundlage. Er steht
aber in gutem Einklang mit Ihrem Wort über die „Busch-
trommeln". So denken Sie nun einmal.

Solche Episoden aus Ihrem Leben könnte ich noch viele in
Erinnerung rufen, denn ich habe ein gutes Gedächtnis und
ein gutes Archiv. Aber vorläufig genügt es einmal.

Mit besten Grüßen

Michael Genner, Asyl in Not

Wie sicher ist das Netz?

Neben unserer medialen Intervention beauftragten wir einen Anwalt mit der Einbringung einer Klage. Immerhin gab es einen rechtsgültigen Vertrag, den wir angenommen hatten. Der Anwalt schickte mir per E-Mail seinen Klage-Entwurf.

Nach einer Stunde rief er mich an und berichtete verstört, soeben habe ihn ein Herr aus dem Innenministerium angerufen und gesagt, er solle die Klage noch nicht einbringen; man wolle sich ohnedies mit uns einigen. Aber er hatte den Entwurf doch nur mir geschickt! Wurde etwa sein E-Mail-Verkehr mit Mandanten überwacht?

Er war echt entsetzt, aber ich lachte nur. Ich wusste seit meiner Studentenzeit, dass die Polizei Telefone überwacht, also warum nicht auch das Internet? Andererseits hatte ich im *Standard* erwähnt, dass wir eine Klage vorbereiten; es konnte also auch Zufall sein. Oder saß dieser Beamte tatsächlich vor dem Computer in seinem Fauteuil und wartete auf einen Piepston, der ihn aufweckte, wenn es im Netz eine Verknüpfung der Begriffe „Genner", „Ministerium" und „Klage" gab? In Österreich ist alles möglich ...

Wie auch immer – bald darauf bekamen wir (auch ohne Klage) unser Geld. Unsere wirklich allerletzte Subvention aus diesem Haus. Szymanski wurde im Innenministerium völlig kaltgestellt und schließlich in Pension geschickt. Wir verstanden uns dann viel besser.

Herr A. ist nicht mehr im Bundesasylamt. Daher nenne ich hier seinen Namen nicht. Der elektronische Pranger dient dem Zweck, das gegnerische Individuum aus dem Verkehr zu ziehen (oder zum Umdenken zu bewegen), damit es keinen Schaden mehr anrichten kann. Danach erübrigt er sich.

Das Strassergesetz

Innenminister Ernst Strasser hatte sich zunächst von seiner „liberalen" Seite gezeigt. Die großen Demonstrationen des Jahres 2000 in Verbindung mit den Maßnahmen der EU-Staaten hatten die Verschärfung des Asyl- und Fremdenrechts, für die Schwarz-Blau angetreten war, für einige Jahre verhindert. Sie kam erst nach Schüssels Wahlsieg 2002 und dem Scheitern der schwarz-grünen Koalitionsverhandlungen. Unvergessen bleibt mir Strassers zynisches Interview für den *Standard*: mit Schwarz-Grün hätte er ein liberaleres Fremdenrecht gemacht – jetzt würden wir ein schärferes bekommen.

Strassers Asylgesetznovelle trat am 1. Mai 2004 in Kraft. Wichtigste Änderung: das Zulassungsverfahren in den Erstaufnahmestellen. Dort wird geprüft, ob man überhaupt einen Asylantrag in Österreich stellen darf. Oder ob nicht ein anderer „Dublin"-Staat zuständig ist, in den man abgeschoben werden soll, egal wie es dort zugeht. Berufungen gegen Dublin-Bescheide kam die aufschiebende Wirkung nicht zu.

Ebenfalls am 1. Mai 2004, wurden Polen, Tschechien, die Slowakei, Ungarn und Slowenien EU-Mitglieder. Bisher hatten sie in ständiger Rechtsprechung des UBAS als nicht-sichere Drittstaaten gegolten. In der Nacht zum 1. Mai 2004 mutierten sie durch ein Wunder des Heiligen Geistes zu sicheren Dublin-Staaten. Obwohl sich dort nichts, aber auch gar nichts geändert hatte. In der Slowakei ist die Anerkennungsrate gleich null; Flüchtlinge berichteten von Polizeibrutalitäten und Kettenabschiebungen nach Russland. In Polen vegetieren selbst „geduldete" Flüchtlinge weit unter dem Existenzminimum. Allerdings gab es eine Bestimmung, um die uns NGOs in ganz Europa beneideten: Traumatisierte und Folteropfer waren von „Dublin" ausgenommen. Sie mussten zum Verfahren zugelassen werden.

Diese Klausel war als Ausnahme gedacht. Aber sie wurde zur Regel. Denn die größte Flüchtlingsgruppe waren die Tschetschenen: In ihrer Heimat herrschte Krieg, es fanden ethnische Säuberungen statt; fast alle hatten Schreckliches erlebt, auf sie alle war die Schutzklausel anwendbar.

Also – wurde sie *nicht* angewendet. Sie wurde missachtet und gebrochen. Auf höhere Weisung. Tag für Tag. Es begann eine Zeit der Verhaftungen und Deportationen großen Stils. Und Asyl in Not war unter den NGOs fast die einzige Organisation, die sich politisch und mental auf diese Auseinandersetzung vorbereitet hatte.

Damals, im Mai 2004, habe ich uns drei Ziele gesetzt. Erstens: Flüchtlinge schützen – Abschiebungen verhindern. Zweitens: Das Gesetz nichtvollziehbar machen und schließlich zu Fall bringen. Und drittens: der Strasser muss weg. Zu meiner eigenen Überraschung haben wir alle drei Ziele in nur sieben Monaten erreicht.

Traiskirchen: Erstabschiebestelle Ost

Um die „Dublin"-Flüchtlinge, die zur Abschiebung bestimmt waren, von den Glücklichen zu trennen, die bleiben durften, richtete Strasser zwei „Erstaufnahmestellen" ein, die östliche in Traiskirchen, wo schon bisher das Flüchtlingslager war, die westliche in Thalham. Ich hatte aus geografischen Gründen mehr mit Traiskirchen zu tun.

Der Zugang zu den Erstaufnahmestellen schien uns zunächst verwehrt zu bleiben. Strasser plante dort sein kleines Guantanamo, abgeschirmt vor der Öffentlichkeit, von wo aus er seine Opfer ohne Aufsehen abzuschieben gedachte. In diesen Lagern, die wir – ihrer tatsächlichen Bestimmung gemäß – „Erstabschiebestellen" nannten, spielten sich zu Strasser-Zeiten, und dann viel mehr noch unter Liese Prokop, Tag für Tag Schreckensszenen ab. Familien wurden zerrissen, Väter vor den Augen der Kinder in Handschellen abgeführt, Frauen erlitten Nervenzusammenbrüche und kamen auf die Psychiatrie. Auch das war für uns Anlass vieler Internetkampagnen, einige Menschen konnten wir retten, viele andere wurden deportiert.

In diesen „Erstaufnahmestellen" versahen staatlich ernannte und bezahlte Rechtsberater ihren Dienst. Sie sollten die Asylsuchenden unterstützen und „objektiv" (was immer das heißen mochte) beraten. So war es im Strassergesetz vorgesehen. Die Posten schrieb das Innenministerium öffentlich aus.

Das war natürlich genauso eine Farce wie der sogenannte Menschenrechtsbeirat von Ministers Gnaden. Aber was soll's? Vielleicht konnte man auch diese Einrichtung nutzbringend verwenden. Ich bewarb mich daher für eine solche Stelle, wurde aber, wie nicht anders zu erwarten, abgelehnt. Dafür nahmen sie (versehentlich?) Julia Kux, die als Obfrau von Helping Hands Tirol und Mitarbeiterin mehrerer Anwaltskanzleien große Erfahrungen im Asylwesen erworben hatte und zu den besten ExpertInnen Österreichs zählt; und mit der ich damals zusammenlebte.

Oft im Morgengrauen auf der Autobahn fuhren wir beide nach Traiskirchen. Um „den Drachen zu töten", wie ich später irgendwann schrieb; so empfand ich es damals jedenfalls. Irgendwie noch romantisch, auf meine alten Tag'. Julia war in diesem Lager mein Auge und mein Ohr – und überhaupt viele Jahre lang meine wichtigste Stütze. Mehr als allen anderen gilt ihr mein ganz besonderer Dank. Sie bemühte sich auch, eine Selbstorganisation der in Traiskirchen tätigen Rechtsberater aufzubauen, einige Zeit hindurch mit Erfolg. Später setzten sich aber die Spaltungsmanöver des Ministeriums durch.

Ich weiß nicht mehr, wie viele Menschen wir gerettet haben, zum Zählen kamen wir nie; auch nicht wie viele verloren gingen. Wir waren Sand im Getriebe der Repression. Es war ein guter Kampf und eine schöne, harte Zeit.

Sand im Getriebe

Ruslan aus Tschetschenien, seine Frau und Kinder waren nach Österreich geflüchtet, wo seine Schwester als anerkannter Flüchtling lebte. Ruslans Vater hatten Soldaten erschossen, ihm selbst die Rippen gebrochen, seither ging es ihm auch psychisch schlecht – er war traumatisiert. Trotzdem war seine Abschiebung (ohne seine Familie!) in die Slowakei geplant.

Asyl in Not hat Ruslan daher „unter Schutz gestellt". Wir holten ihn aus Traiskirchen heraus und brachten ihn in eine sichere Wohnung. Zugleich mobilisierten wir die Öffentlichkeit. Auf einer Pressekonferenz mit der grünen Abgeordneten Terezija Stoisits erklärte ich, wir würden Ruslan so lange verstecken, bis wir Garantien für seine Sicherheit erhielten.

Kaum war ich von der Pressekonferenz im Büro zurück, da bekam ich ein E-Mail: Ruslan sei zum Verfahren zugelassen! Ein schneller Erfolg unserer Medienarbeit – aber er konnte uns nicht darüber täuschen, dass dieser Fall nur die Spitze des Eisbergs war.

Durch diesen ersten Erfolg hatten wir das Vertrauen der tschetschenischen Flüchtlinge in Traiskirchen gewonnen. Sie wählten zwei „Botschafter", die wöchentlich mit einem Bündel Vollmachten zu mir kamen. Wenn ich Vollmacht hatte, musste der Dublin-Bescheid mir zugestellt werden. Dann konnte ich die Leute warnen, sodass sie untertauchten. Bis der Dublin-Bescheid vom UBAS behoben worden war. Mit solchen Vollmachten versehen, fuhr ich oft nach Traiskirchen, um bei Einvernahmen dabei zu sein.

Wenige Tage nach der Pressekonferenz wurde in Traiskirchen der 24-jährige Abuschachid vor den Augen seiner hochschwangeren Frau verhaftet und in Handschellen abgeführt. Das Asylamt hatte einen Dublin-Bescheid erlassen. Im Akt befand sich eine Mitteilung einer Ärztin, die im Auftrag der Erstaufnahmestelle Gutachten schrieb: „PTSD sehr wahrscheinlich. Streckdefizit am kleinen Finger".

PTSD (Post-Traumatic Stress Disorder) ist eine schwere Form der Traumatisierung. Den kleinen Finger hatte man Abuschachid auf der Folter zerstört. (Ich vergesse nie, wie Liese Prokop später im Fernsehen sagte, manchen angeblichen Folteropfern habe man doch ohnedies nur am kleinen Finger wehgetan).

Ich erhob Berufung. Aber Berufungen im Dublin-Verfahren kam keine aufschiebende Wirkung zu: Die Abschiebung war sofort vollstreckbar. Also half wieder nur die Öffentlichkeit. Der ORF verlangte eine Drehgenehmigung im Gefängnis. Der UBAS entschied nach wenigen Tagen und behob den Dublin-Bescheid. Es war ja eigentlich ein klarer Fall. Auf dem Original der ärztlichen Mitteilung, die die Folterspuren bestätigte, befand sich (wie der UBAS feststellte) ein Vermerk: „lt. Dr. Eichenseder Dublinverfahren fortsetzen".

Eichenseder ist der Leiter der Erstaufnahmestelle Traiskirchen. Die Referentin, die den Fall bearbeitete, wusste genau, dass sie bei solch einem Befund keinen Dublin-Bescheid machen durfte. Aber andererseits hieß es doch: möglichst viele! Also fragte sie den Chef. Vielleicht erhielt sie die Antwort: Mach's wie immer: Einsperren und abschieben!

Wir erstatteten gegen Eichenseder eine Strafanzeige wegen Amtsmissbrauchs. Sie wurde „zurückgelegt". Abuschachid und seine Frau erhielten nach langer Wartezeit Ende 2007 (!) vom UBAS Asyl. Wie wir aus der Beamtenschaft hörten, gab es überhaupt eine informelle Weisung von ganz oben, den Folter- und Traumatisierungs-Paragraphen nicht zu beachten, sondern alles, was greifbar war, einzusperren und abzuschieben.

So wurde Herr O., dem die Amtsärztin bescheinigte, dass er mit einer Zange am Finger gefoltert worden war, in die Slowakei abgeschoben, wo ihm die Gefahr der Weiterschiebung drohte. Der UBAS behob den Bescheid und O. (den wir mit Hilfe des Slowakischen Helsinkikomitees in einem Flüchtlingslager wiederfanden) konnte nach Österreich zurückkehren.

Auch in diesem Akt fand der UBAS einen Aktenvermerk, der das Wirken Herrn Eichenseders dokumentierte: „Nach Rücksprache mit dem Leiter der EAST OST liegt aufgrund der vorliegenden ärztl. Mitteilung keine medizinisch belegbare Tatsache vor, welche die Annahme rechtfertigen würde, dass der Asylwerber Opfer von Folter sein könnte." Wir weiteten die Strafanzeige gegen Eichenseder auch auf diesen Fall aus.

„Der Leiter der EAST Ost, Dr. Herwig Eichenseder", schrieb ich im Internet, „hat also entschieden, daß es keine Folter ist, wenn man jemandem den Finger mit der Zange zwickt. Herr Eichenseder hat das wohl noch nicht am eigenen Leibe erlebt. Wir wünschen es ihm auch nicht."

Aus dem UBAS-Bescheid: „Vielmehr drängt sich auf Grund der durch die ärztliche Mitteilung medizinisch bereits belegten Tatsache der Verletzung des Berufungswerbers (…) geradezu die Annahme auf, er könnte ein Folteropfer sein."

Die sechsjährige Diana und ihr Vater wurden festgenommen, als sie aus der Slowakei nach Österreich kamen. Diana brachte man in ein Kinderheim, wo niemand Tschetschenisch sprach, den Vater ins Gefängnis. Einmal durfte Diana ihn durch eine Glasscheibe sehen. Das Mädchen war traumatisiert, sie hatte im Krieg Schlimmes miterlebt, war Bettnässerin und hatte Albträume.

Der UVS gab meiner Haftbeschwerde statt, der UBAS meiner Berufung ebenso. Diana und ihr Vater wurden zum Verfahren zugelassen. Wir erreichten sogar eine Haftentschädigung. Das Leid, das der Staat Österreich ihnen zugefügt hat, nimmt ihnen keiner ab.

Immer wieder veröffentlichten wir solche Fälle, ein permanentes Trommelfeuer – und jede solche Veröffentlichung verband ich mit der Forderung: Strasser muss weg. So allein wir anfangs damit standen, am Ende des Jahres 2004 waren wir am Ziel.

Vaha Banjaev

Einen wichtigen Verbündeten im Kampf gegen „Dublin" fand ich in Vaha Banjaev, dem Obmann der „Vereinigung tschetschenischer Gefangener der Konzentrations-/Filtrationslager"[98]. Von österreichischer Seite wurde er bereits zweimal in die Slowakei ausgewiesen, einen nicht sicheren „Dublin-Staat", in dem der russische Geheimdienst sein Unwesen trieb und die Anerkennungsquote im Asyverfahren bei knapp über Null lag. Abgeschoben, in erschreckender Missachtung des geltenden Rechts – ohne Folter- und Trauma-Untersuchung. Obwohl jeder – mit und ohne medizinische Fachkenntnis – auf den ersten Blick sehen konnte, dass ihm ein Stück vom linken Ohr abgeschnitten worden war.

Vaha hat noch andere Narben an seinem Körper. Er wurde mit 25 weiteren Gefangenen in einem Filtrationslager an die Wand gestellt und niedergeschossen. Nur vier von ihnen überlebten schwer verletzt. Vaha wurde dann vom Roten Kreuz nach Amerika gebracht und in Boston operiert. Eine Zeitlang saß er im Rollstuhl; an einige Monate seines Leben hat er keine Erinnerung mehr.

Nach dem Sieg der Tschetschenen im ersten Krieg (1994–1996) kehrte er, halbwegs genesen, in seine Heimat zurück und gründete den Verein ehemaliger Gefangener, der ein Archiv einrichtete und die Kriegsverbrechen der russischen Besatzungsmacht aufzuarbeiten begann.

Als die Russen wiederkamen (1999), flüchtete Vaha, da Putins Geheimdienst ein Attentat auf ihn plante, zunächst nach Straßburg, wo er beim Europarat gegen den Völkermord protestierte. Er wollte damals kein Asyl, sondern seine Arbeit in der Nähe seines Heimatlandes fortsetzen; er übersiedelte mit seinem Büro nach Baku (Aserbaidschan) – bis der russische Geheimdienst ihm auch dort nachstellte. Vaha flüchtete daher nach Österreich. Sein Asylantrag wurde ohne ärztliche Untersuchung zurückgewiesen.

---

98 Tschetschen, die man der Unterstützung des Widerstandes bezichtigte, wurden in sogenannte „Filtrationslager" gesperrt. Die dortigen Zustände waren so schrecklich, dass sich der Vergleich mit Konzentrationslagern aufdrängte.

Abgeschoben in die Slowakei, die eben damals eine Reihe tschetschenischer Flüchtlinge via Ukraine nach Russland deportierte.

Ich lernte Vaha Banjaev am Bahnhof in Bratislava kennen, nach der ersten Abschiebung. Ich war dorthin gefahren, um eine tschetschenische Familie nach Österreich zurückzuholen, da der UBAS ihren „Dublin"-Bescheid behoben hatte. Vaha sprach bei diesem Treffen nicht über seine eigenen Probleme; er war gekommen, um mich über die Lage der tschetschenischen Flüchtlinge in der Slowakei zu informieren, die ständig in der Gefahr lebten, ihren Verfolgern ausgeliefert zu werden. Ich sollte darüber berichten; er versprach, mir Material zu liefern.

Bald darauf erfuhr ich, dass er in Wien am Hernalser Gürtel in Schubhaft saß. Er hatte es wieder versucht und wurde an der Grenze gefangen genommen. Vaha hatte eine Liste mit den Daten elf tschetschenischer Flüchtlinge bei sich, die von Juni bis August 2004 aus der Slowakei in die Ukraine und von dort weiter nach Russland abgeschoben worden waren. Diese Liste wollte er mir bringen.

Sogleich beantragte ich die Fortsetzung des eingestellten Asylverfahrens. Aber die Polizei kam mir zuvor. Vaha wurde zum zweiten Mal abgeschoben und in ein slowakisches Lager gebracht; wo er allerdings nicht lange blieb. Nach Russland ausgeliefert zu werden, das wollte er um jeden Preis vermeiden. Nach ein paar Wochen war er also wieder in Wien. Diesmal brachten wir ihn in einer privaten Wohnung unter. SOS Mitmensch hatte dazu aufgerufen, Flüchtlinge privat unter Schutz zu stellen. So fanden wir auch für Vaha einen Unterschlupf. Und ich fuhr mit ihm in ein Wiener Spital zu einem Arzt, der die „Stanzverletzung" am Ohr und andere Folterspuren bescheinigte. Den Befund schickte ich an den UBAS, der daraufhin den skandalösen Traiskirchner Bescheid behob.

Anfang Juli 2005 begleitete ich Vaha Banjaev zur Einvernahme ins Bundesasylamt Wien. Dort hatte er endlich Gelegenheit, seine Lebensgeschichte zu erzählen; und jetzt ging es ganz schnell: Nur ein paar Tage später erhielt ich den positiven Bescheid. Schon im nächsten Jahr, als das Prokop-Gesetz in Kraft trat, wäre das nicht mehr möglich gewesen. Da wurde nämlich die Ausnahmeklausel für Folteropfer aus dem Gesetz gestrichen. Auch für Menschen, die so viel mitgemacht haben wie Vaha Banjaev, gab es seitdem in Österreich keinen Platz mehr. Ab 1. Jänner 2006 wurden sie gnadenlos deportiert; in Länder wie die Slowakei, die Tschetschenen kein Asyl gewährt, sondern sie nach Russland weiterschiebt.

Aus dem Bericht, den Vaha Banjaev mir überbrachte:

„Am 22. Juni 2004 haben Grenzbeamte in der Ortschaft Zboj (Slowakische Republik) die beiden Flüchtlinge Magamed Muhamedovich Banjaev, geboren 1981, und Asvadi Abubakarovich Bahaev, geboren 1984, über eine ukrainische Spezialeinheit den russischen Behörden überstellt. Bis heute wissen ihre Angehörigen nicht, wo sich die beiden befinden.

Am 10. August 2004 wurde die tschetschenische Flüchtlingsfrau Zarema Sadulaeva, geboren 1976, aus der Slowakischen Republik in die Hände einer ukrainischen Spezialeinheit überstellt; in der Folge schob man sie aus der Ukraine nach Russland weiter, wo sie derzeit im Gefängnis in Rostov inhaftiert ist. Laut mir vorliegenden Informationen wird sie dort mißhandelt und gefoltert, werden alle ihre Rechte gebrochen, um sie zu Geständnissen zu zwingen. (…)

Anlage: Liste von elf im Zeitraum Juni bis August 2004 aus der Slowakei via Ukraine nach Russland deportierten Flüchtlingen."

Dieses Dokument ließen wir übersetzen und legten es in allen künftigen Dublin-Slowakei-Verfahren vor.

Strassers Sturz

Vaha überlebte Strassers Menschenjagd wie viele andere im Wiener Untergrund. SOS Mitmensch und Asyl in Not hatten öffentlich dazu aufgerufen, Flüchtlinge zu verstecken. Es meldeten sich daraufhin zwar nicht sehr viele Menschen, aber immerhin genug, um die damaligen Angriffe der Polizei auf unschuldige Menschen abzuwehren. Gegen Nadja Lorenz, Obfrau von SOS-Mitmensch, ließ Strasser daraufhin eine Strafanzeige wegen „Aufforderung zum Ungehorsam gegen Gesetze" konstruieren. Ja, sogar Georg Bürstmayr, gewiss kein Staatsfeind ersten Ranges, wurde allen Ernstes wegen „Schlepperei" angezeigt; tschetschenische Flüchtlinge hatten nämlich seine Visitenkarten bei sich gehabt. Peter Webinger, einer von Strassers Kabinettsmitarbeitern, mailte dem Bundeskriminalamt Zeitungsartikel und Internetseiten, in denen Nadja Lorenz sich kritisch zur Asylpolitik äußerte. Mit dem aufmunternden Zusatz: „Danke, Webinger!"[99]

Danke – wofür? Jedenfalls schickte das BKA das alles weiter an die Staatsanwaltschaft. Amnesty International protestierte daraufhin vehement gegen „politische Verfolgung in Österreich". Die Ermittlungen wurden jedoch alsbald eingestellt. Am 27. Oktober 2004 behauptete Strasser mit Unschuldsmiene im Innenausschuss, er habe gar nichts von alldem gewusst … Für seine guten Dienste wurde Webinger nachmals befördert: er stieg zum Leiter der Abteilung III/1 (Legistik) und schließlich zum Leiter der Gruppe III/B (Asyl, Migration, Integration) auf.

Ernst Strassers Laufbahn als Polizeiminister ging zu Ende: Am 15. Oktober 2004 hob der Verfassungsgerichtshof (den die Bundesländer Wien und Oberösterreich angerufen hatten) die Eckpunkte seines Gesetzes, die Abschiebung im laufenden Verfahren und das Neuerungsverbot, als verfassungswidrig auf. Asyl in Not forderte daraufhin eine Sondersitzung des Nationalrates zwecks Amtsenthebung des Innenministers. Nichts dergleichen geschah; die Oppositionsparteien ergriffen keinerlei Initiative. Wegen ihrer Untätigkeit hätte es passieren können, dass Strasser noch einmal seinen Kopf aus der Schlinge zog.

In den folgenden Tagen und Wochen nahm aber der Druck auf Strasser zu. Asyl in Not und SOS Mitmensch griffen seine Vorgehensweise ständig an; von Amnesty International wurde er wegen der Strafanzeige gegen Nadja Lorenz und Georg Bürstmayr heftig kritisiert. Medien berichteten darüber. Mit dieser unklugen Aktion hatte Strasser sich selbst ins Knie geschossen. Er verlor nun auch an Rückhalt in seiner eigenen Partei. Immerhin hatte der Verfassungsgerichtshof seine Entscheidung auch aufgrund einer Beschwerde des schwarz-grün regierten Bundeslandes Oberösterreich gefällt.

Trotzdem war Strasser unvorsichtig genug, neue Verschärfungen zu fordern: so etwa, den UBAS abzuschaffen und den Zugang zum Verwaltungsgerichtshof für Asylsuchende zu kappen.[100] Stras-

---

99   Falter 45/04

100 Was später ja verwirklicht wurde – aber damals stieß es noch nicht auf viel Gegenliebe.

ser wollte damit die unabhängige Gerichtsbarkeit im Asylverfahren liquidieren; sein Wunsch war offenbar: alle Macht der Polizei!

Rechtsanwalt Herbert Pochieser forderte, auf Strasser gemünzt, einen Straftatbestand „Verfassungsbruch" zu schaffen. Der neue Paragraph im Strafgesetzbuch sollte lauten: „Verfassungsbruch. Wer wissentlich österreichisches Verfassungsrecht missachtet, insbesondere dem Gesetzgeber ein verfassungswidriges Gesetz zur Beschlussfassung zuführt, ist mit Freiheitsstrafe von einem bis zu fünf Jahren zu bestrafen." In Anlehnung an die verschärfte Strafbarkeit von Delikten, die gewerbsmäßig begangen werden, schlug Pochieser einen weiteren Paragraphen vor: „Systematischer Verfassungsbruch. Wer wiederholt einen Verfassungsbruch begeht, ist mit Freiheitsstrafe von fünf bis zu zehn Jahren zu bestrafen."

Asyl in Not veröffentlichte diese Vorschläge und leitete sie an die Parlamentsklubs der demokratischen Parteien weiter. Strassers Nervenkostüm wurde immer dünner. Wir hörten von heftigen Szenen in seinem Büro. Schließlich hielt selbst sein langjähriger Patron, Niederösterreichs Landeshauptmann Pröll, nicht mehr seine schützende Hand über ihn. Am 10. Dezember 2004, am Tag der Menschenrechte, trat Strasser zurück.

Ich machte eine Kerbe in meinen Kugelschreiber, denn wir hatten einen gefährlichen Gegner besiegt. Anfangs waren wir fast allein gestanden; im Lauf der Zeit hatten immer mehr Menschen guten Willens unsere Kampagne unterstützt. Strasser hatte wohl vermeint, standfester zu sein als Franz Löschnak, sein Bruder im Geist. Das hatte sich nun als Irrtum erwiesen; wir hatten ihn in kürzerer Zeit als damals Löschnak abgeschafft.

Wir hofften, sein Rücktritt am Tag der Menschenrechte könnte den Weg freimachen für echte Reformen in seinem Haus, für eine Rückkehr zum Asylrecht, zum fairen Verfahren, zu den völkerrechtlichen Verpflichtungen Österreichs. Leider sollte es anders kommen. Liese Prokop wurde Innenministerin. Unter ihr wurde es schlimmer als je zuvor.

Schubhaft für Folteropfer – mit breiter Mehrheit

Der Verfassungsgerichtshof hatte das Gesetz saniert. So hätte es bleiben können. Strassers Nachfolgerin bestellte jedoch ein neues Gesetz; darin lebte die Beamtenschaft ihre wildesten Fantasien aus: das „Fremdenrechtspaket 2005". Es wurde mit breiter Mehrheit beschlossen und trat am 1. Jänner 2006 in Kraft. Auch die SPÖ stimmte zu. Diese Partei war damals noch in Opposition. Sie stimmte ohne Not, ohne an einen Koalitionspakt gebunden zu sein, nur aus eigener schlechter Gesinnung, man möchte fast sagen: „freudig mit Ja".

Das neue Gesetz sah vor, Traumatisierte und Folteropfer einzusperren und abzuschieben, Hungerstreikende zwangszuernähren, Ehepartner österreichischer Staatsangehöriger zu deportieren. Nur fünf Abgeordnete der SPÖ, die angeblich Dissens ausdrücken wollten, erkrankten plötzlich und schwänzten die Abstimmung. Zu mehr Protest rafften sie sich nicht auf. Nur ja nicht Flagge zeigen! Genützt hat es ihnen aber nichts. Sie wurden der Reihe nach abserviert. Wir hatten uns ja keine Illusionen gemacht über diese SPÖ. Wir erinnerten uns nur zu gut an die Ungeheuerlichkeiten der Löschnak-Schlögl-Matzka-Zeit.

Apropos Löschnak: Als sein Antiasylgesetz 1991 beschlossen wurde, stimmte außer den Grünen auch Heide Schmidt dagegen. Sie war damals noch Abgeordnete der FPÖ; sehr abhängig von Haider, weit entfernt davon, abzuspringen. Sie begründete ihren öffentlichen Protest damit, dass dieses Gesetz vorsah, Berufungen im Asylverfahren die aufschiebende Wirkung abzuerkennen. Das sei gegen den Rechtsstaat, besonders wenn es um Menschenleben geht. Warum waren Caspar Einem, Walter Posch, Melita Trunk und andere gute Leute in der SPÖ zu feig, um es Heide Schmidt gleichzutun? Heide Schmidt hatte den Mut, sich gegen Haider aufzulehnen. Einem, Posch und Trunk setzten sich nicht einmal gegen Darabos und Cap durch.

Das Prokop-Gesetz trat am 1. Jänner 2006 in Kraft. Schubhaft wurde nun schon am Beginn des Verfahrens verhängt. Und die Sonderschutzklausel für Traumatisierte und Folteropfer wurde abgeschafft. Kernstück war der Schubhaftparagraph: Paragraph 76 Fremdenpolizeigesetz sah vor, dass die Schubhaft schon bei der bloßen Annahme, ein anderer Dublin-Staat könne „zuständig" sein, verhängt werden kann und nicht erst nach Erlassung des Dublin-Bescheids. Also konkret: wenn die Fingerabdrücke zeigten, dass man in einem anderen EU-Staat registriert worden war.

Irrelevant, wie die Zustände dort sind oder warum man ausgerechnet nach Österreich wollte (etwa weil Verwandte hier lebten).

Das Wort „kann" wurde von der Fremdenpolizei so interpretiert: Wir „können", das heißt: „wir dürfen", das heißt: „wir tun!". Auch Schwerkranke, Traumatisierte, in der Heimat Gefolterte wurden seitdem ohne Gnade eingesperrt und deportiert. Ich weiß nicht, wie viele unschuldige Menschen damals hinter Gittern verschwanden. Irgendwann hörten wir zu zählen auf. Im Einsatz um die Verfolgung von Flüchtlingen machte sich übrigens Nikolaus Schantl, Fremdenpolizist der Bezirkshauptmannschaft Baden, Außenstelle Traiskirchen, einen besonderen Namen. Die Vorgehensweise, Flüchtlinge gleich zu Beginn des Verfahrens zu verhaften, verhinderte auch, dass wir sie warnen konnten, wenn ein Dublin-Bescheid kam: Jetzt saßen sie bereits vorher im Gefängnis. Das einstige Versteckspiel hat der Apparat uns nie verziehen. So entstand der Paragraph 115 Fremdenpolizeigesetz (FPG)[101] , der Anti-NGO-Paragraph, der Beihilfe zum illegalen Aufenthalt mit Gefängnis bis zu sechs Monaten bedrohte.

Diesen Paragraphen focht ich beim Verfassungsgerichtshof an. Die Beschwerde schrieb Roland Hermann (Kanzlei Wolfgang Rainer), dem dafür großer Dank gebührt. Der Verfassungsgerichtshof wies meinen Antrag jedoch zurück. Ich sei davon nämlich „nicht betroffen", da Rechtsberatung laut Höchstgericht auch weiterhin erlaubt sei. Nur verstecken dürfe man die Leute nicht: Paragraph 115 setze nämlich „nicht bloß voraus, dass der Täter einem Fremden den unbefugten Aufenthalt erleichtert, sondern auch, dass dies mit dem Vorsatz geschieht", Abschiebungen „hintanzuhalten". Auch humanitäre Hilfe jeder Art, die nicht vom Vorsatz begleitet ist, eine „über längere Zeit anhaltende Vereitelung" behördlicher Maßnahmen zu bewirken, sei nach Paragraph 115 nicht strafbar. Wesentlich sei der Begriff „hintanhalten" (im Unterschied zu „erschweren"). Ein bloßes „Erschweren" einer Abschiebung ist demzufolge nicht strafbar; insbesondere sind Beratung, Vertretung und humanitäre Unterstützung erlaubt. Wir beschlossen daher, Abschiebungen ab jetzt nicht „hintanzuhalten", sondern sie nur so zu erschweren, dass sie nicht durchführbar sind.

101 Heute Paragraph 120.

Genau dazu hatte ich, zugleich mit meinem Antrag an den Verfassungsgerichtshof, auf einer Pressekonferenz der Grünen in Innsbruck im Februar 2006 öffentlich aufgerufen. Ich hatte die Einrichtung von „Schutzräumen" propagiert, in denen Folterflüchtlinge abwarten könnten, bis sie zum Asylverfahren zugelassen wären. Die Dublin-Verordnung sieht nämlich (eine Lücke im System!) ausdrücklich vor, dass Flüchtlinge, die es geschafft haben, achtzehn Monate unterzutauchen, nicht mehr in den „zuständigen" EU-Staat abgeschoben werden dürfen. Achtzehn Monate sind natürlich eine lange Zeit; aber viele haben es mit Hilfe von Menschen guten Willens geschafft.

Mit diesem Aufruf wollte ich eine Anzeige gegen mich provozieren; der Prozess sollte mir die Öffentlichkeit verschaffen, die ich brauchte, um das Prokop-Gesetz anzugreifen. Tatsächlich tat mir ein Anonymus (vielleicht aus dem Umfeld der Tiroler FPÖ) diesen Gefallen und zeigte mich an. Die Staatsanwaltschaft Innsbruck leitete gegen mich ein Verfahren wegen Aufforderung zu strafbaren Handlungen ein. Ich berief mich auf mein Notwehrrecht (Paragraph 3, Strafgesetz): „Nicht rechtswidrig handelt, wer sich nur der Verteidigung bedient, die notwendig ist, um einen gegenwärtigen oder unmittelbar drohenden rechtswidrigen Angriff auf Leben, Gesundheit, körperliche Unversehrtheit, Freiheit oder Vermögen von sich oder einem anderen abzuwehren."

Der *Falter* brachte einen ganzseitigen Artikel darüber, weitere Medienberichte folgten. Um mir den Wind aus den Segeln zu nehmen, verzichtete die Staatsanwaltschaft Innsbruck auf meine Strafverfolgung; zunächst für eine Probezeit von zwei Jahren, dann endgültig. Dafür gab es laut Strafprozessordnung drei Voraussetzungen, die ich alle erfüllte: Es war kein Schwurgerichtsprozess, meine Schuld war „nur gering" und ich hatte durch meine Tat niemanden zu Tode gebracht …

Folter und Deportation

Der Begriff „Folter" wird in der Antifolterkonvention der Vereinten Nationen folgendermaßen definiert:

„Im Sinne dieses Übereinkommens bezeichnet der Ausdruck ‚Folter' jede Handlung, durch die einer Person vorsätzlich große körperliche oder seelische Schmerzen oder Leiden zugefügt werden, zum Beispiel um von ihr oder einem Dritten eine Aussage oder ein Geständnis zu erlangen, um sie für eine tatsächlich oder mutmaßlich von ihr oder einem Dritten begangene Tat zu bestrafen oder um sie oder einen Dritten einzuschüchtern oder zu nötigen, oder aus einem anderen, auf irgendeiner Art von Diskriminierung beruhenden Grund, wenn diese Schmerzen oder Leiden von einem Angehörigen des öffentlichen Dienstes oder einer anderen in amtlicher Eigenschaft handelnden Person, auf deren Veranlassung oder mit deren ausdrücklichem oder stillschweigendem Einverständnis verursacht werden. Der Ausdruck umfaßt nicht Schmerzen oder Leiden, die sich lediglich aus gesetzlich zulässigen Sanktionen ergeben, dazu gehören oder damit verbunden sind."

Liese Prokops Gesetz verfolgte ein klar definiertes Ziel: die Asylantragszahlen zu senken. Das war der dreist und offen formulierte Tatvorsatz. Dafür wurden Folteropfer hinter Gitter gebracht. Ihnen wurden durch die Schubhaft große seelische Qualen zugefügt, um sie selbst und Dritte (noch gar nicht bis hierher Geflüchtete) einzuschüchtern und zu nötigen, sodass sie auf ihren Rechtsanspruch auf Asyl in diesem Land von vorn herein verzichteten. Das ist Folter im Sinne der Konvention.

Jetzt könnte freilich jemand den letzten Satz der Definition dagegenhalten: Was Liese Prokop anordnete, waren doch nur „gesetzlich zulässige Sanktionen". – Das entspricht aber nicht den Tatsachen: Gleich nachdem das Prokop-Gesetz in Kraft getreten war, überschwemmten wir die Unabhängigen Verwaltungssenate mit einer Flut von Schubhaftbeschwerden, deren Muster wir auch an alle anderen NGOs ausschickten, mit der Bitte, sie zu verwenden und schöpferisch weiterzuentwickeln. Diese Beschwerden verloren wir alle in erster Instanz, die „unabhängigen" Senate

„hielten" die Haftbescheide – meist nur mit Textbausteinen als Begründung und ohne konkreten Bezug zum Einzelfall.

Also trugen wir all diese Fälle über befreundete Anwaltskanzleien hinauf zu den Höchstgerichten. Und schließlich, nach anderthalb Jahren, mit Erfolg: Um die Mitte des Jahres 2007 gab der Verwaltungsgerichtshof unseren Beschwerden Recht: Schubhaft am Beginn des Verfahrens, nur wegen eines Dublin-„Treffers", wie von Prokop und Mittätern im Schubhaftparagraphen vorgesehen, ist eben keine gesetzlich zulässige Sanktion.

Bis zu diesem Zeitpunkt waren jedoch bereits unzählige Folterflüchtlinge in der Schubhaft verkommen. Sie hatten große seelische Qualen erlitten. Verantwortliche von Prokop bis Schantl hatten diese Qualen herbeigeführt (oder sie zumindest billigend in Kauf genommen, auch das ist ein Tatvorsatz!), und zwar mit dem offen formulierten Zweck, die Asylantragszahlen zu senken. Ziel war es, Flüchtlinge einzuschüchtern und abzuschrecken. Dadurch sehe ich den Tatbestand der Folter erfüllt.

Liese Prokop wurde zu Lebzeiten niemals dafür vor Gericht gestellt. Und auch die Beamten, die ihr die Feder führten, und jene, die die Taten vollzogen, sind nach wie vor auf freiem Fuße.

Verfolgung gemischter Ehen

Besonders verfolgt wurden „Mischehen". Ich verwende hier bewusst diesen Ausdruck aus der Nazizeit. Weil es genau darum geht: Ehen ohne Grenzen werden heute ebenso verpönt wie in einer finsteren Vergangenheit. Früher hatten EhepartnerInnen österreichischer Staatsangehöriger Niederlassungsbewilligungen bekommen, wenn sie ihre Asylanträge zurückzogen. Seit Neujahr 2006 war alles anders. Sobald sie den Asylantrag zurückgezogen hatten, waren sie nicht mehr zum Aufenthalt berechtigt und saßen damit zwischen den Sesseln. Sie waren mit einem Schlag „illegal".

So Frau Brichta, die von ihrem österreichischen Mann getrennt und nach China deportiert wurde; die Täter gingen so weit, dem unglücklichen Ehegatten auch noch 6.000 Euro Haft- und Abschiebekosten zu verrechnen. Erst nach Jahren setzte SOS-Mitmensch die Rückkehr der armen Frau zu ihrem Mann nach Österreich durch. Wilfried Kovarnik von der Wiener Fremdenpolizei rechtfertigte die Abschiebung mit ihrem „fremdenpolizeilichen Vorleben". Sie habe „uns sechs Jahre lang in verschiedenster Weise beschäftigt" – ein offenbar schlimmer Verstoß gegen Kovarniks fremdenpolizeiliche Ruhebedürftigkeit. Auch habe Frau Brichta mehrmals gegen die Marktordnung (!) verstoßen, sie sei „als Wanderhändlerin in Wien erwischt" worden, ja sie habe sich sogar einmal der Schubhaft entzogen und sei untergetaucht! Ihre Abschiebung, so Kovarnik zum ORF, ließe ihn daher „ruhig schlafen".

Dieser Kovarnik war uns seit Jahren bekannt. Er hatte „die Verwendung von Klebebändern" mit denen Marcus Omofuma umgebracht wurde, „als ‚gelinderes Mittel' im Sinne des Waffengebrauchsgesetzes (!) für gerechtfertigt" erklärt.[102] In einem Interview für die Presse erläuterte Kovarnik, wie die Fremdenpolizei Mischehepaare ins Visier nahmen: Die Standesämter müssten alle Ehen mit Drittstaatsangehörigen der Fremdenpolizei melden. „Wir überprüfen dann den Fall nach Auffälligkeit." Nach der ersten „Grobsiebung" (handelt es sich etwa gar um einen abgewiesenen Asylwerber?) werden die Nachbarn von der Fremdenpolizei besucht, dann die Arbeitskollegen; schließlich wird dann auch der österreichische Partner verhört. Kovarnik ist jetzt schon im Ruhe-

---

102 Vgl. Der Standard, 5. 5. 1999

stand und braucht sich mit Derartigem nicht mehr zu beschäftigen. Kurz vor der Rente war er noch mit einer Klage gegen den grünen Politiker Niki Kunrath abgeblitzt.

Kunrath hatte Kovarnik „Ethnic Profiling" vorgeworfen, weil dieser speziell Georgier und Moldawier bloß wegen ihrer ethnischen Zugehörigkeit und ohne individuellen Grund polizeilich überprüfen ließ. Kovarnik hatte Kunrath daraufhin wegen „übler Nachrede" geklagt; das Oberlandesgericht Wien sprach Kunrath, dem ich mein reiches Archivmaterial zur Verfügung gestellt hatte, jedoch zur Gänze frei.

Die Verfolgung gemischter Ehepaare führte zu einem unglaublichen Folterskandal, der beinahe vertuscht worden wäre. Das Opfer kam erst ein halbes Jahrzehnt nach Liese Prokops Tod zu seinem Recht.

Prokops Folterpolizei

Bakary J. ist ein Flüchtling aus Gambia. Und ja, er ist (Liese Prokop hat es laut und öffentlich verkündet und damit ein Gesetz gebrochen) wegen eines Drogendelikts vorbestraft. Seine Strafe hat er verbüßt. Er ist mit einer Österreicherin verheiratet, sie haben Kinder.

Bakary sollte abgeschoben werden. Er wurde zum Flughafen gebracht; er erklärte verzweifelt dem Kapitän, er wolle nicht fliegen, er wolle bei seiner Frau und seinen Kindern bleiben. Der Kapitän weigerte sich, ihn mitzunehmen. Bakary wurde wieder aus dem Flugzeug gebracht. Auf dem Rückweg ins Gefängnis stoppten die Fremdenpolizisten, die ihn eskortierten, bei einer leeren Lagerhalle. Dort folterten sie Bakary so brutal, wie es seit 1945 nur selten dokumentiert ist in diesem Land. Sie fesselten ihm die Hände, brachen ihm Jochbein, Kiefer und Augenhöhle; sie kündigten ihm seine Hinrichtung an und fuhren ihn mit dem Auto nieder. Er verlor das Bewusstsein. Seine Frau, die ihn dann in der Haft besuchte, fotografierte mit dem Handy seine schweren Verletzungen.

Das war Prokopland 2006. Liese Prokop lehnte es öffentlich ab, sich bei Bakary zu entschuldigen, mit der Begründung: man dürfe nicht vergessen, dass er ein verurteilter Drogendealer sei. Die Innenministerin warf ihm also öffentlich eine „abgetane gerichtlich strafbare Handlung" vor; dafür hätten ihr eigentlich (wäre Österreich ein Rechtsstaat) gemäß Paragraph 113 StGb drei Monate Gefängnis gedroht. Offen und unverblümt erklärte sie, schlimmer als die ihm angetane Folter sei in ihren Augen sein Drogenbesitzdelikt. Die Folterpolizisten leugneten zunächst, wurden jedoch überführt und legten beim Prozess „reumütige" Geständnisse ab, sodass sie mit lächerlich geringen, bedingten Strafen davonkamen. Asyl in Not forderte Prokops Rücktritt:[103]

„Es gibt kein Recht in diesem Land. Die Täter laufen frei herum, genauso wie jene, die Seibane Wague und Marcus Omofuma auf dem Gewissen haben. Eingesperrt werden nur die Flüchtlinge, die Gefolterten, die Traumatisierten. Der Fall Bakary ist eine Spitze des Eisbergs; Verbrechen gegen die Menschlichkeit geschehen hierzulande jeden Tag. Frau Prokop trägt die Verantwortung dafür; es wird Zeit, daß sie geht."

Bakary wurde aus der Schubhaft entlassen, das über ihn verhängte Aufenthaltsverbot nicht vollstreckt. Er lebte dann sechs Jahre lang mit Frau und Kindern in ständiger Angst, die Polizei könnte wieder kommen, um ihn abzuholen. Erst 2012 hat der Staat Österreich sich angeschickt, das Verbrechen zu sühnen. Ein Sprecher des Innenministeriums entschuldigte sich bei Bakary und kündigte eine Entschädigung an, das Aufenthaltsverbot wurde aufgehoben, sodass er einen Aufenthaltstitel beantragen konnte.

Die Folterpolizisten wurden entlassen. Zwei von ihnen, gesunde Männer in den Vierzigern, seit Jahren auf unser aller Kosten in Frühpension, müssen nun wieder arbeiten gehen. Aber nicht mehr bei der Polizei. Wir hoffen, dass damit ein erster Schritt in die richtige Richtung vollzogen ist. Die Verbrechen, die in der kurzen, dafür umso schrecklicheren Prokop-Zeit geschahen, bedürfen einer gründlichen Aufarbeitung. Viele dieser Untaten wurden von Asyl in Not veröffentlicht und dokumentiert. Nachzulesen auf der Homepage www.asyl-in-not.org, unter „Archiv".

---

103   http://www.asyl-in-not.org/php/folterpolizei,12313,7192.html

Weihnachten in der Schubhaft. Notruf Asyl!

Das Prokop-Gesetz war noch gar nicht in Kraft, da tobten sich ihre Schergen schon aus. Asyl in Not berichtete im Dezember 2005:

Juscha H. sitzt in Schubhaft in Wien. Hernalsergürtel, Polizeigefangenenhaus. Seine alten, kranken Eltern weinen um ihn. Sie sind traumatisiert genug, um in Österreich zu bleiben. Er soll abgeschoben werden; er ist angeblich nicht krank genug. Der Verwaltungsgerichtshof hat Juschas Beschwerde die aufschiebende Wirkung zuerkannt. Freigelassen wird er trotzdem nicht. Weihnachten im Prokopland.

Juscha ist mit seinen Eltern aus Tschetschenien geflüchtet. Die russischen Soldaten suchten ihn; sein Leben war in Gefahr. Erste Station war Polen. Aber Polen ist nicht sicher, in den Lagern tummeln sich Agenten des prorussischen Kadirow-Regimes. Also sind sie nach Österreich weitergeflüchtet. Die Eltern erhielten die „weiße Karte"; sie dürfen bleiben. Juschas Antrag wurde als unzulässig zurückgewiesen, auch der UBAS (eine Frau Unterer) bestätigte ohne irgendein Ermittlungsverfahren den „Dublin-Bescheid". Inzwischen lag auch für Juscha ein Befund der Ordination „AMBER" (einer Einrichtung der Evangelischen Diakonie) vor: Posttraumatische Belastungsstörung. Für Frau Unterer – einerlei! Juschas Mutter kann nach einer Operation am Bein nicht gut gehen. Der Vater wurde am Auge operiert, er ist sehbehindert. Beide Eltern sind ständig auf Juschas Hilfe angewiesen. Am 17. Dezember führte Juscha seine Eltern in Traiskirchen zum Essen in die Lagerkantine. Unterwegs hielten ihn Polizisten auf. Er solle mitkommen ins Büro; er könne seinen „positiven Bescheid" abholen.

Als Juscha den Bescheid übernahm, klickten die Handschellen. Der Bescheid war negativ. Die Eltern flehten die Polizisten an – vergebens. Juschas Vater hat uns einen Brief geschrieben:

„Die Polizisten schrieen mich und meine Frau an. Sie sperrten uns den Weg zu unserem Sohn ab. Ihr Verhalten erinnerte mich an die russischen Soldaten in Tschetschenien. Einer trat meine Frau auf ihr (nach einer Operation schmerzendes) Bein. Mich drückten fünf ‚Ordnungskräfte' gegen die Wand, bis mir schlecht wurde; nach dem Stoß eines Polizisten fiel ich zu Boden …"

Juscha wurde nach Wien ins Polizeigefängnis gebracht. Eine Rechtsanwaltskanzlei brachte gegen den UBAS-Bescheid eine Beschwerde an den Verwaltungsgerichtshof ein. Der Verwaltungsgerichtshof erkannte der Beschwerde sofort die aufschiebende Wirkung zu.

Trotzdem lehnte der zuständige Fremdenpolizist der Bezirkshauptmannschaft Baden, Nikolaus Schantl, Juschas Haftentlassung ab. Der Verwaltungsgerichtshof werde sicher in drei oder vier Wochen entscheiden; so lange bleibe Juscha im Gefängnis, meinte Schantl am Telefon zu einer Mitarbeiterin der Anwaltskanzlei.

Asyl in Not hat eine Haftbeschwerde an den Unabhängigen Verwaltungssenat Niederösterreich eingebracht.

Juscha sitzt im Gefängnis. Seine Eltern sind völlig verzweifelt. Sie sind physisch krank und psychisch traumatisiert. Liebe Leserinnen und Leser ! Schicken Sie Protestmails an Frau Prokop, ministerbuero@bmi.gv.at."

Wenige Tage danach folgte die gute Nachricht zum Jahresende:

Juscha ist frei!

Juscha H., Asylwerber aus Tschetschenien, wurde gestern aus der Schubhaft entlassen. Er ist jetzt mit seinen Eltern in einem Flüchtlingsheim in Wien untergebracht. Einen Bescheid des UVS habe ich noch nicht erhalten. Daher nehme ich an, daß die Freilassung vor allem unserem politischen Druck zuzuschreiben ist. Ich danke ganz herzlich allen Leserinnen und Lesern, die sich durch Protest-Emails an unserer Aktion „Notruf Asyl" beteiligt haben. Dank Ihrem Engagement ist Familie H. jetzt wieder vereint.

Gegen Nikolaus Schantl erstattete Herbert Pochieser eine Strafanzeige wegen Freiheitsberaubung und Amtsmissbrauchs, über die bis heute nicht entschieden wurde. Das Verfahren ist beim Europäischen Gerichtshof für Menschenrechte in Straßburg anhängig. Gleich darauf berichtete ich im Internet über eine von Prokops Ministerium angeordnete Säuberungsaktion.

Filtrationslager Traiskirchen? „Cobra" mit Hunden führte die Säuberungsaktion durch. Herr A. habe im Krieg gegen die Russen gekämpft und Leichenteile seiner Kameraden begraben müssen. Er zeige „deutliche Hinweise auf PTSD (Posttraumatische Belastungsstörung)". So steht es im amtsärztlichen Attest. Trotzdem hat Herr A. sechs Wochen in der Schubhaft zugebracht. Bei Akteneinsicht fanden wir einen Bericht des Polizeikommandos Baden an das Innenministerium:

Koordinierte Festnahmen in Traiskirchen am 6. 2. 2006. Zu der seitens des BMI angeordneten verstärkten Ausfertigung und Ausfolgung von Schubhaftbescheiden wurde am heutigen Tag der 1. exekutive Einsatz zu Durchsetzung dieses Auftrages positiv ausgeführt. Durch die BH Baden wurden gemeinsam mit dem BPK Baden am 3. 2. 2006 die Personen betreffend der ausgewählten Asylwerber gesichtet und davon 9 im 2. Stock des Haupthauses untergebrachte tschetschenische Asylwerber für die Festnahme für den heutigen Tag ausgesucht bzw. vorgesehen.

Da dabei die Asylwerber ausgewählt wurden, von denen in erster Linie mit massivem Widerstand zu rechnen sein durfte, wurde vom Unterfertigten das EKO Cobra zur Unterstützung und Gewährleistung der Durchführung angefordert.

Seitens der EKO Cobra wurden 20 Beamte unter der Leitung von Mjr. P. entsandt. Seitens des Bezirkes Baden waren für die weitere Innen- und Außensicherung 30 Beamte eingesetzt. Weiters wurden diese Einsatzkräfte von den Diensthundeführern „Wien-Umgebung Tasso" (BezInsp B.) und „Mistelbach Tasso" (GrInsp H.) unterstützt.

Um 13.45 Uhr wurde der Einsatz begonnen. Um 13.45 Uhr konnten 7 von den zur Festnahme vorgesehenen tschetschenischen Asylwerbern gesichert und nachdem vom begleitenden Referenten der BH Baden, Schantl, die Schubhaftbescheide direkt ausgefolgt wurden, festgenommen werden. Es kam zu keinen besonderen Vorkommnissen.

Ich darf mich bei allen eingesetzten Beamten des Bezirkes und der EKO Cobra sowie den beiden Diensthundeführern für den hervorragenden Ablauf der Aktion bedanken! Der BPKdt.

Diesen Bericht veröffentlichte ich im Internet.[104] Die Säuberungsaktion war also auf ausdrücklichen Befehl des Innenministeriums erfolgt. Die Polizei hatte den Auftrag, jene Tschetschenen herauszufiltern, von denen am meisten Widerstand zu erwarten sei. Sie wurden als Erste festgenommen, damit man dann mit den Schwächeren, mit Frauen und Kindern, ein leichtes Spiel hatte. Wen wunderte es, dass tschetschenische Flüchtlinge Traiskirchen mit russischen Filtrationslagern verglichen?

---

104 Siehe http://www.asyl-in-not.org/php/traumatisierter_in_schubhaft,12313,5822.html

Asylverfahren als Lotteriespiel

Romzan aus Tschetschenien flüchtete 2006 mit Frau und Kindern über Polen nach Österreich. Seinen Bruder kannte ich schon, ich hatte ihn erfolgreich vertreten: Asyl in erster Instanz. Aber nun war Liese Prokop Polizeiministerin. Seit 1. Jänner 2006 war ihr Gesetz in Kraft.

Als die Russen in sein Land einmarschiert waren, hatte Romzan den Widerstand unterstützt, war gefangen und gefoltert worden. Ich schickte ihn, bevor er nach Traiskirchen ging, um dort seinen Asylantrag zu stellen, zu Erwin Klasek, einem Psychotherapeuten, der einen Befundbericht schrieb:

„Kein Tag ohne Kopfschmerzen. Er sage sich: ‚nicht daran denken‘, aber es komme von selbst wieder. ‚Es‘ stehe immer vor den Augen. Er wisse nicht, was sie mit ihm gemacht hätten. Es habe alles gegeben, auch E-Schock, aber er erinnere sich so schlecht. Er verstehe die, die ihn gefoltert hätten; sie täten nur ihren Dienst. Deshalb sei Rache kein Thema für ihn. Eigentlich wolle er sterben, ‚zack, Messer hinein‘, aber die Religion lasse das nicht zu."

Klasek diagnostizierte eine posttraumatische Belastungsstörung. Auch Romzans Frau war krank, psychisch ebenso wie physisch, sie war schwanger gewesen, als die russischen Soldaten das Haus stürmten, war zusammengeschlagen worden und hatte das ungeborene Kind verloren.

Ich riet Romzan dringend davon ab, nach Traiskirchen zu gehen. Er würde dort bestimmt verhaftet werden. An seinen Fingerabdrücken würde man sehen, dass er vorher in Polen war. „Dublin-Treffer"! Das bedeutete unweigerlich Schubhaft. Wäre es nicht besser, illegal beim Bruder zu bleiben oder bei anderen Verwandten? Einmal würden bessere Zeiten kommen, in Österreich oder in Russland …

Aber Romzans Frau ging es sehr schlecht, sie brauchte medizinische Versorgung, also gingen sie zusammen nach Traiskirchen. Es kam so, wie ich es vorausgesagt hatte, und ich war machtlos dagegen: Romzan wurde vor den Augen von Frau und Kindern abgeführt. Genau das hatte Romzan schon in seiner Heimat erlebt. Um der Folter zu entgehen, war er nach Österreich geflüchtet. Folteropfer einzusperren, löst neuerliche Traumatisierung aus.

Und stellt zusätzliche psychische Folter dar. Wochenlang saß er in Schubhaft. Meine erste Haftbeschwerde wies der Unabhängige Verwaltungssenat (UVS) ab. Das Asylamt erließ einen Dublin-Bescheid: Abschiebung nach Polen!

Aber dann hatten wir Glück: der Unabhängige Bundesasylsenat (UBAS), damals Zeitinstanz im Asylverfahren, gab am 29. November 2006 meiner Berufung statt. Das Asylamt hätte den Klasek-Befund würdigen müssen: Romzan war vielleicht doch zu krank für die Deportation! Es war wirklich Glück, in vielen ganz gleichen Fällen ging es negativ aus, da konnte meine Berufung noch so gut sein. Das Asylverfahren ist hierzulande längst zum Lotteriespiel verkommen.

Romzan war also zum Asylverfahren in Österreich zugelassen. Trotzdem ließ die Traiskirchner Fremdenpolizei den schwerkranken Mann noch sieben weitere Tage – völlig rechtswidrig! – im Gefängnis dunsten. In meinem damaligen Protest-Rundmail

Der Traiskirchner Fremdenpolizei schickte ich eine dringende Aufforderung, Romzan sofort aus der Haft zu entlassen. Was am 6. Dezember 2006 dann endlich geschah. Meiner zweiten Haftbeschwerde gab der UVS nachträglich mit einiger Zeitverzögerung statt. Auch damit war die Sache aber noch nicht gewonnen. Jetzt begann das inhaltliche Verfahren. Es hat lange gedauert …

Das Bundesasylamt, Außenstelle Eisenstadt, wies den Antrag wegen angeblicher Widersprüche in den Aussagen von Romzan und seiner Frau ab. So habe sie sich erinnert, sie beide hätten sich im Schlafzimmer befunden, die Soldaten hätten sie aus dem Schlaf geweckt; er hingegen habe angegeben, die Eindringlinge hätten geklopft und er habe die Türe aufgemacht.

In der Berufung machten wir geltend und zitierten dazu Fachliteratur, dass so schwerwiegende, traumatisierende Ereignisse zu Gedächtnisverlusten führen können; Romzans Frau, die jedenfalls schon geschlafen hatte, erinnerte sich an dieses Ereignis eben anders als er. Als weitere Belastung kam hinzu, dass sie – obwohl sie einen sexuellen Übergriff im Zuge einer Hausdurchsuchung geltend machte – zunächst von einem männlichen Beamten befragt wurde, dann erst von einer Beamtin.

Auch hier glaubte das Asylamt einen Widerspruch zu erkennen: Einmal habe sie gesagt, es sei „versucht" worden, ihr „die
Kleider vom Leib zu reißen"; sodann aber, sie selbst habe „sich
nicht ausgezogen" ... – Wo da der Widerspruch sein soll, verstehe, wer da will. Eine schriftliche Aussage des (mittlerweile in
England lebenden) früheren Kommandanten, der bestätigte, dass
Romzan wirklich die verwundeten Kämpfer mit Medikamenten
unterstützt hatte, beachtete das Asylamt überhaupt nicht.

Die Berufung war 2007. Der Akt lag eine Weile beim UBAS,
dann beim Asylgerichtshof, offenbar gut versteckt unter vielen
Aktenstößen. Nur selten und ganz bescheiden fragte Romzan bei
uns an, wie lange es wohl noch dauern würde. Wir sagten, wie in
allen solchen Fällen, wir wüssten es nicht und könnten es auch
nicht beschleunigen. Er müsse geduldig sein. Romzan fügte sich
in sein Schicksal; er und seine Frau besuchten Deutschkurse, eine
Tochter geht schon in die Volksschule, die zweite in den Kin-
dergarten, sie sind in dem Ort in Niederösterreich, wo sie wohnen, gut integriert. Eine Arbeitsplatzzusage für Romzan lag auch
schon vor.

Ende 2011 nahm endlich der zuständige Asylrichter den Akt
in die Hand und stellte auf den ersten Blick so schwere Verfahrensmängel fest, dass er (mit Recht) keine Lust empfand, sich weiter
damit zu beschäftigen. Er behob den Bescheid und schickte den
Fall zurück an den Start – ins Bundesasylamt, Außenstelle Eisenstadt: Romzans Frau hätte nicht von einem Mann befragt werden
dürfen. Auch sei nicht geprüft worden, ob Romzan nicht schon
wegen seines in Österreich asylberechtigten Bruders Verfolgungsgefahr drohe.

Anfang 2012 begleitete ich Romzan nach Eisenstadt. Diesmal
waren wir bei einer sehr freundlichen Beamtin, Romzan konnte in
Ruhe seine Fluchtgründe erzählen, seine Gattin (an deren Befragung ich als Mann nicht teilnahm) ebenso. Wenige Wochen später erhielten wir die positiven Bescheide. Schön, aber warum erst
nach so langer Zeit ...?

Asylstraße zur Schubhaft

So wie Romzan ging es tausenden Opfern des Prokop-Gesetzes. Viele von ihnen habe ich vertreten; der Ausgang solcher Prozesse war stets ungewiss. Herr A. aus Tschetschenien war von April bis Juni 2006 in Schubhaft. Sein Fall war dem von Romzan sehr ähnlich gelagert. Auch er ein Folteropfer, auch ihm hatte ich geraten, nicht nach Traiskirchen zu gehen, und wenn schon, dann wenigstens vorher zu Erwin Klasek, dem Psychotherapeuten. Aus dessen Befund:[105]

> „Er sei wegen Schlafmangels sehr erschöpft. Als Grund gab er Albträume an: Die Leiche seines Bruders mit Folterspuren und Einschüssen, Maskierte. Er habe zu Hause bekleidet geschlafen, um jederzeit fliehen zu können. Hier habe er es anders versucht, das gehe aber nicht, denn die Angst bleibe. Er sei zweimal verhaftet, befragt und erniedrigt worden. Beschreibt Folter in einem Keller, der auch Toilette für die ihn Verhörenden war. Handbetriebener Stromgenerator, Schlagstock aus Gummi, Fußtritte. (Atmet schwer, hat feuchte Augen). Herzschmerzen, taube Arme, Schwindelgefühl und schwache Beine, Atembeklemmungen, erhöhter Puls. Einengung, Sinnverlust, Todessehnsucht. Schon das Geräusch eines Flugzeuges treibe ihn in Panik, sein Dorf sei stark bombardiert worden. Auch der überraschende Anblick eines Polizisten versetze ihn in Schrecken.
> Diagnose: Herr A. beschreibt – und durchlebt während der Sitzung – sukzessive eine höhergradige **post-traumatische Belastungsstörung** (ICD10: F43.1) zu Folge serieller Traumatisierung."

Ich riet Herrn A. ein weiteres Mal davon ab, nach Traiskirchen zu gehen. Aber er ließ sich nicht umstimmen. Ich verstand ihn; ich hatte kein sicheres Spital anzubieten für seine schwangere Frau. Den psychotherapeutischen Bericht samt meiner Vollmacht schickte ich nach Traiskirchen an das Asylamt und an die Fremdenpolizei. Herr A. ging durch die vier Stationen der Traiskirchner „Asylstraße": Daten aufschreiben, Dokumente abgeben, Fingerprints, Handschellen. Die Fingerabdrücke hatten ergeben, dass

---

105   http://www.asyl-in-not.org/php/folter,12313,6276.html

er vorher bereits in Polen gewesen war. Herr A. saß daraufhin im Polizeigefängnis Eisenstadt. Seine Frau wurde ins Lager aufgenommen, kurze Zeit später brachte sie ihr Kind zur Welt. Meine Haftbeschwerde wies der „Unabhängige" Verwaltungssenat Wiener Neustadt ab. Rechtsanwalt Dr. Herbert Pochieser ging dagegen zum Verwaltungsgerichtshof und bekam dort zwei Jahre später Recht.

Solche „Fälle", solche Schicksale verfolgter, gequälter Menschen, veröffentlichte ich fortwährend im Internet. Ebenso die Namen der Schuldigen. Ich hoffte, dadurch die öffentliche Meinung aufzurütteln und warb für einen Aufstand der „Anständigen" gegen Prokop, ihre Schergen und ihr Gesetz …

So schlimm das Prokop-Gesetz an sich schon war – es fanden sich immer Beamte, die noch „ein Schäuferl dazulegten", ohne Not, aus eigenem Antrieb. Einer von ihnen, besagter Nikolaus Schantl, Fremdenpolizist der für Traiskirchen zuständigen Bezirkshauptmannschaft Baden, bat mich per E-Mail, seinen Namen nicht permanent im Internet zu verbreiten: „Ich verstehe schon, dass Sie Aktionen setzen müssen, nur – ich mach hier auch nur meine Arbeit", meinte er. Ich schrieb zurück:

„Die Arbeit, die Sie machen, hat zur Folge, dass unschuldige Menschen im Gefängnis sitzen. Es ist eine dreckige Arbeit. Deshalb stehen Sie im Internet. Lassen Sie Herrn A. frei – dann werde ich Sie lobend erwähnen."

Im Fall A. wies der UBAS jedoch meine Berufung ab. Das Asylamt hatte Herrn A., damals in Schubhaft, von einem Amtspsychiater begutachten lassen. Auch der hatte befunden, die Abschiebung komme einer unmenschlichen Behandlung gleich. Jedoch hatte er die Zusatzfrage „Ist Besserung möglich?" auch mit „Ja" angekreuzt. Und zwar in nur drei Wochen. Er hatte Herrn A. Tabletten verschrieben, die ihn müde machten. Um ihn ruhig zu stellen. Ich riet ihm, diese Pillen nicht mehr zu nehmen. Nach drei Wochen begutachtete der Amtsarzt Herrn A. noch einmal. Und befand, dass es ihm nun viel besser gehe. Dank seiner Therapie sei er abschiebefähig geworden. Herr A. hatte, wie gesagt, seine Pillen gar nicht mehr geschluckt.

Auch die Richterin im UBAS hatte Herrn A. für abschiebefähig erklärt. Der Termin stand schon fest. Es war ein Wettlauf mit der Zeit – bis der Verwaltungsgerichtshof den Beschwerden, die Rechtsanwalt Herbert Pochieser erhoben hatte, die aufschiebende Wirkung zuerkannte. Herr A. wurde aus der Haft entlassen und durfte endlich wieder bei seiner Frau, seinem Bruder und seinem neugeborenen Kind sein. Auch in dieser Angelegenheit, wie in der Sache Juscha H., hat Rechtsanwalt Herbert Pochieser gegen Nikolaus Schantl eine Strafanzeige erstattet. So erhielt Herr A. letztendlich Asyl. Viele andere, die nicht den Weg zu uns oder zu anderen NGOs fanden, wurden abgeschoben, ins Ungewisse, auf Nimmerwiedersehen.

Liese Prokop starb am 31. Dezember 2006. Ich habe ihr keine Träne nachgeweint.

Spreu und Weizen

In meinem Nachruf nannte ich Prokops Tod unvorsichtigerweise die „gute Nachricht zum Jahresbeginn". Und ich weiß aus den Zuschriften, die ich in den folgenden Tagen und Wochen erhielt, wie viele Menschen das genau so empfanden. Weil sie unerträgliche Qualen gelitten hatten unter Prokop und ihrem Gesetz oder weil sie andere kannten, die Prokop zum Opfer gefallen waren. Ich bezeichnete Prokop, wie schon früher, als „Bundesministerin für Folter und Deportation". Mit ihrem Namen werde „für immer die Erinnerung an das Leid verzweifelter, vergeblich schutzsuchender Menschen verbunden sein:

An den 19jährigen Juscha, den Prokops Polizei vor den Augen seiner schwerkranken Eltern in Handschellen abführte. An die Frau, die – wahnsinnig vor Angst – nach Gugging gebracht werden musste, weil ihr Mann verhaftet worden war. An das 13jährige Mädchen, das einen Kollaps erlitt, als der Vater vor ihren Augen abgeführt wurde. Alles, wohlgemerkt: Menschen, die nichts Böses getan hatten, keine Kriminellen, sondern Flüchtlinge im Sinne der Konvention, nur leider nicht willkommen in Prokops Land.

An Herrn A., der sich nachts schweißgebadet und schreiend in Albträumen wälzt; der sein neugeborenes Kind nur 5 Minuten am Gang sehen durfte; freigekämpft von Asyl in Not knapp vor dem Transporttermin. An Herrn T., für den jede Hilfe zu spät kam – abgeschoben nach Polen, weitergeschoben nach Russland, erschossen in Tschetschenien vor seinem Elternhaus.

Die Erinnerung an Liebespaare, die durch Prokops Behörden auseinandergerissen wurden, an Frau Brichta, die noch immer in China darauf wartet, ob sie endlich zu ihrem Mann zurückkehren kann, und viele andere, die in ständiger Angst vor der Trennung leben, weil Frau Prokops Gesetz die Menschenrechte für „Fremde" abgeschafft hat.

Frau Prokop war eine Schreibtischtäterin, wie es viele gab in der grausamen Geschichte dieses Landes: völlig abgestumpft, gleichgültig gegen die Folgen ihrer Gesetze und Erlässe, ein willfähriges Werkzeug einer rassistisch verseuchten Beamtenschaft. Kein anständiger Mensch weint ihr eine Träne nach."

Über all das hatte ich geschrieben, zwei Jahre lang Tag für Tag; die Texte waren öffentlich zugänglich, zumindest auf unserer Homepage, keiner konnte sagen, er habe es nicht gewusst.

Aber ein Sturm der Entrüstung war ausgebrochen, nicht gegen Prokop, sondern gegen mich, eine Kampagne quer durch Medien und Parteien, von der *Krone* bis zum *Falter*, von den reaktionärsten, schwarz-blauen Elementen bis zu manchen „Grünen" wie Van der Bellen und Peter Pilz.

In der politischen Kaste zeigte sich ein „Wir"-Gefühl, das alle politischen Gegensätze zudeckte: Liese Prokop mochte eine Gegnerin der Grünen oder der Roten gewesen sein – aber sie war doch „eine von uns", sie hat doch auch nur Politik gemacht „wie wir" … Bemerkenswert war die völlige Täter-Opfer-Umkehr in manchen Kommentaren. Als hätte im Gegenteil ich der armen Prokop etwas zuleide getan – und nicht sie das Leben zahlloser Menschen zerstört. Geradezu ekelhaft waren die Prokop-Nachrufe mancher ach so „guter" Menschen; ich zitiere nur einen, Caritas-Präsident Küberl:

> „Mit Liese Prokop haben wir eine großartige und menschliche Politikerin verloren, die ohne doppelten Boden, mit sympathischer Geradlinigkeit zum Wohle der Menschen in unserem Land gearbeitet hat. Sie hat eine neue Qualität in das Innenministerium gebracht, die geprägt war von ihrer langjährigen Erfahrung als Sozialpolitikerin. Sie hat eine offene, gute Gesprächsbasis geschaffen und war immer um Lösungen für die Menschen bemüht. (…) Sie hat das Amt des Innenministers befruchtet und wichtige soziale Aspekte gesetzt."

Diese Worte des Caritas-Präsidenten waren eine Verhöhnung der Opfer, ein Schlag ins Gesicht für alle, die unter Prokop unschuldig im Gefängnis saßen, eine Beleidigung aller, die wie wir gegen das Unrecht kämpften. Mit der Organisation Caritas hatte ich viele Konflikte ausgefochten; aber mit den einzelnen KollegInnen (Ausnahmen bestätigten die Regel) war ich doch meist ganz gut ausgekommen. Daher erlaube ich mir, sie in Schutz zu nehmen: Einen solchen Präsidenten haben sie nicht verdient.

In der Zivilgesellschaft setzte ein (wohl längst fälliger) Differenzierungsprozess ein. Allen, die uns und der Sache treu geblieben sind, danke ich sehr. Abgesprungen sind mancherlei „Gutschen", die (wie eine schrieb) gerne „in vernünftigem Maß helfen" wollen, aber nicht mehr, vor allem keine persönlichen Angriffe, keinen allzu harten Ton. Abgesprungen sind solche, die „Amt und Person trennen" wollen. Die nicht hassen und auch nicht lieben können. Denen beides zu beschwerlich ist. Eine altgediente Funktionärin meinte geradezu rührend, sollte die „Reputation" der NGOs (gemeint wohl: die Subventionsvergabe) durch mich gelitten haben, werde sie sich Maßnahmen überlegen, „damit so etwas nicht mehr passiert".

Was für Maßnahmen das wären, habe ich nie erfahren. Dass sie als Vertreterin eines Dachverbandes die Aufgabe haben könnte, eine vom Feind angegriffene NGO und deren Obmann zu verteidigen, kam ihr nicht in den Sinn. Aber macht nichts: Wir haben ihre Hilfe ohnedies nicht gebraucht.

Damals hat sich Spreu vom Weizen geschieden. Immerhin brauchte man, um zur Sache zu stehen, wenigstens ein kleines bisschen Mut.

Morddrohungen

Die *Kronenzeitung* widmete mir eine ganze Seite mit Foto umrahmt von hausgemachten Leserbriefen gegen mich. Einige Tage lang war die Sprachbox meines Handys voll mit Beschimpfungen, Todeswünschen und Drohungen mit massiver Gewalt. Bemerkenswert waren wiederholte Anrufe, klugerweise über eine Festnetznummer:

„Ich werde dich töten, du Schwein". – „Du wirst zerstückelt, du Ungeziefer." – „Es wäre besser, du würdest Selbstmord machen." – „Die verstümmelte Leiche von Michael Genner wird in Müllsäcken verpackt von der MA 48 entsorgt werden."

Am selben Tag folgte ein Anruf per Mobiltelefon: Der Anrufer nannte meine Privatadresse und fügte hinzu:

„Ist das deine Adresse? Ich komme dich besuchen. Ich hab ein Rasiermesser …"

Ich spielte die Nachricht einigen meiner Freunde vor, die sie also (ebenso wie die im Display gespeicherte Nummer) bezeugen konnten. Und wir stellten fest, dass der Inhaber der Festnetznummer mit dem Handybesitzer identisch ist.

Nicht, dass mich solche Drohungen übermäßig schrecken. Aber es ist ein altes Spiel: Zuerst wird in manchen Medien gegen Kritiker gehetzt; dann finden sich einzelne Narren, die ernst machen wollen. Arbeitsteilung nennt man das. Ich schickte daher der Staatsanwaltschaft Wien eine Sachverhaltsdarstellung gegen den Inhaber des Handys und des Rasiermessers, der daraufhin von der Polizei befragt wurde und sofort geständig war. Dennoch wurde die Anzeige, wie nicht anders zu erwarten, „zurückgelegt".

... aber die Karawane zieht weiter.

Bei vielen Pseudo-„Linken" zeigte sich damals ein völliger Werteverfall, eine Unfähigkeit zur Unterscheidung zwischen Freund und Feind. Und zugleich die Angst, man könnte sie vielleicht gar mit mir in Verbindung bringen. Ähnlich wie die Schrecksekunden nach der Verhaftung von Bülent Öztoplu.

Damals wurde zum Spendenboykott aufgerufen gegen uns. In der Folge sprang auch die Dame, die unsere Bilderauktionen durchgeführt hatte, ab. „Kunstasyl" war aber nicht unterzukriegen; seither macht Otto Hans Ressler (Im Kinsky Kunstauktionen) unsere Versteigerungen, und zwar weiterhin mit großem Erfolg. Auch die vielen einzelnen Spenderinnen und Spender, die nach jedem Printletter 10, 50 oder 100 Euro oder mehr bezahlen, hielten uns die Treue; im Lauf der folgenden Jahre wuchs ihre Zahl stetig.

Aber das Wichtigste war, dass der Kern unserer Organisation unerschüttert blieb; ich danke besonders Julia Kux, Volker Kier (der sich tapfer in die Bresche schlug), Rainer Klien, Di-Tutu Bukasa, Norbert Doubek – und vielen, die ich nicht alle aufzählen kann: Sie alle blieben der Sache treu und standen mir zur Seite. Dass eine kleine Organisation wie wir eine so massive Hetzkampagne überlebt hat und dabei stärker wurde, ist eine politische Tatsache von unschätzbarem Wert. Sie zeigt, wie sehr es sich lohnt, durchzuhalten und weiterzumachen. Manche hielten uns zwar für bereits erledigt. Aber – die Karawane zieht weiter ... Wir haben es trotz alledem geschafft. Von allen Siegen, die wir errungen haben, ist dieser der wichtigste und schönste.

Es ist psychische Folter!

Prokops Tod hatte auch ein juristisches Nachspiel, denn ihr Witwer klagte mich wegen „übler Nachrede" privat an. Lucie Heindl-Koenig, eine junge, sympathische Richterin, verurteilte mich zu einer Geldstrafe von 1.200 Euro, davon 600 unbedingt. Diese Summe legten dankbare tschetschenische Flüchtlinge für mich zusammen.

Dabei war die mündliche (schriftlich leider nicht so wiederholte, aber in den Medien nachlesbare) Urteilsbegründung eine echte Sensation. Wir hatten den Wahrheitsbeweis angeboten und zahlreiche Zeugen genannt, die aus eigenem Erleben berichten konnten, welches Leid traumatisierten Flüchtlingen durch die Schubhaft zugefügt wird; dass es sich dabei um psychische Folter handelt. Damit wollten wir beweisen, dass der Ausdruck „Folterministerin" für Liese Prokop gerechtfertigt war.

Lucie Heindl-Koenig lehnte alle unsere Zeugen ab. Sie begründete dies, indem sie uns in der Sache recht gab: Was die Zeugen berichten könnten, sei dem Gericht ohnedies notorisch bekannt: „Natürlich gibt es psychische Folter für in Schubhaft Genommene", so die Richterin wörtlich.[106] Klar sei auch, dass Schubhäftlinge misshandelt, gedemütigt und von ihren Familien getrennt würden. Weil das alles ohnedies offensichtlich sei, brauche es von uns nicht bewiesen zu werden …

Trotzdem dürfe ich Frau Prokop – die als zuständige Ministerin und Gesetzgeberin für all das die Verantwortung trägt – nicht als „Ministerin für Folter" bezeichnen. Und auch nicht als „Ministerin für Deportation", wenngleich Bundeskanzler Schüssel im Fernsehen damit geprahlt hatte, dank Prokops Gesetz könne man 6000 Fremde im Jahr „zwangsdeportieren". „Ministerin für Folter und Deportation" sei ein „Wertungsexzess", durch den Frau Prokop ins „nationalsozialistische Eck" gestellt werde. „Das ist mir zu weit gegangen". Trotzdem, so die Richterin, sei es weiterhin meine Aufgabe, als Obmann von Asyl in Not Gesetze anzuprangern. „Er darf es nicht nur, er soll es auch." Das sei „nicht nur wichtig, sondern auch richtig."

Mit dieser Nuance, ob eine Ministerin, die psychische Folter zu verantworten hat, als „Ministerin für Folter" bezeichnet werden darf, haben sich dann noch mehrere Instanzen beschäftigt. In zweiter Instanz traf ich auf einen Richter namens Ernest Maurer, der „das Eintreten für Rassenreinheit" für „per se nicht ehrenrührig", die „Idee vom rassenreinen und erbgesunden Volk" hingegen für eine „Idealvorstellung" hält[107] und dem die vorzeitige Haftentlassung des Holocaust-Leugners David Irving zu „verdanken" ist. Dass er für Prokop Partei ergriff, wird niemanden wundern. Aber das nur nebenbei.

Denn eigentlich ist der Ausgang jetzt gar nicht mehr so wichtig. Für mich ist entscheidend, dass die Richterin der Erstinstanz selbst den Begriff „psychische Folter" verwendete für das, was mit Flüchtlingen Tag für Tag in der Schubhaft geschieht. Es ist Folter. Das ist seit 2007 vom Gericht festgestellt. Aber bis heute gibt es keine Konsequenzen daraus.

---

107 Ruth Wodak, Alexander Pollak, „Der ausgebliebene Skandal. Diskurshistorische Untersuchung eines Wiener Gerichtsurteils", Wien 2001, S. 75.

Protokollierungsfehler

Der Kampf ging weiter, auch unter den folgenden Ministern. Mittlerweile sind es ja so viele, dass ich sie nicht mehr zählen
kann. Und auch die Gesetze wurden in immer kürzeren Abstän-
den novelliert. Wie schon erwähnt, hatten zunächst nahezu alle
von uns Schubhaftbeschwerden, mit denen wir die Verwaltungssenate seit Inkrafttreten des Prokop-Gesetzes überschwemmten, verloren, aber der Verwaltungsgerichtshof gab uns Mitte 2007 Recht:
Schubhaft nur wegen eines Dublin-Treffers darf nicht sein!

Trotzdem fanden Anfang 2008 wieder einmal Massenverhaftungen in Traiskirchen statt. Dieser Säuberungsaktion
vorangegangen war eine „fremdenpolizeiliche Besprechung" in der
Sicherheitsdirektion Niederösterreich (St. Pölten) am 18. Dezember 2007. Das Protokoll dieser Sitzung wurde mir zugespielt; ich
veröffentlichte es sofort im Internet.

Eine UVS-Richterin plauderte aus der Schule:
„Bis jetzt hat der UVS beinahe alle Schubhaftbescheide
gehalten. Auf Grund der Tatsache, dass die Bescheide des
UVS beinahe zur Gänze vom VwGH gehoben wurden, wird
der UVS diese Vorgangsweise nicht mehr beibehalten können." In diesen Fällen (Schubhaft wegen Dublin-Treffers),
„gab es kaum einen Fall, den der VwGH nicht gehoben hat.
Es wird daher sehr schwierig werden, in den Fällen des § 76/2
die Schubhaftbescheide zu halten."

Man muss sich das auf der Zunge zergehen lassen: Die UVSlerin
(die von Amts wegen dazu da ist, Schubhäftlinge vor Verletzungen
ihrer Menschenrechte zu schützen) referierte vor 30 Fremdenpolizisten und entschuldigte sich quasi dafür, dass sie deren rechtswid-
rige Bescheide nicht mehr, wie bisher, „halten" können wird! Aber
es kam noch besser. Hofrat Reischer (damals Sicherheitsdirektion
Niederösterreich) immer noch laut Protokoll:

„Die SID NÖ bedankt sich bei den Erstbehörden für die hervorragende Arbeit. Es wird betont, dass sich die Fremdenpolizisten
nicht entmutigen lassen sollen. Wir werden nach wie vor Schub-

haften verhängen und zwar auch in den Fällen des § 76/2 FPG."
(des Prokop'schen Schubhaftparagraphen).[108]

Das war wirklich krass: Eine Aufforderung an die Beamten,
die Judikatur des Höchstgerichts zu missachten! Reischer behauptete allerdings, nachdem ich das Protokoll veröffentlicht hatte, es
handle sich um einen „Protokollierungsfehler"; er habe das also
gar nicht so gesagt. Aber er hatte dieses Dokument – mitsamt der
„falschen Protokollierung" – an alle relevanten Dienststellen in
Niederösterreich ausgeschickt! Und die hatten genau verstanden,
wie es gemeint war: Gleich darauf, im Jänner und Februar 2008,
fanden in Traiskirchen die erwähnten Massenverhaftungen statt.

Apropos Fehler im Protokoll: Wir wissen nur zu gut, wie es
Flüchtlingen geht, wenn sie sich beschweren, weil ihre Angaben
vom Asylamt falsch protokolliert worden sind. Schon das reicht
aus, um sie für „unglaubwürdig" zu erklären.

Die Beschwerden gegen die Traiskirchner Verhaftungen
Anfang 2008 haben wir dann alle gewonnen. Schon in erster Instanz; der UVS Niederösterreich gab uns zähneknirschend recht.

108 Siehe: http://www.asyl-in-not.org/php/asyl_in_not_veroeffentlicht_bri-
santes_protokoll_der_fremdenpolizei,16137,13330.html

Bleiberecht!

Nach den Schrecken der Prokop-Zeit ging es allmählich wieder bergauf. Unsere Klienten wurden nun nicht mehr gleich am Beginn des Verfahrens verhaftet; der berüchtigte Prokop'sche Schubhaftparagraph war „totes Recht" geworden. Aber auch an einem anderen Frontabschnitt geriet das Innenministerium in die Defensive: Immer mehr Menschen weigerten sich, die Abschiebung ihrer Nachbarn und Freunde hinzunehmen; eine Volksbewegung für das Bleiberecht entstand.

Schon 2006 hatte Asyl in Not die Solidaritätskampagne für Relly, eine Schülerin des Gymnasiums Ödenburgerstraße in Wien-Floridsdorf, unterstützt. Relly sollte nach rechtskräftiger Abweisung ihres Asylantrages nach Moldawien abgeschoben werden. Ihre Schulklasse demonstrierte vor dem Innenministerium, Lehrer und Eltern solidarisierten sich, die Medien berichteten; Asyl in Not startete eine Aktion Notruf Asyl – in wenigen Stunden wurde das Innenministerium mit hunderten Protestmails eingedeckt. Schon nach drei Tagen hatten wir uns durchgesetzt: Relly erhielt eine Aufenthaltsbewilligung als Schülerin, maturierte im nächsten Jahr und blieb weiterhin als Studentin zum Aufenthalt berechtigt. Ein rascher Sieg auf der ganzen Linie. Aber zunächst nur auf einen Fall beschränkt.

Doch bald half uns Prokops Nachfolger, Innenminister Platter[109], zu weiteren Erfolgen: Er hatte sich vorgenommen, das ganze Land (beginnend mit Oberösterreich) Bezirk für Bezirk durch Schwerpunktaktionen von abgewiesenen Asylsuchenden, großteils aus dem Kosovo, zu säubern. Die meisten waren dort schon lange ansässig und, wie man so sagt, „gut integriert": Sie arbeiteten fleißig und hatten viele „inländische" Freunde. Nun sollten sie plötzlich fort. So brachte Platter bezirksweise die Bevölkerung gegen sich auf.

Zur Symbolfigur der Bleiberechtsbewegung wurde Arigona Zogaj, ein damals 15-jähriges Mädchen aus dem Kosovo. Eine echte Oberösterreicherin; mit dem Kosovo verband sie kaum mehr als die Erinnerung an schlimme Kindheits-Kriegserlebnisse. Ihr Vater und ihre Geschwister wurden in einer von Platters Nacht-

und Nebelaktionen deportiert. Arigona entkam, versteckte sich, kündigte via Medien einen Selbstmordversuch an, ihre Mutter war auf der Psychiatrie.

An diesem spektakulären Fall entzündete sich eine so breite Protestbewegung, dass Platter schon im Jahr darauf entnervt das Handtuch warf und einer vermeintlich Härteren Platz machte: jener „Schottermizzi"[110], die das kulturelle Leben Österreichs bereicherte, weil sie als Motiv für unzählige böse Witze und Karikaturen zur Verfügung stand. Ewig unvergessen bleibt ihr Spruch, sie werde sich auch von Arigonas schönen, braunen „Rehleinaugen", die sie „aus dem Fernseher anstarren", nicht erweichen lassen; dementsprechend waren dann unsere (und vieler anderer Leute) Kommentare über Mizzis Augen.

Allen guten Leuten, denen die damalige Zuspitzung, aus welchen Gründen immer, politisch zu wenig korrekt erschien: Genauso macht man aber moderne, professionelle Politik. Sie muss an konkreten Beispielen, an „Einzelfällen", anhand einzelner verfolgter Menschen und deren Verfolgern, zeigen, wie ungerecht das System insgesamt ist, das wir bekämpfen. In der damaligen jahrelangen Kampagne gab es zwei Gesichter, beide waren öffentlich, jeder Medienkonsument konnte sich entscheiden, auf welcher Seite er stand: Arigona – oder Fekter ... Und das Land war tief gespalten.

Immer wieder fragten mich besorgte Menschen, was sie tun könnten, um der rassistischen und sexistischen Hetze gegen Arigona Einhalt zu gebieten, die in Zeitungen und Internetforen schamlos und ungestraft verbreitet wurde. Aber selbst der Verfassungsgerichtshof lehnte Arigonas Beschwerde ab. Präsident des Verfassungsgerichtshofes war jener Holzinger, der schon als Vorsitzender des Menschenrechtsbeirats jede Solidarität mit seinem Kommissionsmitglied Bülent Öztoplu vermissen ließ. Allen Ernstes entschied der Verfassungsgerichtshof, Arigona sei zwar schon lange in Österreich, aber dieser lange Aufenthalt sei nur durch wiederholte, negativ entschiedene Asylanträge ermöglicht worden. Ihre „Integration" (die in einer Zeit erfolgte, in der zumin-

110 Innenministerin Maria Fekter (2008–2011); „Schottermizzi" genannt, weil eine Schottergrube in Attnang-Puchheim ihr Familienerbe war.

dest ihren Eltern die Unsicherheit ihres Aufenthaltsstatus bewusst gewesen sein musste ...) sei also quasi „illegal" gewesen!

Für juristische Laien: Der Verfassungsgerichtshof war zu dieser Fehlentscheidung natürlich nicht gezwungen. Kein Gesetz, keine Konvention verpflichtete ihn dazu. Er hätte genauso gut schreiben können: Allein der lange Aufenthalt Arigonas und ihre „gute Integration" genügten, um ihr und ihren Angehörigen einen sicheren Aufenthalt zu garantieren. Dass er anders entschied, geht wohl auf das persönliche Übelwollen seiner Mitglieder und seines Präsidenten zurück.

Einen Augenblick lang schien es, als wäre es der damaligen Polizeiministerin gelungen, mithilfe einer pflichtvergessenen, eidbrüchigen Politrichterschaft, unterstützt von der extremen Rechten und monatelangem sexistischem Trommelfeuer in den Internetforen, Arigonas Leben zu zerstören. Die Entscheidung fiel daher nicht durch juristische Verfahren und Spitzfindigkeiten, sondern ausschließlich durch den politischen Kampf, den eine breite, von Asyl in Not unterstützte Volksbewegung führte.

Am 1. Juli 2010 demonstrierten viele tausende Menschen auf dem Ballhausplatz für Arigona und ihre Familie, *Der Standard* widmete der Aktion die Schlagzeile: „Aufstand der Anständigen". Dieser Aufstand hatte Erfolg. Das Innenministerium gab nach. Arigona reiste zwar vorübergehend, um dem Wortlaut des Gesetzes Genüge zu tun, aus Österreich in den ihr völlig fremden Kosovo aus, kehrte aber schon vier Monate später mit einem Visum als Schülerin zurück und hat mittlerweile ein reguläres Aufenthaltsrecht.

Angemerkt sei, dass wir genau dasselbe Ergebnis im Fall Relly sogar ohne das Theater mit der vorübergehenden „freiwilligen" Ausreise erreicht hatten. Und das zu Prokops Lebzeiten! Aber warum einfach, wenn es kompliziert auch geht.

Die am „Fall Arigona" entflammte Bleiberechtsbewegung ermöglichte es auch vielen anderen Menschen, zu ihrem Recht zu kommen. Es folgte nämlich eine Gesetzesänderung, die es den Asylbehörden erlaubte, die Ausweisung eines (nach 1. Mai 2004 eingereisten) Flüchtlings (trotz Abweisung seines Asylantrags) für „auf Dauer unzulässig" zu erklären. Eine solche Entscheidung verhilft zur begehrten „Rot-Weiß-Rot-Karte". Viele unserer „Altfälle" haben wir auf diesem Wege gerettet.

Der Asylgerichtshof

Mit 1. Juli 2008 wurde der UBAS zum Asylgerichtshof. Das allein wäre nicht so schlimm. Eine neue Etikette für einen alten Schlauch. Aber dieses uns im Guten wie im Bösen wohlbekannte Amt war nun auf einmal Letztinstanz. Der Weg zum Verwaltungsgerichtshof (den jeder Parksünder gehen kann, der sich ungerecht gemaßregelt fühlt) ist Flüchtlingen seither versperrt.

Schon das war ein direkter Angriff auf den Rechtsstaat (an den ich freilich ohnedies nie glaubte). Wer schon zu UBAS-Zeiten geneigt war, Grundregeln des fairen, rechtsstaatlichen Verfahrens zu missachten, aber auch nicht unbedingt zu viele Behebungen durch den Verwaltungsgerichtshof riskieren wollte, witterte jetzt Morgenluft. Aber es kam noch schlimmer.

Wie erinnerlich, war der UBAS ein direktes Resultat unseres Kampfes gegen Löschnak und Matzka gewesen. Er war „unser Baby" sozusagen. Harald Perl, Vorsitzender des UBAS, nachmals Präsident des Asylgerichtshofes, hat sich einmal, als ich ihn darauf ansprach, sehr gewundert über den Gedanken, mit mir in einen „Vaterschaftsstreit" eintreten zu sollen.

Josef Rohrböck, aus dem Innenministerium von Matzka vertrieben, UBAS-Mitglied der ersten Stunde, hatte getreu dieser Tradition die neue Judikatur geprägt – in bewusstem Gegensatz zu den Rechtswidrigkeiten der alten Zeit. Er war einer der Pioniere des Asylrechts in Österreich, ein Experte, der europaweit Anerkennung genoss. Trotz schwerer Krankheit (Dialyse, Herzinfarkt) hatte er all die Jahre unermüdlich seine Arbeit im UBAS fortgesetzt und Bahnbrechendes geleistet für die Entwicklung der Judikatur in diesem Land. Aber jetzt sollte er nicht in den Asylgerichtshof übernommen werden. Er hatte nämlich nicht genug „Erledigungen" gebracht … Teils krankheitsbedingt, teils, weil er nicht so oberflächlich und gewissenlos arbeitete wie mancher andere in diesem Bereich. Ich hatte in vielen Verfahren erlebt, wie gründlich und sorgfältig er prüfte. Er hatte nicht genug negative Bescheide gemacht! Seine Krankheit nützten seine Gegner schamlos aus. Ein Beweis mehr für den moralischen Tiefstand, den die Politik hierzulande erreicht hatte.

Damals war Manfred Matzka (der zu Schlögls Zeit das „Rechtsstaatsprinzip", weil es Flüchtlingen „durchsetzbare sub-

jektive Rechte gibt", über Bord werfen wollte) nicht mehr direkt
an der Front eingesetzt. Er war aber jetzt Präsidialchef im Bundeskanzleramt. Wo über Geld und Postenbesetzungen entschieden wird. Einzelprüfungen, wie Rohrböck sie machte, waren für
Matzka stets nur lästiger Ballast. Viele Proteste und Interventionen
bewirkten schließlich, dass Josef Rohrböck dann doch in den Asylgerichtshof „durfte". Aber nur mehr auf ein Abstellgleis.

Er war im UBAS zuständig gewesen für Flüchtlinge aus der
Türkei und aus Afghanistan und hatte (im Zusammenwirken mit
einigen anderen hervorragenden Senatsmitgliedern sowie mit
international renommierten Sachverständigen) bahnbrechende
Entscheidungen herbeigeführt: Viele lang anhängende, von Asylamt und Innenministerium verpfuschte Türkeiverfahren wurden
unter seiner Ägide zu einem rechtsstaatlichen Abschluss gebracht.
Und auch als Rechtswissenschafter hatte Rohrböck Großes geleistet. Seine Veröffentlichungen sind Standardwerke und unent-
behrliches Rüstzeug für jeden, der sich ernsthaft mit Asylsachen
beschäftigen will. Im Asylgerichtshof entzog man ihm durch eine
neue Geschäftsverteilung seine zentralen Aufgabenbereiche Türkei und Afghanistan. Er wurde auf die Herkunftsländer Bulgarien
(!), von wo sich bekanntlich „Flüchtlingsströme" nach Österreich
ergießen, und Kosovo reduziert.

Unterdessen verschlechterte sich die Rechtsprechung für
Flüchtlinge aus der Türkei und aus Afghanistan dramatisch. Die
Türkei-Kammer wurde zur Gänze in die Außenstelle Linz verlegt.
Aber alles zu seiner Zeit.

Josef Rohrböck starb am 14. Februar 2009. Mitansehen zu
müssen, was aus seinem UBAS wurde, und nichts dagegen tun zu
können, hatte ihm wohl stark zugesetzt. Der Asylgerichtshof widmete ihm nicht einmal einen Nachruf.

Alexander Balthasar wurde überhaupt nicht in den Asylgerichtshof übernommen. Stattdessen fanden dort mancherlei
Geschöpfe aus dem Innenministerium Unterschlupf. Ich verkenne
dabei nicht, dass auch einige hervorragende neue Richterinnen
und Richter in den Asylgerichtshof kamen; insbesondere in die
für Tschetschenien zuständige Kammer D, die dadurch für einige
Zeit (schreckliche Ausnahmen bestätigen die Regel!) fast so etwas
wie ein „kleines gallisches Dorf" im Asylgerichtshof wurde. Die

dortige Mischung aus umsichtigen, rechtstreuen Altrichtern (wie Kammervorsitzender Wilfried Stracker und sein Stellvertreter Clemens Kuzminski) und guten neuen Leuten hat es uns erlaubt, auch weiterhin (teils sehr beachtliche) Fortschritte in der Judikatur zu erzielen.

Der Gesamteindruck vom Asylgerichtshof wurde dadurch aber nicht besser.

Psycho-Gutachter

Zwar hatte Liese Prokop die Sonderschutzklausel für Traumatisierte und Folteropfer abgeschafft. Aber eine derartige Vorgehensweise akzeptieren wir nicht, daher machten wir weiterhin, wenn es einschlägige Befunde gab, Traumatisierung unserer Klienten geltend. Im zugelassenen Verfahren ist es natürlich von entscheidender Bedeutung, wenn jemand in seiner Heimat gefoltert wurde und deshalb traumatisiert ist. Viele von Asyl in Not vertretene Flüchtlinge sind in Psychotherapie bei Hemayat, einem Verein zur Betreuung von Kriegsüberlebenden und Folteropfern. Befundberichte der dortigen Therapeuten (oder anderer Einrichtungen wie Aspis in Klagenfurt und Omega in Graz) legen wir regelmäßig im Asylverfahren vor.

Das Asylamt hingegen stützt sich konsequent auf Gutachten, aus denen hervorgehen soll, dass den Flüchtlingen überhaupt nichts fehlt. Eine besondere Rolle spielt dabei eine „-Achterin" (denn die Vorsilbe „Gut-" will mir nicht aus der Tastatur kommen) namens Dr. Elisabeth Anderle, ihres Zeichens klinische Psychologin. Sie erinnert mich irgendwie an jenen Dr. Walter Spiel, dem wir in der Heimkampagne Anfang der Siebzigerjahre begegneten. Wie jener Spiel unliebsame Heimkinder nach kurzer Beachtung zu „asozialen Psychopathen" stempelte, sodass sie nach Kaiser-Ebersdorf kamen, so unterstellt Anderle Flüchtlingen, sie würden Symptome „aggravieren" (auf Deutsch: „übertreiben", aber sie droht gern mit einer Klage, wenn man ihr diesen gemeinverständlichen, aus ihrer Sicht „unqualifizierten" Ausdruck unterstellt). Schlimmer noch: Sie bezichtigt Flüchtlingen, die nachweislich schwerste Folterungen erdulden mussten, der „Simulation". So etwa unserem Freund S. aus Tschetschenien (mittlerweile vom Asylgerichtshof als Flüchtling anerkannt).

S. steht seit seiner Einreise in ständiger Psychotherapie bei Erwin Klasek (Hemayat), einem international bekannten und angesehenen Experten für die Behandlung von Folteropfern. Klasek schreibt in einem seiner Befundberichte, es sei ihm von Beginn an aufgefallen, „dass Herr S. grauenhafte Ereignisse sachlich und fließend berichtet, gelegentlich lächelnd erzählt oder lacht." So habe S. unter anderem Folgendes berichtet: „Als er einmal von der Folter zurückgebracht worden sei, habe er lachend gesagt: ‚Schaut her, was die mit mir gemacht haben!' und sein verletztes Knie gezeigt. Dann habe er gesagt, dass er stärker sein werde als die … Er lache also, um nicht zu weinen." – „Auf die Bitte, mit seiner Mutter telefonieren zu dürfen, habe man ihn in ein Zimmer gebracht und ihm ‚Telefondrähte' an die Ohren angeschlossen und (beschreibt gestikulierend das Kurbeln am Handgenerator, Hervorquellen der Augen, lacht …)."

Klasek diagnostizierte bei Herrn S. eine höhergradige posttraumatische Belastungsstörung (PTSD) als Folge serieller Traumatisierung. Übrigens hatte auch der (im Zulassungsverfahren vom Asylamt beauftragte!) Psychiater Dr. Danler in Traiskirchen PTSD festgestellt.

Frau Dr. Anderle hingegen diagnostizierte lediglich eine „Anpassungsstörung", „wobei Aggravation, Überbewertung und Fixierung der tatsächlichen Beschwerden aufgrund bewusstseinsnaher, wirtschaftlicher Sicherungswünsche eine wesentliche Rolle spielen." Im Fall S. begründete Anderle ihren Befund mit der „Zeitabfolge der Geschehnisse (Traumatisierung vor 7 Jahren)" und dem „mehrfach geäußerten Fluchtmotiv (in Österreich leben zu wollen)" und attestierte unserem (wie sie festhielt: „modisch gekleideten") Mandanten „unübersehbare Simulation".

Unerfindlich blieben die Gründe dafür, wie Dr. Anderle darauf gekommen war, dass die Traumatisierung „7 Jahre" zurücklag. Seine erste Verhaftung erfolgte im August 2000, die letzte und schrecklichste von allen jedoch im Herbst 2006; bei jeder Festnahme wurde S. gefoltert – mit Prügeln, mit Zigaretten, mit Strom.

Das Asylamt erließ (trotz eindeutigen Traumabefundes des amtlich beauftragten Psychiaters!) einen Dublin-Bescheid; aber der UBAS gab unserer Berufung statt. Daraufhin erließ das Asylamt einen neuen Dublin-Bescheid. Dieses Pingpongspiel auf dem Rücken eines schwerkranken Menschen ging monatelang so weiter. S. wurde nach dem zweiten Dublin-Bescheid in Schubhaft genommen (Dezember 2007). Der Psychiater im Polizeigefängnis, Dr. North, stellte fest, die Haftbedingungen hätten seinen Zustand verschlechtert. Er sei „zweifelsfrei als schwer psychisch krank anzusehen und leide an PTSD. Er habe prä-suizidale Tendenz gezeigt." Aufgrund der „Schwere des psychischen Leidenszustandes" verfügte der Amtsarzt die Entlassung aus der Schubhaft.

Gleich darauf hob der UBAS auch den neuen Dublin-Bescheid des Asylamtes auf (Jänner 2008), obwohl die Schutzklausel für Traumatisierte nicht mehr galt. Es ging S. so elend schlecht, dass selbst der UBAS sich seiner erbarmte und ihn zum inhaltlichen Verfahren zuließ.

Das Asylamt schaltete auf stur. Trotz der Zulassung im Jänner fand die Einvernahme zu den Fluchtgründen erst im September 2008 statt! Diesmal wurde Adlan, S.' asylberechtigter Cousin, als Zeuge befragt und dieser schilderte eindringlich die gemeinsam erlebte Tortur:

„Nach einer solchen Folter habe er den Antragsteller mit verbundenen Händen und Füßen am Boden liegen gesehen. Der Antragsteller habe Drähte an den Ohren und Schaum vor dem Mund gehabt und er (Zeuge) habe geglaubt, dieser sei tot."

Und nach derartigen Erlebnissen, deren Folgen er laut -Achterin Anderle „überbewertete" (!), kam S. nach Österreich, um hier seine „wirtschaftlichen Sicherungswünsche" zu erfüllen. Ist doch sonnenklar!

Unterdessen starb S.' Cousin Adlan bei einem Autounfall. S. war nervlich völlig am Ende, wir brachten ihn in das Psychiatrische Zentrum Baumgartner Höhe. Es bestand akute Selbstmordgefahr. Da uns das Asylamt weiter dunsten ließ, stellten wir im Mai 2009 einen Devolutionsantrag. Womit der Fall ohne erstinstanzlichen Bescheid direkt zum Asylgerichtshof ging.

Der Asylgerichtshof (Dr. Christine Amann, Dr. Peter Chvosta) verzichtete angesichts des klaren Sachverhalts auf eine

Verhandlung und gewährte S. mit Erkenntnis vom 31. Juli 2009[111] Asyl. Aus der Begründung:

„Das Asylamt hat mit dem Antragsteller fünf ausführliche Einvernahmen durchgeführt. In allen diesen Einvernahmen hat er gleichbleibend und widerspruchsfrei seine Erlebnisse in Tschetschenien geschildert. [...] Seitdem er in Österreich ist, befindet er sich in ständiger psychiatrischer Behandlung. [...] Die Diagnose, unter einer post-traumatischen Belastungsstörung zu leiden [ist] wohl auch ein Indiz dafür, daß er massiv die Psyche beeinträchtigenden Situationen, wie z. B. schwerer Folter, ausgesetzt gewesen ist. [...] „Für den zuständigen Senat steht eindeutig fest, dass der Antragsteller an einer post-traumatischen Belastungsstörung leidet, zumal diese Erkrankung nicht nur von einem Psychologen diagnostiziert wurde, sondern sich dieselbe Diagnose in zwei von Amts wegen eingeholten Gutachten und in drei weiteren ärztlichen Stellungnahmen findet."

Man sollte meinen, nach einem solchen Verfahren, einer so klaren Entscheidung des Asylgerichtshofes und einer so offenkundigen Falschbeachtung durch Frau Anderle sollten die Meinungen Letzterer in keinem einzigen Asylverfahren mehr eine Rolle spielen. – Tatsächlich haben wir sie dann in einer Reihe von Verfahren erfolgreich abgelehnt.

Die Vorgehensweise des Beamten im Asylamt Wien, der Herrn S.' zweiten Dublin-Bescheid sowie die schier endlose Verzögerung des Verfahrens auf dem Gewissen hatte, griff ich im Internet heftig an. Daraus hat er, wie mir scheint, gelernt, denn seine Spruchpraxis ist seither viel besser geworden. Ich nenne daher hier seinen Namen nicht.

Demonstrationen

Seit 2009 veranstaltet Asyl in Not auch Demonstrationen. Diese Arbeit größeren (und oft schwerfälligeren) NGOs zu überlassen, schien uns angesichts zunehmender rassistischer Umtriebe nicht mehr ausreichend zu sein.

Anfang 2009 löste wieder einmal ein Übergriff gegen einen Schwarzen Empörung aus. Der US-amerikanische Professor Mike Brennan wurde in der U-Bahn in Wien von Polizisten mit einem Dealer „verwechselt" und schwer verletzt. Diese Tat fügte sich ein in eine jahrelange Serie rassistischer Verbrechen: Omofuma – Seibane – Bakary – Brennan …

Daher riefen wir zum zehnten Jahrestag des Todes Omofumas, dem 1. Mai 2009, zu einer Demonstration unter dem Motto „Mord verjährt nicht" auf. Tatsächlich hatte kein unabhängiges Gericht geprüft, ob der Tatbestand des Mordes an Marcus Omofuma vorlag; die weisungsgebundene Staatsanwaltschaft hatte dieses Delikt nämlich gar nicht angeklagt. Die verhängten Bagatellstrafen signalisierten allen Nachfolgetätern: Die Tötung eines „Fremden", eines „Schwarzen" gar, bleibt ungesühnt.

Am 1. Mai demonstrierten zweitausend Menschen im Gedenken an Marcus Omofuma. Die Polizei war massiv präsent, mit Helmen, Schildern und Schlagstöcken, und hätte wohl gerne einen Zusammenstoß provoziert. Aber diesen Gefallen machten wir ihr nicht. Bald darauf unterstützten wir die spontane Initiative zweier Studentinnen, Romy Grasgruber und Maria Sofaly, die zu einer Lichterkette gegen die Umtriebe der FPÖ im damaligen Europawahlkampf aufriefen. Asyl in Not erstattete zeitgleich eine (von Judith Ruderstaller, der Leiterin unserer Rechtsabteilung) formulierte Strafanzeige gegen die FPÖ wegen nationalsozialistischer Wiederbetätigung. Diese (noch immer zugelassene) Partei hatte im Wahlkampf ein rassistisches Schundheft an alle Jungwähler verschickt. Wie nicht anders zu erwarten (oder glaubt noch jemand an den Rechtsstaat?) wurde unsere Anzeige „zurückgelegt".

Tausende Menschen bildeten am 18. Juni 2009 die Lichterkette um das Parlament. Viele von ihnen waren zum ersten Mal bei einer Demonstration. Es war einmal mehr ein Zeichen des Aufbegehrens der anständigen Menschen in diesem Land. Um diese Zeit diskutierte ich im Fernsehen (Okto) mit einem Sprecher des Polizeiministeriums. Er meinte, wir irrten uns: Solche Verbrechen wie gegen Omofuma, Seibane und Brennan seien nicht rassistisch motiviert. Auch Österreicher seien ja von Polizeiübergriffen betroffen. Überspitzt gesagt (oder interpretiere ich das falsch?): „Wir sind gar keine Rassisten, wir prügeln und erschießen ja die Inländer auch …"

Tatsächlich wurde damals ein 14-jähriger Bub beim Versuch, Getränke aus einem Supermarkt zu stehlen, von der Polizei erschossen. – Ja, genauso hatten wir es uns vorgestellt: Zuerst kommen die Schwächsten dran, die Flüchtlinge. Bis man sich dran gewöhnt. Aber es dauert nicht lang, dann geht es auch sozial schwachen „Einheimischen" an den Kragen.

Am 24. Oktober 2009 hielt Asyl in Not mit vielen verbündeten Gruppen auf dem Minoritenplatz vor dem Innenministerium eine Kundgebung gegen Polizeiministerin Fekter und ihren damals neuen Gesetzentwurf ab. Fekter wollte nämlich nicht die Judikatur des Verwaltungsgerichtshofes akzeptieren, durch die der Prokop'sche Schubhaftparagraph zu totem Recht geworden war. Hatte es bisher geheißen: „Schubhaft *kann* verhängt werden", wenn ein Dublin-Verdacht besteht, so sollte es nun heißen: „Schubhaft *ist* zu verhängen …" Mit diesem Trick sollte die Fremdenpolizei in Traiskirchen wieder zur Flüchtlingsjagd berechtigt werden. Genauso wie zu Prokops Zeiten.

Dagegen organisierten wir den Widerstand, tausende Menschen demonstrierten vor dem Innenministerium, der Gesetzentwurf wurde entschärft: Es hieß nun, die Schubhaft sei zu verhängen, „wenn es notwendig ist". Damit konnten wir leben, es sah also nicht anders als vorher aus. Fekter war abgeblitzt, unser Protest hatte sich gelohnt. Der kreativen Ministerin fiel aber bald wieder etwas Neues ein: Die „Anwesenheitspflicht" in den Erstaufnahmestellen in den ersten Tagen des Verfahrens – oder wie wir sagten: die „Lagerhaft".

Nach Fekters ursprünglichen Plänen sollten neu angekommene Flüchtlinge monatelang in irgendeinem Lager im tiefsten Burgenland verkommen, ohne Zugang zur Rechtsberatung. Und dann abgeschoben werden. Damit kam sie aber ebenfalls nicht durch. Im April 2011 demonstrierten tausende Menschen in Wien gegen diese neue „Fekterei"; Asyl in Not hatte gemeinsam mit den

Grünen, der ÖH, SOS Mitmensch und vielen anderen dazu aufgerufen.

Die Gesetzesänderung wurde beschlossen, auch die „Roten" stimmten, schamlos wie immer, zu. Die Lagerhaft sollte von da an nur mehr fünf Tage betragen. Doch es kam anders: Sie fand gar nicht mehr statt. Fekter trat nämlich zurück und wurde, was auch nicht besser ist, Finanzministerin. Aber wenigstens mit den Flüchtlingen hat sie nicht mehr so direkt zu tun. Ihr Abgang hatte zur Folge, dass das ganze Konzept der Lagerhaft (obwohl im Gesetz verankert) über Bord fiel. Es wurde bisher (außer in ganz wenigen Fällen) nicht angewendet.

Ich hätte diese Lagerhaft gerne juristisch angefochten. Als ein linker Aktivist aus der Türkei auf mich zukam, weil er einen Asylantrag stellen wollte, schickte ich ihn mit meiner Vollmacht nach Traiskirchen. Demnächst würde ihn unser Dolmetscher anrufen und zu einer Besprechung mit mir einladen; das solle er am Lagertor sagen. Man würde ihn vermutlich nicht mehr hinauslassen; und dagegen würde ich eine Maßnahmenbeschwerde an den Unabhängigen Verwaltungssenat erheben. Soweit mein Plan. Aber leider: Sie haben ihn rausgelassen – und viele andere auch. Ich konnte also keine Beschwerde machen. Schade irgendwie; aber jedenfalls ist die Fekter'sche Lagerhaft damit „totes Recht".

Somit hatten unsere Protestaktionen auch diesmal Erfolg gehabt. Ein Beweis mehr, dass demonstrieren sich lohnt.

Werteverfall

All diese Erfolge hat Asyl in Not für Flüchtlinge, aber auch für andere NGOs im Asylbereich errungen. Aber nicht alle nehmen am gemeinsamen Kampf so teil, wie es wünschenswert wäre.

Im November 2011 war ich auf dem Asylforum, einer gesamtösterreichischen NGO-Konferenz, diesmal in Linz. Dieses Forum wurde 1994 gegründet (damals als UNHCR-NGO-Forum) und findet seither alljährlich statt. An der ersten Tagung hatten auch Vertreter des Innenministeriums teilgenommen, mit denen wir uns konfrontierten; 1995 beschlossen wir, sie nicht mehr einzuladen, da das Forum der Entwicklung gemeinsamer Strategien der NGOs im Kampf gegen das Asylunrecht dienen sollte.

Diesmal las ich zu meinem Erstaunen in der Einladung, dass am Vormittag des 16. November zwei Vertreterinnen des Asylamtes als Referentinnen zum Thema „Aufgaben der Rechtsberatung" auf dem Programm standen: Alexandra Ecker, Leiterin der Erstaufnahmestelle West, und Marlene Jungwirth vom Asylamt Linz. Irgendeine Begründung, wieso ausgerechnet zwei Vertreterinnen der gegnerischen Behörde uns NGOs über unsere Aufgaben belehren sollten, wurde nicht gegeben. Tatsächlich waren die beiden Referate dann auch nicht wirklich dazu angetan, meinen Horizont als Rechtsberater zu erweitern. Noch widersinniger aber war, dass man ausgerechnet Marlene Jungwirth für diese Aufgabe auserkoren hatte.

Diese Jungwirth hatte einem schwertraumatisierten tschetschenischen Ehepaar und deren Kindern den vom UBAS gewährten „subsidiären Schutz" (eine Aufenthaltsberechtigung wegen schwerer Traumatisierung) aberkannt. Drei Jahre lang hatte sie diese leidgeprüften Menschen durch ein völlig rechtswidriges Verfahren gequält und damit beinahe die Existenz dieser Familie zerstört.

Rahman und Malika waren 2004 nach Österreich geflüchtet. Ihre Zulassung zum Asylverfahren hatte ich wegen ihrer offenkundigen Traumatisierung (sie ist Vergewaltigungsopfer, ihm hatte man die Zähne eingeschlagen) relativ rasch erkämpft. Aber dann waren sie in Linz hängen geblieben. – Eine schier unendliche Geschichte. Frau Jungwirth brauchte über zwei Jahre, um überhaupt einen Bescheid zu erlassen (2007). Und zwar in jeder Hinsicht negativ! Nicht einmal subsidiärer Schutz wurde ihnen zugestanden. Obwohl der von Jungwirth selbst bestellte Sachverständige Dr. Lindenbauer eine Abschiebung für unzumutbar erklärte.

Meiner Berufung gab der UBAS statt und gewährte der Familie subsidiären Schutz – aus gesundheitlichen Gründen. Und somit eine Aufenthaltsberechtigung auf ein Jahr. Rahman fand Arbeit, sein Zustand stabilisierte sich ein bisschen, Malika war noch immer in einem sehr bedenklichen Zustand. Nach einem Jahr (Ende 2008) beantragten sie die Verlängerung der Aufenthaltsberechtigung. Jungwirth schickte sie wieder zum Psychiater. Dr. Lindenbauer befand wieder, Malika sei nicht abschiebbar. Jungwirth ignorierte diesen Bescheid völlig und ebenso die Tatsache, dass Rahman arbeitete. Sie erkannte den subsidiären Schutz ab und wies die Familie nach Russland aus (2009).

Meiner Beschwerde gab der Asylgerichtshof statt und verwies den Fall wegen grundsätzlicher Mangelhaftigkeit des Verfahrens retour an das Asylamt. Zurück zu Jungwirth! Das Pingpongspiel ging weiter. Jungwirth ließ neue Gutachten von anderen Ärzten machen, bis sie endlich das Ergebnis erhielt, das sie wollte: Es gehe den beiden mittlerweile gut genug, um abgeschoben werden zu können. Wie gut sie integriert waren oder dass Rahman arbeitete, war völlig egal! Jungwirth verhängte neuerlich ihre Ausweisung in die Russische Föderation (2010).

Durch die jahrelange Ungewissheit war die Familie zermürbt und retraumatisiert. Dieser Dauerzustand hätte folgenschwere Konsequenzen nach sich ziehen können. Aber dank der guten sozialen Betreuung durch die Volkshilfe Oberösterreich verloren Malika und Rahman nicht die Nerven. Er arbeitete weiter; sie erwarb einen Gewerbeschein und eröffnete ein Modegeschäft. Meiner neuerlichen Beschwerde gab der Asylgerichtshof im Frühjahr 2011 statt und erklärte die Ausweisung für auf Dauer unzulässig. Damit sind sie nun aus dem Asylsystem draußen. Sie sind zum Aufenthalt und zur Arbeit berechtigt. Wir wünschen ihnen für ihr weiteres Leben viel Glück!

Ich berichtete über diesen Fall im Internet.[112] Und ich hätte erwartet, dass eine Zivilgesellschaft, die diesen Namen verdient, alle nötigen Maßnahmen ergreift, um eine Beamtin wie Jungwirth aus dem Staatsdienst auszuschließen. Stattdessen wurde uns diese Person nun als Vortragende präsentiert. Also habe ich das Forum genützt, um sie öffentlich anzuprangern. Gleich nach ihrem Statement meldete ich mich zu Wort und fragte sie: „Frau Jungwirth, wie geht es Ihnen, wenn Sie einen Menschen kaputt machen? Geht es Ihnen gut dabei? Diese Frage ist mit Ja oder Nein zu beantworten." Jungwirth, offenbar völlig überfordert, lispelte: „Diese Frage beantworte ich nicht." Ich antwortete: „Frau Jungwirth, ich ermittle gegen Sie wegen Ihrer Verstöße gegen das Menschenrecht. An diesem Verfahren haben Sie mitzuwirken. Erin-

112 http://www.asyl-in-not.org/php/menschen_denen_wir_helfen_konnten,12304,28255.html

nern Sie sich an Malika und Rahman?" Jungwirth, mit gedämpf-
ter Stimme: „Können wir das nicht in der Pause diskutieren?" Ich:
„Oh nein, darüber reden wir öffentlich. Und es ist auch keine Diskussion, sondern eine Befragung."

An dieser Stelle versuchte eine Dame aus den Reihen der
Veranstalter, mir ins Wort zu fallen. Ich dürfe hier kein Verfahren durchführen; immerhin hätten „wir" die Jungwirth eingeladen. Ich gab zur Antwort, ich habe diese Person jedenfalls nicht
eingeladen; ich sei im Begriff, eine Befragung durchzuführen; die
Kollegin habe diese Befragung nicht zu stören oder zu unterbre-
chen. Konsequent benützte ich dieselben Begriffe („Befragung",
„Mitwirkungspflicht") wie die Asylbehörden bei Einvernahmen;
Jungwirth, die sich auf einmal in der Rolle ihrer Opfer wieder-
fand, schien den Tränen nahe. Da legte ihr eine Polizistin aus der
Erstaufnahmestelle tröstend den Arm um die Schulter und sagte:
„Wir gehen. Wir hätten das gerne in der Pause diskutiert, aber es
wird zu emotional."

Jungwirths tägliche Opfer (von denen ich so manche in meinem Beratungszimmer weinen sah) wären froh, könnten sie sich so
einfach aus der Affäre ziehen. Was mich an der Sache am meisten
bestürzt, ist aber, dass mich niemand aus der versammelten Runde
in dieser Angelegenheit unterstützt hat: Ich protestierte alleine.
Ein erschreckendes Zeichen für den Werteverfall und die fehlende
Zivilcourage innerhalb der alten Szene der NGOs.

Immerhin, ein Volkshilfekollege versicherte mir, die oberös-
terreichischen NGOs seien in die Einladungspolitik nicht eingebunden gewesen; auch ihn habe es „gerissen", als er den Namen
Jungwirth auf dem Programmzettel las ... Ansonsten aber:
peinliches Schweigen im Walde. Ein bisschen erinnerte mich das
an die Tage nach dem Tod der Liese Prokop, als ich ebenfalls mit
meinem Verein allein dagestanden bin.

Neue, junge Kräfte, die in den vergangenen Monaten und
Jahren Aktionen durchgeführt und Abschiebungen verhindert
haben, waren offenbar zu diesem „Asylforum" nicht eingeladen.
Es wird also Zeit, die NGO-Szene gründlich aufzumischen, zu
verjüngen und zu radikalisieren.

Verwahrlosung der Judikatur

Die mit Abstand empörendste Asylentscheidung der letzten Jahre stammt von einem Richter, der selbst einmal Rechtsberater war: Nikolas Bracher, Außenstelle Linz, zuständig für Flüchtlinge aus der Türkei.

Herr K. stammt aus dem türkisch beherrschten Teil von Kurdistan. 1993, mit 19 Jahren, wurde er als Mitglied der Kurdischen Arbeiterpartei (PKK) verhaftet, gefoltert und zu lebenslanger Haft verurteilt. Er trat mehrmals in den Hungerstreik; seine Gesundheit ist seitdem schwer zerrüttet. 2010, nach fast siebzehnjähriger Haft, wurde er bedingt entlassen. Er wurde weiterhin von der Polizei überwacht und bedroht. Auch hätte er zum Militärdienst einrücken müssen. Das lehnte er ab. Er wollte nicht den Unterdrückern seines Volkes dienen. Wenige Monate nach seiner Haftentlassung flüchtete er nach Österreich. Zwei seiner Brüder leben hier; mit einem wohnt er im gemeinsamen Haushalt. Er betätigt sich in einem kurdischen Exilverein.

Das Asylamt lehnte seinen Antrag ab. Die abgesessene Haft liege hinter ihm und sei daher nicht mehr asylrelevant. Seine Angaben über die Bedrohung durch die Polizei seien widersprüchlich. Die Einberufung zum Militärdienst sei keine Verfolgung; Kurden seien beim Militär nicht schlechter gestellt als andere Präsenzdiener.

K. erhob Beschwerde an den Asylgerichtshof. Später erst fand er Kontakt zu uns und erteilte mir die Vollmacht. Ich legte einen psychotherapeutischen Befundbericht von Frau Dr. Ledebur (Hemayat) vor, die K. behandelt. Sie diagnostizierte eine komplexe posttraumatische Belastungsstörung (ICD10 F43.1) aufgrund serieller Traumatisierung in Gefangenschaft. Herr K. sei im Fall der Ignoranz seiner besonderen Schutzbedürftigkeit einem erhöhten Selbstmordrisiko ausgesetzt.

Ohne eine Verhandlung durchzuführen, wies der Asylgerichtshof (Richter Nikolas Bracher als Vorsitzender und Martin Diehsbacher als Beisitzer) die Beschwerde ab. Die „Begründung": Im Fall seiner Einziehung zum Militär sei „nicht feststellbar, dass jener mit hinreichender Wahrscheinlichkeit aus in seiner Person gelegenen Gründen mit einer mit wesentlichen Eingriffen in seine Rechtssphäre einhergehenden Verfolgungsintensität erreichenden

Behandlung in Unterscheidung zu anderen Militärdienstleistenden zu rechnen hätte".

Alles klar? Auf Deutsch: Es wird ihm, dem eben aus der Haft entlassenen, gefolterten kurdischen Exsträfling und PKK-Anhänger beim türkischen Militär schon nichts geschehen! Des Weiteren behauptete der Asylgerichtshof, in dem von mir vorgelegten Befundbericht von Frau Dr. Lebebur befinde sich besagte Diagnose einer „komplexen posttraumatischen Belastungsstörung" nicht.

Freche Lüge?

Im Dezember 2011 griff ich Richter Bracher in einer Aussendung per Internet unter dem Titel „Asylgerichtshof Linz: Verwahrlosung der Judikatur" öffentlich an (und löste damit wieder einmal ein Gerichtsverfahren aus):

> „Diese Behauptung des Asylgerichtshofes ist völlig aktenwidrig. Soweit der juristische Fachausdruck für das, was man im Sprachgebrauch normaler Menschen ‚freche Lüge' nennt. Nikolas Bracher war einmal Rechtsberater. Er hat einmal, sozusagen, zu uns gehört. So tief kann einer sinken! Für das weitere Schicksal des Herrn K. trägt Nikolas Bracher (nikolas.bracher@asylgh.gv.at) mit seinem Beisitzer die volle persönliche Verantwortung. Er wird ihr nicht entgehen."

Asylrichter Bracher, der daraufhin einige E-Mails erboster Leserinnen und Leser erhielt, klagte mich wegen „übler Nachrede" und „gefährlicher Drohung". Er schickte mir seinerseits eine Nachricht, in der er mir vorwarf, die Judikatur nicht zu kennen. Seine Kammer habe „in zahllosen Fällen" (als ob es dadurch besser würde!) entschieden, dass die Wehrdienstentziehung in der Türkei „per se" kein Asylgrund sei. Diese Judikatur sei „nicht Ausdruck eines unmenschlichen Asylsystems in Österreich oder gar richterlicher Willkür", sondern entspreche auch der bundesdeutschen Judikatur. (Was es natürlich auch nicht besser macht: Wir erinnern uns an die – im Fall Kemal Altun mörderische – Komplizenschaft deutscher Gerichte mit der türkischen Militärdiktatur.)

Bracher weiter im O-Ton: „Sollte Ihnen selbst – als langjährigem Berater von Asylwerbern – dies nicht geläufig sein, so empfiehlt es sich, dass Sie sich im Hinblick auf Ihre Tätigkeit als Berater mit diesem Umstand vertraut machen. Wollten Sie aber entgegen besseres Wissen (sic!) die Entscheidungsbegründung im gg. Fall als abwegig darstellen, so würden Sie sich wohl dem begründeten Verdacht der Irreführung Ihrer Leser aussetzen."

Zuletzt verlangte Bracher von mir eine Entschuldigung, weil ich seine Behauptung, im Befund Dr. Ledeburs stehe nichts von posttraumatischer Belastungsstörung, als „freche Lüge" bezeichnet hatte.

Verfassungsgerichtshof: Bracher hat Willkür geübt!

Rechtsanwalt Herbert Pochieser erhob gegen Brachers Asyl-erkenntnis Beschwerde an den Verfassungsgerichtshof (VfGH). Dieser entschied überraschend klar und schnell und behob die skandalöse Entscheidung. Und zwar mit der ausdrücklichen Begründung, dass der Fall dieses besonders exponierten Asylwerbers eben nicht mit dem eines gewöhnlichen Wehrdienstverweigerers zu vergleichen sei. Dem belangten Asylgerichtshof, so der VfGH, sei „willkürliches Vorgehen vorzuwerfen". Herr K. werde in seinem verfassungsgesetzlich gewährleisteten Recht auf Gleichbehandlung von Fremden untereinander verletzt. Er sei nämlich auf dem Höhepunkt des Konflikts zwischen türkischem Staat und PKK für sechzehn Jahre inhaftiert worden. „Auf die Frage, inwieweit speziell dem Beschwerdeführer in dieser exponierten Stellung im Fall eines drohenden Strafverfahrens wegen Militärdienstverweigerung oder bei Ableistung seines Militärdienstes womöglich Verfolgungshandlungen asylrelevanter Eingriffsintensität drohen, wird in keiner Weise näher eingegangen".

Der Asylgerichtshof habe keine eigenen Ermittlungen angestellt, sondern sich nur auf die vom Bundesasylamt benutzten Länderberichte gestützt und lasse daher „auch ein ordnungsgemäßes Ermittlungsverfahren vermissen". „Ein willkürliches Vorgehen", erläutert der VfGH, „liegt insbesondere dann vor, wenn die Behörde den Bescheid mit Ausführungen begründet, denen jeglicher Begründungswert fehlt."

Es ist eines der ganz seltenen Male seit Holzingers Amtsantritt, dass wir mit einer Entscheidung des Verfassungsgerichtshofes zufrieden sind.

... aber gelogen hat er nicht ...

In einer weiteren Aussendung empfahl ich Richter Bracher, sich mit dieser Judikatur vertraut zu machen. Zugleich nahm ich aber den Vorwurf der „dreisten Lüge" zurück. Inzwischen hatten wir nämlich durch Akteneinsicht festgestellt, dass im Akt des Asylgerichtshofes exakt jene Seiten des Befundes von Frau Dr. Ledebur fehlten, auf welchen die posttraumatische Belastungsstörung ausdrücklich diagnostiziert worden war. Es handelte sich um die Seiten vier und fünf. Vielleicht waren sie beim Faxen nicht durchgegangen? Im Akt befanden sich nur die Seiten eins, zwei, drei und sechs dieses Befundes; die Seiten sind groß und deutlich nummeriert.

Richter Bracher war es daher (einfache Grundkenntnisse des Zählens von eins bis sechs vorausgesetzt) denn doch zumutbar, von sich aus zu erkennen, dass die in meinem Schriftsatz ausdrücklich erwähnte Diagnose wohl auf einer der fehlenden Seiten stehen musste, und mich höflich um deren Nachreichung zu ersuchen. Dies zu unterlassen ist ein weiterer Verstoß gegen seine Ermittlungspflicht. Richter Bracher ist also kein Lügner, diesen Vorwurf nahm ich zurück, aber er hatte das Verfahren extrem mangelhaft und pflichtwidrig geführt, was für unseren Mandanten das Risiko neuerlicher Haft, Folter und vielleicht sogar den Tod zur Folge haben hätte können.

In seinem E-Mail an mich schreibt Bracher übrigens, „dass selbst das Aktenkundigsein einer solchen Diagnose nichts am Gesamtergebnis geändert haben würde". Und das muss man sich auf der Zunge zergehen lassen: Auch im Wissen um die schwere Traumatisierung dieses unglücklichen Menschen, der für seine Gesinnung jahrelang im Gefängnis saß und gefoltert wurde, hätte er ihn bedenkenlos in die Hände seiner Verfolger überstellt. Richter Bracher ist also kein Lügner, sondern ein ehrlicher Mann. Er trägt seine Gesinnung offen zur Schau ...

„Furcht und Unruhe"

Auch mit seiner Klage ist Richter Bracher abgeblitzt: Das Verfahren gegen mich wurde „wegen Geringfügigkeit" eingestellt. Wie Christian Broda einst so schön sagte: „Auch Richter stehen nicht unter Denkmalschutz."[113]

Interessant ist, womit Bracher die „gefährliche Drohung" begründete, die ihn in „Furcht und Unruhe" versetzt habe: Ich hatte geschrieben, Richter Bracher trage für Herrn K.'s weiteres Schicksal die „volle persönliche Verantwortung"; er werde ihr „nicht entgehen". Ich hätte somit meine LeserInnen, die ihm sodann Protestmails schickten, zu „aggressivem Verhalten angestiftet". Zum Beweis legte er zwei solche Protestmails vor. Sie waren wirklich ungeheuer aggressiv. So schrieb eine Leserin, Richter Bracher solle begründen, warum er nicht mehr für die Asylsuchenden sei (immerhin war er einmal Rechtsberater gewesen). Es sei nur fair, ihm diese Frage zu stellen. Aber besonders arg für unseren Richter war das E-Mail von Familie S. aus Wien: „Ihnen wünschen wir, dass Sie im nächsten Leben in einem Land wie der Türkei geboren werden und dann das gleiche Schicksal erleiden müssen wie die zigtausend Kurden, die die Türken bereits auf dem Gewissen haben."

Diese Vorstellung, als Kurde in der Türkei auf die Welt zu kommen, hat bei Richter Bracher also beträchtliche Furcht und Unruhe ausgelöst, sodass er sich von mir bedroht fühlte. Aber keine Sorge: Mein langer Arm reicht noch nicht bis ins Jenseits, ich kann also nicht darüber bestimmen, ob und wie er wiedergeboren wird. Allerdings fällt auf, dass Richter Bracher Herrn K. genau dorthin ausweisen wollte, wo er selbst ganz bestimmt nicht als Kurde auf die Welt kommen will.

Happy End

Kurz vor Drucklegung erhielt ich einen Brief von einer jungen Familie, die ich in einem jahrelangen Verfahren beraten hatte. Maria stammt aus Oberösterreich, Jakub aus einem afrikanischen Land. Ihre Tochter Anna ist drei Jahre alt. Marias Lob beschämt mich sehr, denn alle meine Schriftsätze in dieser Sache – vom

Asylgerichtshof über den Verfassungsgerichtshof bis zum Europäischen Gerichtshof für Menschenrechte in Straßburg – waren erfolglos. Vor der Abschiebung bewahrt wurde Marias Mann nur dank eines guten sozialen Netzwerks. Schließlich brachte ein neuerlicher Antrag an die Magistratsabteilung 35 der Gemeinde Wien doch ein Happy End: Jakub darf nun endgültig bei seiner Familie in Österreich bleiben.

„Lieber Herr Genner, danke, dass Sie mit Ihrem fachlichen Know-how jederzeit für uns da waren, Behörden kontaktiert und uns Ratschläge gegeben haben! Dies hat uns in so manchen verzweifelten Momenten aufgefangen, Kraft und Hoffnung gegeben! Danke für all die geschriebenen Seiten, in denen Sie für uns das Wort ergriffen und sich für unsere Rechte eingesetzt haben! Danke, dass wir Sie immer kontaktieren durften und Sie sich sogar an Wochenenden bei uns rückmeldeten – das hat uns ein Gefühl von Sicherheit gegeben! Danke für die Klarheit und ‚Aufgeklärtheit‘, die Sie mir in so mancher Verwirrtheit über Gesetzesparagraphen und die österreichische ‚Rechtspraxis‘ geben konnten. Ich bin sehr bewegt und hoffnungsvoll, wenn ich Sie bei Demos oder Veranstaltungen auf der Bühne stehen sehe. Nochmals ein anerkennendes, wertschätzendes und bewunderndes Danke für Ihr gesellschaftliches und politisches Engagement im Kampf für mehr Gerechtigkeit und Menschlichkeit! Maria, Jakub, Anna.“

Für offene Grenzen, gegen Apartheid

Früher waren offene Grenzen zwischen Deutschland und Frankreich, den „Erbfeinden“, undenkbar. Und das ist noch nicht lange her. Heute ist es selbstverständlich, dass Menschen von einem europäischen Land ins andere ziehen, ohne um Erlaubnis zu fragen.

Als im 19. Jahrhundert Europäer nach Afrika und Asien zogen, hatten sie vorher nicht um Visa angesucht. Niemand hatte sie eingeladen. Sie kamen als Eroberer. Warum sollten Menschen aus der Dritten Welt heute untertänig bitten, bevor sie in den reichen Norden ziehen?

Das Sterben im Meer hat vielen Menschen die Augen geöffnet. Sie wollen nicht mitschuldig sein an diesem Massenmord. Ihnen reichen wir die Hand. Unser Kampf ist international. Mit unseren bescheidenen Mitteln, unserer juristischen Kunst und unseren öffentlichen Aktionen verteidigen wir die legitimen Interessen der Flüchtlinge und Einwanderer.

Daher kämpfen wir gegen die Festung Europa, gegen FRONTEX, die Abschiebeagentur, gegen das menschenverachtende Dublin-System. Gegen nationale Regierungen, die ein Hindernis für unser Europa der Solidarität und Menschlichkeit sind.

Wir kämpfen gegen die Apartheid unserer Tage, die die Menschen danach unterscheidet, ob sie zu den „Eigenen", „Einheimischen" – oder zu den „Fremden" gehören. Wie dieser Kampf ausgeht, wissen wir nicht. Vielleicht werden wir untergehen. Aber es ist den Versuch wert.

Ausblick

Mein Bericht ist hier zu Ende. Ich bin einen weiten Weg gegangen und hätte auch noch viel zu tun. Aber wie viel Zeit bleibt mir und wie viel Kraft? Und was wird nach mir sein? Ich bin ein leidenschaftlicher Rechtsberater und habe viele Verfahren gewonnen. Aber ich habe nie vergessen, dass die Rechtsberatung ihren Sinn erst durch den politischen Kampf erhält, dem sie dient.

Was mich daher manchmal müde macht, ist ein Verfall der Werte in den eigenen Reihen, wie er schon in manchen Reaktionen auf den Tod von Liese Prokop und dann wieder in der Jungwirth-Affäre zu Tage kam. Eine Nivellierung der Gegensätze ist fast noch schlimmer als offen die Seite zu wechseln. Wer nicht dazu imstande ist, zwischen Freund und Feind zu trennen, wird zum hartnäckigen Kampf gegen das Unrecht niemals befähigt sein.

Was mich im Weiteren bedrückt: wie viel Unrecht ungesühnt geblieben ist. Liese Prokop und Jörg Haider sind ███████ ██████████████████████████ Manfred Matzka ██████████ ████████████████ Den Beamten, die Markus Omofuma zu Tode brachten, ist überhaupt nichts geschehen. Jene, die Bakary folterten, wurden nun endlich gemaßregelt, aber auch das erst nach langem Kampf.

Was mich aufbaut, immer wieder, sind unsere Siege. Unsere Rechtsmittel und unsere Verhandlungsstrategie veränderten schon die Judikatur des UBAS und beeinflussen immer noch die Entscheidungen mancher Teile des Asylgerichtshofes. Unsere Veröffentlichungen und Kampagnen sind gefürchtet und oft von Erfolg gekrönt. Gegen Übergriffe der Behörden und schlechte Entscheidungen stehe ich für eine Politik der Null-Toleranz.

Auch in Teilen der Beamtenschaft haben unsere Maßnahmen ein Umdenken bewirkt. Selbst im Bundesasylamt gibt es heute Menschen guten Willens, die sich redlich bemühen, rechtsrichtig zu entscheiden. Aber sie sind noch die Minderheit. Unsere Aufgabe wird es weiterhin sein, erzieherisch zu wirken und Spreu vom Weizen zu trennen. Wir haben viel Erfahrung darin.

Immer mehr Menschen sind angewidert von der offiziellen Politik, den Parteien und der Korruption. Ihnen wollen wir eine neue politische Heimat geben: in der Zivilgesellschaft, in den

NGOs, in den außerparlamentarischen Aktionsgruppen, die das Übel an der Wurzel packen.

Am schönsten sind die Augenblicke, wenn Menschen mit leuchtenden Augen zu dir kommen und dir danken. Und du weißt, du hast es für sie geschafft. Und trotzdem ist jeder einzelne Sieg, jedes gerettete Menschenleben nur ein Tropfen auf den heißen Stein … Alle, denen ich nicht helfen konnte, bitte ich um Vergebung. Auch bei ihnen habe ich mich redlich bemüht.

Ich glaube, hiermit gezeigt zu haben, dass Widerstand sich lohnt. Dass Aufstand Erfolg haben kann. Heute sind viele junge Menschen bereit, die Fackel weiterzutragen. Es werden ihrer immer mehr. Also hoffe ich, einmal überflüssig zu werden. Aber die Zukunft ist ungewiss …